NONGKEN GAIGE FAZHAN YANJIU BAOGAO
HUIBIAN（2021—2023 NIAN）

农垦改革发展研究报告汇编（2021—2023年）

农业农村部农垦局　编

中国农业出版社
北　京

前　言　FOREWORD

　　新中国农垦已经走过了七十余年的辉煌岁月。七十多年来，农垦在党的坚强领导下艰苦奋斗、勇于开拓，踔厉奋发、勇毅前行，成长为国有农业经济的骨干和代表，成为国家在关键时刻抓得住、用得上的重要力量。党的二十大对新时代新征程"三农"工作作出一系列重大部署，强调加快建设农业强国、全面推进乡村振兴。这为新时代新征程农垦更好履行国家使命、持续推进改革发展指明了方向，提供了根本遵循。

　　农业农村部农垦局大兴调查研究之风，牵头组织中国农垦经济发展中心和相关高校、研究机构开展农垦改革发展重要问题研究，期望进一步汇集各方智慧力量，以更加昂扬的姿态和奋斗精神，全力开创农垦改革发展新局面，为全面推进乡村振兴、加快建设农业强国贡献农垦力量。

　　本书收录的是近 3 年相关课题研究成果，内容涵盖聚焦新时代新征程农垦使命任务及实现路径、全方位夯实粮食安全根基、农业社会化服务、农垦品牌培育和改革发展分类指导等重要问题，具有一定的理论深度和实践意义，也可作为一个多方位了解农垦、研究农垦的窗口。报告反映的是课题组观点，不当之处恳请广大读者和农垦研究同仁不吝指正。

农业农村部农垦局

2023 年 10 月

目 录 CONTENTS

新时代新征程农垦使命任务及实现路径研究[*]

农垦是在特定历史条件下为承担国家使命任务而建立的，履行好国家使命任务是农垦的立身之本、发展之基、动力之源。多年来，农垦为保障国家粮食安全和重要农产品有效供给、支援国家建设、维护边疆稳定作出了重大贡献。2015年新一轮农垦改革以来，农垦主动融入国家战略大局，着力推进垦区集团化农场企业化改革，努力建设成为保障国家粮食安全和重要农产品有效供给的国家队、中国特色新型农业现代化的示范区、农业对外合作的排头兵、安边固疆的稳定器。全国农垦粮食产量已持续稳定在700亿斤^①以上，粮食商品率超过85%，2022年超额完成农业农村部党组交办的带头扩种大豆任务，发挥了显著的"头雁"效应，成为国家在关键时刻抓得住、用得上的重要力量。同时，农垦也存在落实使命任务时体制机制不顺、目标路径不清、支持保障不到位等问题。习近平总书记关于"三农"工作的重要论述和党的二十大的总体部署，为做好新时代新征程"三农"工作提供了根本遵循。农垦系统要深入学习贯彻新思想新要求，找准新时代新征程农垦履行使命任务的新路径，坚持为使命而生、循初心而行，依靠科技、改革双轮驱动，更好服务建设农业强国战略需要。

一、新时代新征程下农垦使命任务的新内涵

农垦的使命任务，本质上是党和国家交给农垦企业承担的政治经济任务。

---

* 课题主持人：左常升；参加人员：王润雷 陈忠毅 王立法 陈晨 李红梅 陈永红 侯宜泽 周超
① 斤为非法定计量单位，1斤＝500克。——编者注

党的十八大以来，习近平总书记关于"三农"工作的一系列重要讲话和重要指示批示，特别是关于深化国有农垦体制改革，建设现代农业大基地、大企业、大产业的指示精神，为新时代新征程农垦使命任务指明了新的方向、提出了新的要求、赋予了新的内涵，使命任务呈现出更加鲜明的政治性、战略性、时代性和实践性特征。

（一）使命任务的政治要求更为凸显

履行使命任务根植于农垦的红色基因，是农垦责无旁贷的政治责任。新时代新征程强化农垦履行使命任务：一是贯彻落实党对"三农"工作决策部署的根本要求。习近平总书记强调，必须始终把解决好"三农"问题作为全党工作重中之重。党的十八大以来，党中央对"三农"工作作出了一系列新的战略部署，农垦必须始终坚守初心使命、坚定政治方向、坚持政治担当，把更好履行使命任务作为发展农垦事业、服务"三农"大局的根本出发点和落脚点，狠抓落实。二是巩固完善中国特色农业经济体系的根本要求。党的二十大报告指出，坚持和完善社会主义基本经济制度，毫不动摇巩固和发展公有制经济。农垦作为国有农业经济的骨干和代表，是社会主义基本经济制度在农业农村领域的重要体现。新阶段发展农垦事业、履行使命任务，对坚持和完善我国基本经济制度、巩固党的执政基础具有重要意义。三是全面加强农垦企业政治属性的根本要求。农垦是农业中的国企、国企中的农业，是具有鲜明政治属性的市场主体，是党领导"三农"事业始终直接掌握的重要力量。要加强党对农垦工作的全面领导，推动党的建设和完善农垦企业公司治理相统一，将农垦使命有机融入公司愿景、使命和价值观。

（二）使命任务的战略要求更加明确

发挥农垦特色优势，为"三农"大局提供战略支撑，是履行使命任务的鲜明战略导向。习近平总书记强调，加快建设农业强国是新时代新征程我们党做好"三农"工作的战略部署，为新时代新征程农垦履行使命任务指明了战略方向。一要把握农业强国的一般特征。瞄准农业强国"5 个强"的一般特征，在粮食和重要农产品保供、科技创新、装备升级、全产业链一体化发展、提升国际竞争力等方面,塑造农垦竞争新优势,练就与世界头部企业掰手腕的本领。二要突出农业强国的中国特色。立足农垦大基地、大企业、大产业坚实基础,强化国有耕地建设与保护,完善大农场统筹小农场农业双层经营体制,提升全要素生产率,大力弘扬农垦精神,进一步筑牢农垦发展根基,在引领高质量发展、畅通双循环中发挥主力军作用。三要发挥农业航母的战略作用。航母是大国重器,农业航母的战略定位决定了农垦要在建设农业强国中体现更强担当、展现更大作为。对外要加强与农村的战略互动,在农村做不了、做不好、做了不合算的领域发挥支撑作用。对内要加强垦区之间的战略协同,完善"作战"指挥体系,放大国有农业资本功能和农垦系统整体效能,以协同配合的航母编队护航农业强国建设。

(三) 使命任务的内容突出新内涵

对标党的二十大报告和中央有关"三农"工作的总体部署,新时代新征程农垦使命任务内容要及时顺应时代发展的需要。一是在保障供给上突出全方位夯实粮食安全根基。全面发挥农垦保障粮食安全"压舱石"作用,按照"两稳两扩两提"的思路,保障粮食安全和重要农产品稳定安全供给。同时,适应消费转型升级需要,建立健全多元化食物供给体系。二是在农业现代化建设上突出高质量发展要求。完整、准确、全面贯彻新发展理念,着力建设现代农业生产体系、产业体系和经营体系,加快推进一二三产业融合发展,在农业标准化、智慧农业、种业振兴、科技创新、绿色发展、品牌建设等领域发挥农垦示范带动作用。三是在强国建设上突出全球视野。实施以内循环为主的国内国际双循环农业开放战略,积极发挥农垦企业在农业对外投资、产业链全球化布局、农业科技交流合作、优势特色农产品国际贸易、国际农业博览会、农业合作园区建设等方面的功能,优化国有农业经济布局,培育农业国际竞争新优势。四是在垦地融合发展上突出服务带动实现共同富裕。落实区域协调发展和共同富裕的要求,推动巩固拓展脱贫攻坚成果同乡村振兴有效衔接,强化以社会化服务促进周边小农户和现代农业有机衔接,建设宜居宜业新型城镇和产业园区，推动垦地融合发展。

（四）使命任务的履行方式面临新挑战

农垦的使命任务需要科学的工作体系和机制保障落实落地。随着农垦传统体制机制逐步被打破，对农垦履行使命任务的组织方式、工作机制、支持措施都提出了新的挑战。一是在组织方式上，农垦管理部门多年来没有对农垦企业落实使命任务提出要求，一些市场化程度高的农垦企业出现在国企考核指挥棒下忽视使命任务的倾向，导致落实使命任务的主体虚置、内容虚化、监管虚设，亟须创新使命任务组织方式。二是在工作机制上，农垦管理部门面对作为独立市场主体的农垦企业，不宜再以直接管人、管事、管资产的方式推动工作落实。财政资金管理方式改革使得资金主要集中到管"条条"的行业部门，管"块块"的农垦部门引导农垦企业的手段缺乏。三是在支持措施上，一些项目建设规划和强农惠农政策对农垦没有实现有效覆盖，农垦企业专门争取项目资金支持的空间越来越小。

二、新时代新征程下农垦使命任务的实现路径

针对新时代新征程农垦使命任务的新要求新内涵，要深刻认识农垦事业发展的历史方位和战略定位，牢牢把握为国担当的"大逻辑"和自身发展的"小逻辑"，把农垦改革发展的工作重心转移到履行使命任务上来，以服务国家战略需要为根本，以履职能力建设为重点，在实现路径上着力提升四个能力。

（一）固本强基提产能，提升粮食等重要农产品和天然橡胶战略资源稳产保供能力

这是农垦履行使命的首要任务。要以加强大基地建设为重点，以全面提升产能为核心，全方位夯实粮食安全根基。一是强化大基地建设总体规划布局。统筹国家粮食生产功能区、重要农产品生产保护区和特色农产品优势区建设，压实种植面积，规划布局建设一批高标准优质粮油、奶业等大宗农产品和天然

橡胶生产保供基地及良种繁育推广基地。二是加强耕地保护和地力提升。按照保数量、提质量、管用途的思路，实施逐步把永久基本农田全部建成高标准农田农垦先行。加强中、低产田改造，综合开发盐碱地和荒地。探索加强耕地种植用途管控的长效机制。三是强化技术与装备支撑。建立农业技术集成创新平台，推动科研成果落地。加强种质资源库（圃）建设，实施现代种业提升工程。四是提高多元化食物供给能力。健全多元食物供给体系，因地制宜开发利用"四荒"地和山、林、草、水等自然资源，积极发展林下经济和设施农业，提高土地产出率和资源利用率。五是不断提升天然橡胶生产保障能力。加大天然橡胶生产基地、初加工仓储和科研支撑等工程建设和支持力度，推动特种胶园、生态胶园、智慧胶园发展，加快推进天然橡胶产业转型升级。

（二）守正创新扬优势，提升农业高质量发展示范引领能力

这是农垦履行使命任务的主攻方向。要强化科技、人才、管理优势，以科技创新为动力，示范引领农业高质量发展。一是加强科技创新。强化企业创新主体地位，加大企业研发投入，突出应用导向，聚焦生物育种、耕地质量、农机装备、设施农业、智慧农业等方面，探索建立"揭榜挂帅""赛马"等攻关机制，加快研发创新一批具有基础性、原创性的关键核心技术产品，加快新品种、新技术、新装备、新模式成果转化和集成推广，提高资源利用率、全要素生产率和劳动产出率。二是加快产业融合。发展农产品精深加工和仓储冷链物流，拓展产品营销渠道，积极发展农业新业态，向农业多种功能、挖掘多元价值要效益，打造标准化生产、精深化加工、现代化物流、社会化服务、融合化发展的农垦产业发展新格局。三是推进绿色发展。探索以资源环境承载力为基础的农业生产制度，推进用地和养地相结合，提高水资源利用效率，加强农业资源保护利用，提高可持续发展能力。打造绿色低碳农业产业链，加强农业面源污染防治，以边境农场和生态脆弱区农场为重点加强农业生态保护修复，推进农业投入品减量化、生产清洁化、废弃物资源化、产业模式生态化。四是培养高素质人才。发挥企业平台培养乡村振兴人才的积极作用，通过加强培训、挂职锻炼、项目实施、技能竞赛等多种方式，培养打造企业经营、技术服务、

职业农工等专业人才队伍。

（三）产业升级优质量，提升国内外市场竞争能力

这是农垦履行国家使命的战略重心。要围绕服务国家战略，增强国有农业经济整体功能，以市场为导向，不断提高农业质量效益和竞争力。一是加快国有农业经济布局优化和结构调整。加强规划引导，以企业为主体、以突出全产业链发展优势为目标，推动农垦企业资源资产整合、产业结构调整，形成主责主业清晰、功能定位明确的农垦集团、产业公司和农场基地集群。二是推动农垦企业做强做优做大。构建完善农垦集团母公司管资本定战略、产业公司管经营强竞争、农场基地管生产抓质量的母子公司管理体制，不断提升公司治理效能，充分发挥企业集团在资源整合、市场开拓、资本运作等方面的竞争优势，加快建设世界一流、跨国经营的农业企业集团。三是提高农垦品牌知名度影响力。以品牌建设为抓手，提升产品质量、强化科技支撑、提高管理水准、加强营销推介、丰富文化内涵、推动资源整合，不断提升农垦品牌市场号召力、竞争力和影响力，引领全产业链升级。四是提高统筹利用两个市场两种资源能力。坚持"走出去"与"引进来"并重，积极融入全球农业产业体系，在国际竞争中提升我国农业产业链供应链的韧性和安全水平，努力提高对粮食、大宗农产品和天然橡胶战略资源保障力、话语权和定价权。

（四）融合发展促共富，提升社会化服务地方能力

这是农垦履行使命任务的时代要求。坚持农垦国有农业经济与农村集体经济、农户家庭经济、农民合作经济融合发展，实现共同富裕。一是创新农垦社会化服务方式。支持有条件的农垦集团设立专业化农服公司和区域农业综合服务中心，打造产前农资统供、产中农技服务、产后产品统销的全产业链支撑保障体系和农业保险托底风险控制体系，服务周边农村。二是强化垦地利益联结机制。鼓励农垦企业通过土地流转、生产托管、股份合作等形式，开展农技服务、农业投入品供应、农产品加工销售、金融服务、品牌培训等服务，提高农

村土地规模化种植和经营效益。三是促进农业全产业链垦地融合发展。发挥农垦农业全产业链优势，发展"龙头企业＋订单生产"等模式，加快垦地一二三产业融合发展，助力乡村产业振兴，带动农民共同致富。四是推动农垦小城镇、美丽农场建设与宜居宜业和美乡村建设共同发展。推动农场小城镇建设纳入当地经济社会发展，统一规划布局。争创美丽宜居村庄示范项目。积极探索共建共享发展模式。五是强化垦垦联营融合发展。统筹垦区产业布局，协调推动区域协同、产品联合、企业联营、产业联盟，通过基地辐射、龙头带动、品牌和营销渠道共享等方式，实现优势互补、融合发展。

三、新时代新征程下农垦履行使命任务的工作载体和工作支点

围绕农业农村部党组推动农业强国建设的战略安排和 2023 年重点工作部署，综合考虑农垦履行使命任务的目标要求和能力基础，"以战领建、战建统筹"，用 3 年左右时间，重点抓好五大行动。

（一）农垦粮油等主要作物大面积单产提升行动

聚焦提升农垦粮食综合生产能力，建设一批供给保障稳定有力的高标准粮食生产基地，力争农垦粮食综合生产能力比 2022 年提升 30 亿斤，粮食总产能跃上 800 亿斤台阶。一是强化耕地保护和质量提升。加强农垦国有农用地管理与利用监测，确保"耕地实至名归"。推进高标准农田建设和改造提升，推动率先将永久基本农田全部建成高标准农田。总结推广农垦黑土地保护技术模式和经验做法，集成推广保护性耕作等绿色生产方式，推进耕地地力提升。二是加快新品种新技术推广应用。加强与科研学机构合作，构建商业化育种体系。组织国有农场开展生物育种产业化应用试点。加快高产高效技术模式集成推广应用，开展先进实用技术先行先试。三是提升农机装备水平。加大先进适用农机装备推广和北斗、5G 等技术设备应用，提高作业自动化、智能化水平。推动种植农艺、养殖工艺与设施装备集成配套。积极参与关键农机装备应用研发。

（二）天然橡胶资源安全供应保障能力提升行动

巩固国内种植面积，稳定天然橡胶质量，保障产品品质，国产胶"压舱石"作用进一步巩固。一是推进生产保护区建设，夯实天然橡胶产业发展的基础支撑。推动地方开展天然橡胶生产保护区立法工作，制定具体实施办法和管理细则，建立动态监管机制。加强保护区生产基地设施建设，加大保护区建设政策支持力度，推进生产保护区功能化建设。二是加快科技创新，推进天然橡胶产业高质量发展。完善科技创新体系，打造以中国热带农业科学院、海南橡胶集团等科研院校和科技创新企业为主体的国家天然橡胶战略科技力量，完善科技创新体系，强化关键领域创新，加快科技成果转化。三是优化产业结构，提高天然橡胶综合效益和竞争力。优化胶园种植结构、制胶工业布局和初加工产品结构，推进生产保护区功能化建设，提升橡胶生产综合效益。研究天然橡胶碳汇交易机制，探索天然橡胶生态价值实现途径。四是强化国企责任，发挥农垦"国家队"作用。鼓励开展智能割胶、无人机飞防飞控等先进技术示范应用，带动产业技术水平提升。积极稳妥推进全球化布局，发挥对外合作"排头兵"作用。五是强化服务指导，助推天然橡胶产业可持续发展。加强产业安全评估、市场监测预警、病虫害监测等服务指导能力建设，准确科学引导国内生产和进口贸易，确保不暴发毁灭性病虫害，实现产业损害监测预警和贸易调整援助常规化管理。

（三）农垦现代农业引领行动

聚焦农业农村现代化，统筹抓好现代农业产业体系、生产体系、经营体系建设，建成现代农业大基地、大企业、大产业，有条件的垦区率先实现农业农村现代化，进一步发挥农垦在现代农业建设中的示范引领作用。一是强化科技创新示范应用。支持农垦企业与高校、科研单位开展联合科技攻关和成果转化，推动科研院校开展科技成果进垦区活动。支持农垦企业以粮食、肉类、奶类、天然橡胶等优势产业为抓手建设一批优势特色产业集群，争创一批国家农业现代化示范区、农业绿色发展先行区和现代农业产业园，建立一批成果示范展示基地，编制农垦优秀科技成果目录和重点科技成果推广目录，促进新型实用技术的集成创新和推广应用。二是推进智慧农业发展。总结推广农垦发展智慧农业典型经验和模式，推动农垦全面质量管理系统推广应用升级，着力推进大数据、人工智能、区块链、物联网、云计算等现代信息和数字技术在生产经营、管理服务产业链各环节的集成应用，打造智慧农业先行区，引领智慧农业普及和信息技术应用推广。三是深入推进农业生产"三品一标"。加强良种选育和应用，以小麦、生猪等为重点探索组建育种联合体，建设一批良种繁育基地。集成一批土壤改良培肥、节水灌溉、投入品减量高效利用、绿色防控、废弃物循环利用、农产品收储运加等绿色生产技术模式，加快发展生态低碳农业。构建以绿色为导向的农垦优势农产品标准体系，不断扩大农垦产品质量标准、生产技术标准的覆盖领域和应用范围，推进现代农业全产业链标准化，以标准化支撑农垦品牌建设。四是推进产业优化升级。大力推进农产品精深加工，加快建设农产品冷链物流体系，积极发展农产品电子商务，推进农产品精深加工生产标准化、技术集成化、产业聚集化、产品品牌化。大力发展体验农业、直供直销、中央厨房、会员定制等新业态，促进农业与旅游、文化、教育等各产业融合发展，推进功能农业深度拓展、创意农业持续壮大、休闲农业优化升级。

（四）品牌强垦行动

依托垦区特色资源，以产业振兴为目标，以标准化、规模化、组织化生产为基础，以科技创新为动力，以品质为核心，构建完善农垦品牌发展体系，塑强"中国农垦"公共品牌，打造一批美誉度高、竞争力强的企业品牌，建设一批品质过硬、特色明显的产品品牌，培育"垦"字号农业服务品牌。一是完善品牌体系构建。优化"中国农垦"标识发展定位，开展"中国农垦优质××"品牌创建活动，塑强农垦公共形象。开展农垦品牌行专项活动，做优企业品牌，做强产品品牌，建设农垦服务品牌。二是夯实品牌建设基础。加强规划引领，坚持高标准定位，树牢优质绿色理念，综合推动农垦品牌建设。实施农垦生产标准体系提升活动、农垦全面质量管理系统推广活动，严格质量管理，切实提升标准化和绿色生产水平，全方位夯实品牌发展根基。三是加强品牌培育建设。开展农垦品牌目录发布、品牌专家培训服务专项活动，加大品牌培育和保护。建立中国农垦品牌评价指标体系，开展目录品牌价值评估。建设"中国农垦"品牌数字化管理平台，鼓励指导垦区加强合作，构建品牌协作发展体系。

（五）"农垦社会化服务＋地方"行动

聚焦粮食生产和重要农产品保供，打造一批专项和综合社会化服务组织，力争社会化服务规模达到 1.5 亿亩[①]次，带动地方粮食增产 70 亿斤。一是壮大服务主体。以集团化垦区为重点，打造以专业化服务公司为主体、国有农场和农业职工为补充、农垦产业联盟为协作平台的服务矩阵，逐步建立覆盖全程、综合配套、便捷高效、标准合理的农垦农业社会化服务体系。二是拓展服务领域。大力发展以多环节托管、全程托管为主的生产托管服务，集成推广绿色优质高产高效技术模式、现代物质装备和信息技术手段，探索开展信息化、智能化等科技转化应用服务，在此基础上将社会化服务从产中向产前、产后延伸。三是提升服务水平。健全社会化服务组织机构，加强制度建设，规范服务标准，优化服务流程，培育和打造一批技术水平高、辐射带动能力强、服务效果好的星级农业社会化服务组织，创建农垦农业社会化服务品牌。四是完善服务机制。通过对口合作、联合党建等方式，建立有效的垦地合作交流机制。创新社会化服务模式，发挥农垦企业的龙头作用，与家庭农场、农民合作社等经营主体组建服务联合体，实现优势互补、共同发展。

四、保障措施

针对当前农垦企业履行使命任务主体虚置、内容虚化、监管虚设等问题，强化顶层设计，加强党的领导，健全完善体制机制和政策保障措施，为更好完

---

① 亩为非法定计量单位，1 亩＝1/15 公顷。——编者注

成新时代国家赋予农垦的使命任务保驾护航。

（一）完善农垦落实国家使命任务的体制机制

一是创新农垦行业指导管理体制。加快转变农垦行业管理职能，推动各省（自治区、直辖市）农业农村部门明确农垦行业管理机构，配强工作力量，加强行业管理能力建设。探索建立行业管理部门与出资人权责清单，不断丰富农垦行业管理服务手段。二是建立"部局管总、垦区主战、企业主建"的使命任务协调落实工作体系，形成上下贯通、内外协同、抓得住用得上的工作格局。农业农村部农垦局主要负责使命任务的总体谋划部署，加强战略引领和规划引导，把方向、管大局、明重点、保落实。垦区行业管理部门主要负责战略实施，组织农垦企业落实具体使命任务，统筹协调加强支持和监督约束。农垦企业主要负责履行使命任务能力建设，统筹落实出资人和相关管理部门要求，确保使命任务落实落地。三是建立任务下达制度。坚持行业管理部门宏观指导与农垦企业自主承担相结合，以符合市场经济改革方向的方式赋予农垦企业使命任务，不搞行政命令和指令性计划。四是建立履行使命任务报告制度。垦区每年专题听取农垦企业负责人、各级农垦行业管理机构负责人落实使命任务工作情况，农业农村部农垦局每年向部党组报告全国农垦使命任务履行情况，研究发布农垦履行使命任务情况报告。五是建立监督约束制度。把落实使命任务作为评价农垦改革发展成效的重要依据，探索监测评价、约谈函询、行业考核等可行性手段，加强对农垦企业的监管约束。

（二）建立农垦履行使命任务企业阵型

一是持续深入推进集团化企业化改革。加快农垦集团组建步伐，完善集团化管理体制机制。分类推进农场企业化改革，探索开展国有农场综合改革和分项改革试点。通过深化改革，打造一批适应市场经济要求、充满活力、富有效率、能够承担使命任务的农垦集团、产业公司和国有农场。二是分类确定阵型企业。聚焦粮食、油料、橡胶及大食物保供确定国家队企业集群，聚焦新模式、新技术、新业态示范确定示范区企业集群，聚焦"走出去""引进来"确定排头兵企业集群，聚焦稳就业、稳产业、稳投资确定稳定器企业集群，共同组成农垦企业阵型，在履行国家使命任务中发挥雁阵效应。三是聚力推动阵型企业改革发展。重点培育 3～5 个具有国际竞争力的大型现代农业企业集团、10～20 个在省（自治区、直辖市）内具有主导地位和在国内具有重要影响力的农垦集团、30～50 个在农业产业链与食品供应链领域具有科技创新能力和核心竞争优势的农业产业公司、300～500 个现代化国有农场，形成大基地、大企业、大产业统筹联动、阵型发展的新格局。

（三）加强使命任务落实政策支持和法制保障

一是完善履行使命政策支持体系。建立健全以保障履行国家使命任务为根本目的、以确保抓得住用得上为根本要求、以履职需要和履职成效为主要导向的行业管理和政策支持体系，协调有关行业支持政策，推动"一衔接、两覆盖"政策真正落实落地。二是加强对农场产业发展的资金保障。建立健全巩固拓展脱贫攻坚成果长效机制，开展衔接资金绩效评价考核，引导提高中央财政衔接资金用于欠发达国有农场产业发展的比例，支持培育壮大农场优势主导产业。三是建立健全农垦土地经营管理制度。创新完善农垦土地管理方式，严格落实用途管理、完善收回制度，最大限度保护农垦国有土地资源。推动健全农垦国有农用地使用权管理制度，研究出台有关农垦农业经营管理制度，强化国有农场农业统一经营管理和服务职能，提高土地使用效益。四是加强农垦改革发展法律保障。持续推动完善农垦国有农用地权利体系，明确"国有农用地使用权"法律地位。启动国有农场有关立法研究。

（四）大力弘扬农垦精神

积极推动将农垦精神纳入中国共产党人精神谱系，系统挖掘农垦精神时代内涵，推进农垦文化建设，夯实农垦人共同精神基础。高质量开展新中国农垦史编纂，抓实中国农垦农场志、垦区志编纂工作，加强农垦（场）史馆建设，挖掘保护宣传农垦史料事迹，展现新中国农垦发展脉络和辉煌成就。统筹系统内外力量讲好农垦故事，提高宣传的协同性、穿透性，营造良好社会氛围，汇聚推进农垦高质量发展的强大合力。

五、工作建议

（一）优先考虑重点支持农垦履行使命任务

建议支持加强农垦履行使命任务能力建设，优先考虑绿色高质高效创建、农业绿色发展先行区、农业现代化示范区、现代农业产业园、优势特色产业集群、农业产业强镇、产粮（油）大县奖励、农业生产社会化服务、转基因产业化试点、精品农业品牌等现有强农惠农政策、项目向农垦倾斜，重点支持农垦优先将永久基本农田全部建成高标准农田，开展垦地合作先导区、智慧农场先行区创建，开展农业国际合作和农垦品牌建设等。

（二）建立农垦履行使命任务报告和考核制度

建议学习借鉴国有资产管理情况报告制度、国有自然资源资产管理情况报告制度，建立农垦履行使命任务报告制度。学习借鉴国企分类核算、分类考核做法，探索对农垦企业履行使命任务情况开展行业考核，推动考核结果纳入国企考核指标体系，发挥行业考核指挥棒引导作用。

农垦全方位夯实粮食安全根基研究[*]

党的二十大提出，全方位夯实粮食安全根基，确保中国人的饭碗牢牢端在自己手中。习近平总书记强调，保障粮食和重要农产品稳定安全供给始终是建设农业强国的头等大事。新时代新征程农垦须将提升粮食和重要农产品供给保障能力作为核心任务，着力打造稳定、安全、可靠的大基地、大企业、大产业，为维护国家粮食安全和重要农产品稳定安全供给发挥"压舱石"作用。

一、做法和成效

（一）粮食和重要农产品稳产保供能力进一步提升

开展农业高产攻关、畜牧高产攻关、粮棉油糖高产模式示范提升、绿色优质高效技术模式提升等行动，进一步提高了生产力水平。2021年，农垦粮食作物种植面积和产量分别为7486万亩、775亿斤，分别占全国的4.2％、5.7％；粮食亩产达到518千克，较全国平均水平高33.9％。棉花种植面积和产量分别达到1522万亩、261万吨，分别占全国的33.5％、45.5％；糖料产量达到613万吨，占全国的5.4％；牛奶产量达到467万吨，占全国的12.7％；橡胶产量达到27.2万吨，占全国的32.0％。

（二）产业结构和生产布局进一步优化

各垦区结合国家部署、市场需要、自然禀赋，不断优化种植结构，稻

———————

* 课题主持人：李尚兰　程景民　王生；参加人员：王林昌　李红梅　孙娟　刘云菲　徐成德　李静　张若凡　罗菁菁

谷、小麦等口粮种植面积保持在粮食播种总面积的 52% 左右，特别是 2022 年农垦带头扩种大豆，播种面积达到创纪录的 1665 万亩。加快农业生产、加工、仓储、物流全链条布局，形成了一批具有农垦特色的优势产业、优势区域和优势企业集群。2021 年，全国农垦一二三产业比重分别为 23%、41%、36%，二三产业比重达到 77%，比 2012 年提高 7 个百分点，生产力布局更加科学合理。

（三）农业生产基础进一步夯实

基本完成农垦国有土地使用权确权登记发证和上图入库，高标准农田建设和黑土地保护加快推进。2021 年，不含新疆生产建设兵团，农垦高标准农田面积达 3863.78 万亩，占耕地面积的 48.4%。在粮食作物基本实现良种全覆盖的基础上，建成一批良种展示示范基地，2021 年，农垦种子产量 122 万吨，约占全国商品种子供应量的 11%。推广应用人工智能、物联网、云计算等数字技术，不断提高农业生产智能化水平，2021 年，农垦农作物耕种收综合机械化率为 91.4%，高出全国 19 个百分点以上，涌现出七星农场、上海农场等一批智慧农业发展典型。积极推进农业生产标准化，发布实施了一批农垦优势产业产品的团体标准和技术规范，率先开展现代化养殖示范场、农机标准化示范农场创建活动。

（四）现代农业示范带动能力进一步提升

发挥组织化、规模化、专业化优势，注重产前、产中、产后全过程管理，部分垦区和农场形成了统一作物和品种布局、统一种子和农资供应、统一农业生产措施、统一农机作业标准、统一农产品收购加工销售的组织化管理模式，苏垦农发成为首家在国内上市的农业全产业链一体化运营公司。积极发展农业社会化服务，2021 年，农垦对外开展社会化服务覆盖面积 2728 万亩，带动亩均增产 23 千克，户均增收 725 元，涌现出北大荒农服、苏垦农服、皖垦农服等一批专业化综合性服务公司。

二、总体思路和发展目标

（一）总体思路

以习近平新时代中国特色社会主义思想为指导，全面贯彻落实党的二十大精神，立足新发展阶段、贯彻新发展理念、构建新发展格局、推动高质量发展，以保障粮食和重要农产品稳定安全供给为首要任务，增强担当意识，发挥农垦优势，突出种子耕地，强化科技支撑，推进绿色发展，围绕粮、棉、油、糖、乳、肉、胶、种 8 种重要农产品，不断提单产增效益，增强供给能力和市场竞争力，努力把农垦系统建设成为保障国家粮食和重要农产品稳定安全供给的重要支点和战略支撑，确保中国人的饭碗牢牢端在自己手中。

（二）发展目标

一是粮油保供能力明显提高。粮油作物单产水平持续提升，种植结构进一步优化，到 2025 年，实现粮食增产 30 亿斤，带动地方粮食增产 70 亿斤；大豆油料种植面积稳定在 2000 万亩以上，产量达到 360 万吨以上。

二是棉糖乳肉胶种竞争力明显增强。重要农产品增产提质更加协调，到 2025 年，棉花、糖料、牛奶、橡胶的产量分别达到 260 万吨、640 万吨、520 万吨、27 万吨；肉类、种子产量全国占比分别稳定在 2.5％、11％以上（表 1）。

表 1　农垦保障粮食和重要农产品供给 2025 年发展目标

序号	品种	2025 年发展目标
1	粮食	农垦粮食增产 30 亿斤，带动地方粮食增产 70 亿斤
2	大豆油料	大豆面积稳定在 1600 万亩以上，油料种植面积稳定在 400 万亩以上；大豆油料产量达到 360 万吨以上，加工能力和产品效益进一步提升
3	棉花	在稳定品质的基础上，进一步提高单产，产量稳定在 260 万吨以上
4	糖料	产量达到 640 万吨，单产水平和含糖量进一步提升，蔗糖加工技术进一步升级，蔗糖一体化生产经营模式初步形成

序号	品种	2025 年发展目标
5	牛奶	产量突破 520 万吨，农垦乳业品牌影响力进一步提升，培育 1～2 家上市公司
6	肉类	以生猪为重点，稳定肉类供给，产量占全国比重稳定在 2.5％以上
7	天然橡胶	产量稳定在 27 万吨，特种胶生产能力进一步提升
8	种业	种子产量稳定在全国商品种子供应量的 11％以上，培育出一批优质良种和农垦种业龙头企业

三是产业布局更加优化。按照区域化布局、集群化发展的思路，推动形成"北粮油、南胶糖、西棉麦、中油纺、城郊乳肉食品"优势片区及特色农产品片区，形成具有较强竞争力的产业集群。

四是全产业链优势充分发挥。品种培优、品质提升、品牌打造和标准化生产取得明显成效，绿色优质产品供给明显增加，质量安全和产业效益进一步提升。

五是生态低碳农业取得新进展。农业资源利用效率明显提升，化肥农药减量化取得新成效，节水农业发展取得新进展，病虫害统防统治和绿色防控技术大面积推广应用，秸秆综合利用率达到 90％，生产方式绿色低碳转型实现新进步。

三、主要措施

组织实施农垦粮油等主要作物大面积单产提升行动，在稳定面积的基础上，通过技术集成应用推广、科技和改革双轮驱动、农业社会化服务等综合性措施，提升全要素生产率，增强产业韧性，促进全产业链升级，推动构建更高层次、更高质量、更有效率、更可持续的粮食和重要农产品安全保障体系。

（一）培育大基地大企业大产业，构建农垦现代农业保供体系

一是打造稳产保供大基地。加大对土地资源富集和比较优势突出的垦区支持力度，支持黑龙江、内蒙古等垦区建设为国家大型商品粮和优质奶源基地，

新疆生产建设兵团建设为国家大型优质棉花和特色农牧产品基地，北京、上海、天津、重庆等城郊型垦区建设为都市型现代农业示范和优质鲜活农产品供应基地，广东、广西、海南、云南垦区建设为国家天然橡胶和糖料基地。二是培育现代农业大企业。瞄准农垦优势主导产业，兼顾特色产业，培育壮大龙头企业队伍，支持龙头企业在国有农场布局原料基地和加工产能。发挥龙头企业优势，加强产业链建设，优化供应链管理，完善农产品营销网络，提高产品竞争力和经济效益，着力培育具有国际竞争力的大型企业集团。三是建设现代农业大产业。综合考虑农产品区域布局和产业融合发展需要，以市场为导向，推动垦区内、垦区间和垦地间的资源、要素和产业整合，进一步调整产业结构、优化区域布局，打造从产地到餐桌、从生产到消费、从研发到市场各环节紧密衔接的现代农业产业创新链，形成各垦区优势互补、错位发展、互利共赢的全产业链发展格局，全面提高资源利用效能和产业竞争力。

（二）抓好耕地和农机装备，夯实农业生产基础

一是加强耕地保护和监管。健全农垦国有农用地管理与利用监测系统和信息化数据库，对垦区内耕地和永久基本农田资源分布与变化进行监测分析，及时全面掌握作物种植、耕地保护利用、耕地土壤质量等信息，确保真实准确全面反映农垦国有土地尤其是耕地现状以及变化情况，确保"耕地实至名归""农田就是农田，而且必须是良田"。二是加快高标准农田建设。坚持"建改并举、注重质量"原则，科学推进高标准农田新增建设和改造提升，推动农垦率先将永久基本农田全部建成高标准农田，同步实施高效节水灌溉，并积极参与整区域推进高标准农田建设试点工作，巩固和提升粮食生产条件。三是强化耕地地力提升。集成推广保护性耕作、秸秆还田、增施有机肥等综合配套技术，稳步提升耕地质量。持续开展侧深施肥、测土配方施肥、节水灌溉等技术措施，有效提高肥料利用率，减少对土壤结构的破坏，促进耕地地力提升。总结推广农垦黑土地保护提升技术模式和经验做法，加快坡耕地、侵蚀沟专项治理，控制水土养分流失。四是提升农机装备水平。加大智能化、高效化、轻便化等先进适用农机装备推广力度，加大基于北斗、5G 的自动驾驶、远程监控

等技术在大型拖拉机和联合收割机上的应用，发展精量播种、精准施肥施药、低损高效收获等机械设备，提高作业自动化、智能化水平。加快耕种收环节与高效植保、产地烘干等环节机械化配套，因地制宜开展农田宜机化改造，推动种植业农机农艺融合和技术集成配套，主要畜禽品种养殖工艺与设施装备集成配套。积极参与关键农机装备应用研发。

（三）强化科技创新和技术推广应用，挖掘科技增产潜力

一是提升种业创新水平。加强与科研学机构合作，构建以企业为主体的商业化育种体系，培育国家良种繁育基地，实施全产业链种业联合攻关，推动育种成果转化应用。依托中国农垦种业联盟，开展小麦、生猪等联合育种攻关，做大做强育繁推一体化种子企业，积极承担生物育种产业化应用试点任务，增强农垦种业核心竞争力。二是提升农技推广应用水平。根据资源禀赋、气候特点、作物品种，加快节水节肥及病虫草害绿色精准防控等高产高效技术模式集成推广应用。开展先进实用技术先行先试。三是加快智慧农业建设。加快全产业链数字化，推动农垦全面质量管理系统推广应用升级，推进物联网、智能控制、大数据等现代信息技术与农垦农业生产经营深度融合。以粮食、生猪、奶牛、家禽为重点，加快信息技术与种植生产、畜牧业融合，建设一批高度智能化的智慧农场、数字牧场，引领智慧农业普及和信息技术应用推广。

（四）优化生产经营管理，厚实农业发展底色效益

一是提升大宗生产资料集中供应水平。充分发挥"统"的功能，统筹农业生产前端环节，重点开展种子、化肥、农药等生产资料统一保障供应，降低生产成本。二是提升标准化生产管理水平。坚持标准先行，建立健全与国家标准、行业标准相衔接的农垦企业标准和团体标准体系。强化标准宣贯和推广应用，推进生产全过程标准化，提高产品品质的一致性、标准化、优质化。三是创新农业经营管理体制。坚持和完善以职工家庭经营为基础、大农场统筹小农场的农业双层经营体制，积极推进多种形式的农业适度规模经营，强化国有农

场统一经营管理和服务职能，积极发展股份制、公司制等农业经营形式。四是提升农产品经营效益。强化市场意识、品牌意识，发挥农垦企业基地、渠道、仓储、资金优势，创新营销模式，加强产品营销服务网络建设，有效对接供需，进一步推动优粮优价、优粮优销，精准对接"大市场"。

（五）强化示范带动，放大增产增收效应

一是积极壮大农业社会化服务主体。鼓励农垦集团、国有农场建设区域性农业全产业链综合服务中心，依靠市场化机制，通过实施土地流转、农业生产托管、技术辐射带动等形式，探索社会化服务"农垦模式"，打造农业社会化服务的中坚力量。二是拓宽服务领域。实施"农垦社会化服务＋地方"行动，以服务粮棉油糖等大宗作物为主，兼顾果菜茶、畜禽养殖等领域，提供生产技术指导、生产资料供应、市场信息服务等多领域服务，将优质品种、先进技术和装备、组织形式等现代生产要素有效导入各类经营主体。三是延伸服务链条。积极向农户提供集农资供应、技术集成、农机作业、仓储物流、农产品加工及贸易等服务于一体的农业生产经营全程服务，从产中向产前、产后等环节及金融保险等配套服务延伸，实现更大范围的服务资源整合、供需有效对接，提高农业规模化生产、资源集约化利用水平。四是加强现代农业样板区建设。以生产规模大、生产方式先进、产业化经营条件好的国有农场为依托，打造一批先进实用的"田间课堂"，开展粮食和重要农产品全程综合技术集成示范，发挥技术集成、示范带动、宣传培训等作用。

（六）推进产业融合发展，提升产业发展水平

一是大力发展农产品加工仓储物流。以全产业融合发展为引领，以农垦农业龙头企业为抓手，不断培育壮大农产品加工主体，大力发展农产品仓储保鲜、精深加工、冷链物流，促进农垦优势原料产区农产品就地加工转化增产，实现产业全环节提升、全链条增值、全产业融合。二是加大品牌化市场营销力度。开展中国农垦粮油品牌创建活动，加大农垦品牌宣传营销推介，打造地域

特色突出、产品特性鲜明的垦区（集团）公共品牌、企业品牌和产品品牌。围绕市场布局产业链，增加生态高值农产品有效供给，提升农业生产效益。三是推进产业链升级。积极发挥"链主"作用，推动技术创新与产业发展深度融合，健全自主可控的农业绿色供应链生产体系，构建生产加工、冷链仓储、物流配送供应链协同平台，推动基地生产、企业加工、客户营销和终端消费连成一体、协同运作，提高农产品供给质量和效率。

四、完善工作机制

（一）强化组织保障机制

立足国家战略需要，制定农垦保障粮食安全和重要农产品有效供给任务清单，并纳入农垦企业业绩考核范围，切实强化责任落实。建立垦区对接地方共保粮食安全的工作机制，以垦区为单位，制定并分解粮食生产年度计划。进一步加强农垦综合统计调查、农情调度、生产力监测、农垦国有农用地监测，以及对农垦履行使命任务情况的持续跟踪和专项评估。

（二）完善政策支撑机制

推进"一衔接两覆盖"全面落实，确保农垦同步纳入相关规划、同步享受强农惠农富农政策。考虑农垦管理体制的特殊性，进一步完善政策衔接机制和落实渠道，建立健全各级政府和有关部门协同保障农垦履行战略使命的政策落实机制。设立专项支持农垦农业领域大航母建设，支持农垦建设国家粮食和特种胶生产基地。

（三）构建产学研联合机制

坚持市场需求导向，建立健全激励机制和利益分配机制，强化农垦企业科技创新主体作用，构建梯次分明、分工协作、联合攻关的科技创新体系。按照"政府搭台、企业唱戏"的原则，推动农垦企业与高校、科研院所合作，利用农垦全产业链优势，建设农垦科技创新中心和转化应用平台，推动科技创新能力整体跃升。

（四）优化垦地合作机制

坚持政府指导、市场主导、公平高效原则，支持各级政府与农垦集团、国有农场开展战略合作，共建粮食生产基地、加工基地和营销网络，加快形成垦地协同、互利共赢、长期稳定的发展格局。发挥市场机制与政府协调作用，在尊重周边乡镇农民群众和其他农业经营主体意愿的前提下，组织规模化社会化服务和整建制土地流转。

五、保障措施

（一）加强政策支持

立足大基地、大企业、大产业，将高标准农田建设、现代农业产业园、农业优势特色集群、产业强镇等重大农业项目适当向农垦倾斜，优先将农垦永久基本农田全部建成高标准农田，对先进农艺技术措施推广应用给予政策项目支持。加大对农垦农业社会化服务支持力度。加大中央财政对农垦境外农业开发的资本金投入，对境外重大农业合作项目的基础设施建设给予适当补贴。支持农垦大型农业集团开展国际粮食产业合作，积极稳妥建设境外粮食生产基地，推动粮食进口来源多元化。

（二）加强改革驱动

深化垦区集团化、农场企业化改革，优化股权结构和公司治理结构，增强内生动力和发展活力。支持非集团化垦区组建区域性农垦企业集团，推进相关经营主体并表经营。建立健全人才激励约束机制，引进社会资本与智力，重点培养一批素质优良的职业农工、农场企业管理团队、智慧农场建设专家等，全面提升农垦企业的竞争力。巩固和完善农业双层经营体制，通过多种方式推动农场规模化、专业化和集约化经营。

（三）加强宣传引导

围绕农垦全方位夯实粮食安全根基重点任务，利用报纸、刊物、门户网站、新媒体等渠道及时宣传报道相关重要工作部署、重大工作进展、垦区典型经验，引领农垦企业和农场职工大力弘扬"艰苦奋斗、勇于开拓"的农垦精神，营造农垦保障粮食和重要农产品安全稳定供给的良好舆论氛围。

农垦在构建新发展格局中的地位和作用研究[*]

一、构建新发展格局面临的形势

（一）总体形势

1. 世界迎来百年未有之大变局：重大机遇和严峻挑战并存

世界处于百年未有之大变局，新一轮科技革命和产业革命加快重塑全球经济结构和世界发展格局。一方面，经济全球化促进世界各国和各地区的资源得到更合理配置和优势更充分发挥；另一方面，新冠疫情全球蔓延，贸易保护主义抬头，国际地缘政治格局不稳，国际政治环境和经济社会发展的不确定性和风险性持续攀升，单边主义、保护主义、霸权主义对世界和平与发展构成威胁，国际体系和国际秩序面临深度调整。

2. 中国进入发展新阶段：全面建设社会主义现代化国家的新征程

我国已全面建成小康社会，正式开启全面建设社会主义现代化国家新征程。党的十九届五中全会提出，我国进入新发展阶段。全面深化改革取得重大突破，全面依法治国取得重大进展，全面从严治党取得重大成果，国家治理体系和治理能力现代化加快推进，我国社会主义制度优势进一步彰显。经济实力、科技实力、综合国力跃上新的大台阶，经济运行总体平稳，经济结构持续优化，但发展不平衡不充分问题仍然突出。

3. 构建新发展格局的提出：国家发展大战略

党的十九届五中全会审议通过的《中共中央关于制定国民经济和社会发展

---

    * 课题主持人：李红梅；参加人员：徐成德　李升鹏　周超　许冠堂　李潇　胡晓彤

第十四个五年规划和二〇三五年远景目标的建议》明确，"要加快构建以国内大循环为主体、国内国际双循环相互促进的新发展格局"。构建新发展格局是与新发展阶段相适应、以新发展理念为指导的经济现代化战略，是高质量发展在新发展阶段的具体体现。构建新发展格局要坚持稳中求进工作总基调，坚持新发展理念，坚持以供给侧结构性改革为主线，坚定实施创新驱动发展战略、乡村振兴战略、区域协调发展战略等一系列重大国家战略。构建新发展格局的关键在于实现经济循环流转和产业关联畅通，根本要求是提升供给体系的创新力和关联性，解决各类"卡脖子"问题，畅通国民经济循环。

（二）农业发展面临的形势

1. 粮食安全大课题

粮食安全是国家安全的重要基础，《中共中央关于制定国民经济和社会发展第十四个五年规划和二〇三五年远景目标的建议》首次把粮食安全战略纳入五年规划，并将其列在三大安全战略的首位。尽管我国粮食发展与安全取得了举世瞩目的成就，尤其是近 7 年，粮食年产量连续保持在 1.3 万亿斤以上，但我国进口农产品数量也持续攀升。2001—2020 年我国包含大豆在内的广义粮食的进口量由 1738 万吨迅速提高到 14262 万吨，增加约 7.2 倍，年均增长11.7%，进口量占国内产量的比重由 3.8% 提高到 21.3%。国际市场在一定程度上成为满足国内食物消费需求的组成部分。

随着全球粮食市场面临的风险和不确定性不断提升，增加了我国粮食安全面临的外部市场风险和压力，对国内粮食供需平衡带来了冲击与挑战。面对国际国内复杂形势，只有立足自身抓好农业生产，以国内稳产保供的确定性来应对外部环境的不确定性，才能把饭碗牢牢端在自己手里。

2. 中国农业大变革

我国"三农"事业发展取得了历史性伟大成就，粮食和重要农产品的持续保障能力不断增强，完成了全面建成小康社会的历史任务，国家进入全面建设社会主义现代化国家的新征程。

第四次工业革命快速发展，信息科学技术和多领域科学技术深度融合，诱发新的产业技术革命。新一代信息科技与农业的深度融合发展，孕育农业数字革命，农业进入了网络化、数字化、智能化发展的新时代。面对新科技革命的冲击和机遇，农业发展必须强化农业基础研究、提升农业创新能力，突破生物育种核心技术、打造现代种业新优势，突破智能农业关键技术、建设数字农业强国，突破绿色农业关键技术、构建生态安全农业技术体系，突破食品产业技术、构建营养健康农业技术体系。

3. 乡村振兴大背景

党的十九大提出实施乡村振兴战略，坚持农业农村优先发展，按照产业兴旺、生态宜居、乡风文明、治理有效、生活富裕的总要求，建立健全城乡融合发展体制机制和政策体系，加快推进农业农村现代化。《中共中央关于制定国民经济和社会发展第十四个五年规划和二〇三五年远景目标的建议》明确提出，走中国特色社会主义乡村振兴道路，全面实施乡村振兴战略。为推动实现"两个一百年"奋斗目标，国家出台了《中华人民共和国乡村振兴促进法》，为全面实施乡村振兴战略提供了有力法治保障，对于促进农业全面升级、农村全面进步、农民全面发展，全面建设社会主义现代化国家，实现中华民族伟大复兴具有重大意义。

（三）对农垦提出了新要求

农垦是国有农业经济的骨干和代表。农垦作为保障国家粮食安全和重要农产品有效供给的国家队、中国特色新型农业现代化的示范区、农业对外合作的排头兵、安边固疆的稳定器，为我国经济社会发展作出了重大贡献。习近平总书记视察黑龙江农垦时作出重要指示：要建设现代农业的大基地、大企业、大产业，努力形成农业领域航母。农垦作为中国特色农业经济体系不可或缺的重要组成部分，在构建新发展格局中承担着重要使命。

1. 需要进一步深化供给侧结构性改革

提升农垦在粮食和大宗农产品方面的供给能力，优化生产要素配置，实现产业结构调整和转型升级，完善农垦现代产业体系。打通农垦产业链、供应链，构建农产品从生产、加工到销售的全产业链条，满足多层次、多样化市场需求，为"保供固安全、振兴畅循环"作出更大贡献。

2. 需要进一步深化农垦体制机制改革

构建新发展格局既是发展问题，也是改革问题。立足垦区集团化和农场企业化改革，农垦要在进一步改革中，增强企业发展活力，形成富有效益的市场主体，建立有效的激励约束机制，推进分配制度改革，促进生产要素市场化配置，畅通商品服务流通的体系。深化边境农场改革，提升屯垦戍边能力。

3. 需要进一步提升创新发展能力

科技创新在畅通循环中发挥关键作用。我国加大对数字农业、智慧农业、高新技术产业、"新基建"等领域的投资，形成对生产要素的引导效应，促进产业转型升级，农垦具备科技进步和组织化规模化的双重优势。强化农垦企业创新主体地位，发挥产学研工贸一体化优势，集中力量做好种业、产业链等关键核心技术攻坚，促进新技术产业化规模化应用，不断提升在农业农村现代化方面的示范带动能力。

4. 需要进一步提升国际农业合作水平

坚持国内国际相互促进，持续推动农业"引进来"和"走出去"。要注重优化国际农业合作业务，坚持"一带一路"倡议、乡村振兴战略、新发展格局相互紧密衔接，打造农垦参与农业国际合作新优势，为构建人类命运共同体和树立我国良好的负责任大国形象作出应有贡献。

二、农垦在构建新发展格局中的优势和挑战

（一）农垦在构建新发展格局中的优势

1. 体制上独一无二优势

农垦坚持大农场统筹小农场的双层经营体制，确保了农业的国有发展方向和国家政治经济任务的顺利完成。在农垦企业改革发展中，推进股份制改革，始终保持国有经济的控制力和主导地位，为垦区统筹经济社会发展，集中力量办大事提供了支撑。

2. 技术上集成创新优势

农垦坚持创新驱动，把科技创新作为第一动力，加强投入品使用、产品生产、加工储运等全产业链技术创新和标准制修订。农垦率先开展农业现代化试点，高水平建设重要农产品生产基地；率先开展绿色农产品生产，创建农产品质量追溯；率先承接完成国家援外任务，实施农业"走出去"战略，大力引进国外资金和先进技术设备，兴办中外合资农业企业。这些"率先"中蕴含着现代、绿色、开放、融合、一体化的农业发展新理念，发挥了引领示范作用。

3. 产业上三链融合优势

农垦推进三产融合，促进经营集约化、业务标准化，形成利益联合体，升级产业形态，提升产业价值。农垦加强信息化和数据共享，机械化水平、农业科技创新走在全国前列，具备三链同构的"基本盘"。农垦产业资源丰富，集约化程度高，农业技术领先，为产业融合和全产业链发展提供了良好基础。

4. 产品上安全高端优势

强化标准化管理、规模化经营，农垦建设了一批商品粮、乳品、畜产品、棉花、油料、糖料等生产基地，培育了众多优质、安全产品，农垦系统优势产业基本实现标准化生产全覆盖。农垦在率先推出农垦农产品质量追溯体系建设的基础上，全面推进农垦农产品全面质量管理体系建设，实现了从田间到餐桌的全产业链管理。农垦企业生产的高标准、管理上的严要求、产品质量的可查可控，市场信誉度、美誉度不断提高。

5. 国际上互利共赢优势

农垦具有集团化、产业化、组织化优势，在国际农业合作中承担着国家队的责任。农垦企业在海外业已形成了完善的产业链，业务覆盖种植、加工、营销等多个环节，形成了良好的海外农业合作局面。例如，广东农垦积极实施"走出去"发展战略，在东南亚国家互利共赢地建设天然橡胶项目。光明食品集团、首农食品集团等，在乳业、粮食、油料、食糖等种植养殖方面，积极拓展海外生产和营销市场，服务国际需要。

（二）农垦在构建新发展格局中面临的挑战

1. 二元结构比较突出

垦区之间发展差距明显，大垦区与小垦区之间分化比较严重。在农垦生产总值方面，北京、上海、黑龙江等东部垦区优势明显，生产总值均超过 100 亿元，而部分规模比较小的四川、陕西、青海等西部垦区生产总值均不超过 10 亿元。职工收入方面，北京、天津、上海等垦区 2020 年居民人均可支配收入分别为 65056 元、81833 元、113427 元，山西、内蒙古、贵州等垦区人均可支配收入均未超 20000 元。经营情况方面，北京、上海、黑龙江、江苏等集团化垦区经营收入占农垦总量的 70％以上。2020 年，江苏、上海垦区盈利能力均超过 50 亿元，而个别中小垦区仍出现亏损状况。边境农场产业竞争力不强，经济发展相对滞后。

2. 企业实力有待提升

农垦企业总体竞争力不强，与打造农业领域航母的要求还存在一定差距。截至 2019 年底，农垦共 28 家上市公司，其中主营乳制品的公司共 4 家，与伊利、蒙牛乳品企业相比，在盈利水平上仍存在较大差距。在产品知名度方面，农垦品牌在区域范围内具有较高知名度，但整体上缺少在行业内具有较大影响力的知名品牌。在种业方面，与头部种业企业相比，农垦种业在研发能力和市场开拓方面存在一定差距。

3. 诸多瓶颈依然存在

一是融资能力不强。政策支持不够和缺乏启动资金，是制约农场企业发展壮大的重要因素。2019 年中国农业银行的一项调查数据表明，农行信贷支持农垦企业 147 家，仅占农垦企业总量的 2.93％；在农行已有合作客户中，农垦系统在农行总体贷款市场的份额不足 7％。

二是人力资源结构性矛盾较为突出。从宏观看，行政思维和市场思维相互交错，导致产业链延长进程中缺乏有力的人才支撑。从微观看，农垦企业职工年龄结构、能力水平以及自我职业身份认同存在明显短板，特别是部分远离市区的农场，对人才的吸引力低，待遇水平甚至落后于周边农村。

三是技术创新水平尚需提升。农垦系统总体研发投入所占比例较低。受农垦管理体制调整影响，农垦原有的一些科研院所已逐渐脱离农垦系列，农垦在自主研发、集中攻关、育种培优等方面缺少政策支持。

四是分类管理机制有待健全。集团化垦区与国有农场归属市县管理垦区，同一垦区不同农场之间、农场公司与区域性农垦企业集团之间的管理模式和运行机制需要科学分类和指导。

五是资源整合力度亟待加强。随着农业产业的内部生产要素和外部环境发生深刻变化，农业对外贸易不确定性增多。无论是从国家安全角度考虑，还是从深化农垦企业改革、提高企业配置和运用资源的效率而言，资源配置需要进一步优化。

三、农垦在构建新发展格局中的地位和作用

在构建新发展格局中，农垦作为国有农业企业，应发挥不可替代的作用，作出新的更大贡献，进一步巩固提升农垦在国民经济和社会发展中的不可或缺地位。本研究认为，农垦在构建新发展格局中的地位和作用包括：一是突出保障粮食安全的国家队作用，打造具有国际竞争力的农业大航母（地位）；二是突出中国特色农业现代化的示范区作用，打造数字智慧农业的创新先导区（地位）；三是突出保障重要农产品的有效供给作用，打造高质量发展的绿色引领区（地位）；四是突出乡村振兴的先锋队作用，打造垦地协同发展的共享增长极（地位）；五是突出农业国际合作的排头兵作用，打造国际农业经济合作的命运共同体（地位）；六是突出安边固疆的稳定器作用，打造治国安邦的坚实顶梁柱（地位）。准确把握上述六大作用和六大地位，必须坚持有为才有位、有位应有为的基本原则，特别注重作用与地位之间密不可分的相辅相成性；必须坚持六大作用地位之间的系统集成和协同效应，一个作用的发挥离不开其他五个作用的促进与推动；必须做到五个统筹：统筹发展与安全、统筹"两个大局"、统筹国家战略需要和农垦自身发展、统筹垦区集团化农场企业化改革和做大做强主导产业、统筹国内发展和对外开放（含垦地合作）。

（一）突出农垦保障粮食安全的国家队作用，打造具有国际竞争力的农业大航母

1. 发挥农垦保障粮食安全的国家队作用

把建设国家稳固的大型商品粮生产基地作为发展战略，建设粮食生产大基地，培育粮食生产大企业，形成粮食生产大产业，培育国际大粮商，尤其是粮食总产量大、商品率高的垦区要成为国家在粮食供给上抓得住、调得动、能应急的重要力量，在保障国家粮食安全方面发挥更为重要的作用。

2. 充分发挥粮食供给型垦区农业科技、人才、组织化、机械化、规模化等方面的优势

示范带动地方粮食产业发展，在全面提升我国粮食综合生产能力、增加粮食有效供给方面发挥示范带动作用，为保障"口粮绝对安全、谷物基本自给"的国家粮食安全战略作出新贡献。

3. 坚持农场的国有属性，牢牢把握农场国家所有、国家所控、国家所用的核心定位

统筹国家战略需要和自身发展，以水稻、小麦、玉米、大豆等为主导产业，夯实基础，高起点建设，推进产业升级，做强做优"大基地、大企业、大产业"。对标国际粮商，建设农业领域的航母，全面提升发展能力、市场话语权和国际竞争力，示范引领现代农业发展。

4. 把发展粮食生产作为建设现代农业的第一要务

强化基本农田保护，加大农田基础设施建设投入，加快高标准农田建设，推广测土配方施肥、保护性耕作和土壤生态修复，提高耕地质量，增加高产稳产农田比重。稳定粮食播种面积，提高粮食单产水平，优化品种结构，改进品种质量，加快推进农业全程机械化，大力推广精准、免耕、节水农业技术。加大绿色粮食产业工程、现代农业示范区、农业基础设施、农业碳中和、农业技术创新等的支持力度，提升粮食综合生产能力。加强粮食烘干和仓储设施建设，提升粮食储存能力。加强粮食供应链建设，完善物流体系，降低储藏和运输成本。

（二）突出农垦新型现代农业的示范区作用，打造数字智慧农业的创新先导区

1. 加强信息基础设施建设和农业物联网应用

抓住新一代信息技术与农业深度融合的革命性创新和战略性机遇，实施"宽带农垦、数字经济、智能产业"战略。主动加强与有关部门和单位的协商，把农场纳入 5G 等新一代信息基础设施建设的投资范围，争取多数农场设有 5G 基站。推动农垦全部农场接入宽带网络和无线通信网络，全面建成高速、移动、安全、泛在的新一代信息基础设施，缩小城乡数字鸿沟。加强农业物联网技术应用，构建农垦"农业云"服务平台，提高农业信息化、智能化水平。高起点建设农业物联网，加快物联网技术在土壤墒情监测、农作物病虫害防治、节水灌溉、精量播种、精量施肥、设施农业、生态保护等领域的推广和应用。支持开发适应农场特点的信息终端、技术产品、移动互联网应用软件，使物联网成为农垦现代农业建设的新举措。加快物联网在农垦农产品精深加工领域的应用，深入实施工业信息化战略，明确推进农业现代化、信息化与工业化融合的具体措施。

2. 创建基于主导产业的农垦大数据中心

围绕主导产业，以产业基地、骨干企业和重大示范应用为抓手，应用虚拟化、云安全、云储存等现代信息技术，推进农垦大数据中心和重要农产品全产业链的大数据系统建设。重点建设农垦粮食、天然橡胶、乳业、糖料、油脂、棉花、生猪等全产业链的大数据系统。加强大数据应用力度，大幅提升农业生产的数字化覆盖率，科学高效调控农业生产、农产品加工和市场营销。引进和培养一批大数据采集、数据价值挖掘、算法工程师等高素质专业人才，为大数据中心建设和应用提供智力支撑。

3. 打造数字农业和智能产业先行区

把数字技术和人工智能作为新型尖端工具，推动农垦农业生产要素的革命性创新，推动高质量发展。着力发挥信息技术创新的扩散效应、新业态和新模式的溢出效应、数字技术释放的普惠效应。实施农垦数字农业工程，着力扩大

农业数字化技术的应用，加快实现主导产业的在线化、可视化、网络化、智能化。促进新一代信息技术与粮食种植业、种业、畜牧业、农产品加工业等的深度融合，打造科技农业、智能农业、品牌农业。提升农业新科技、种子研发等自主可控能力。支持农垦企业采用人工智能技术，围绕过程控制、企业管理、物流市场、技术改造等环节，实施一批项目。选择条件较好的垦区，积极开展全产业链人工智能农业先行区试点工作。以同步推进产业结构和劳动者技能数字化转型为重点，加快形成适应数字经济发展的就业政策，大力提升数字化、网络化、智能化就业创业服务能力，不断拓展就业创业新空间，着力实现农场职工群众稳定充分就业。积极发展在线农业游和智慧休闲游，支持垦区发展人工智能旅游。

4. 积极研究区块链和人工智能技术在现代农业领域的应用

积极谋划、开展试点、推广应用区块链和人工智能技术，推动农垦产业弯道超车和跨越式发展。构建区块链产业生态体系，推动集成创新和融合应用。发挥区块链在促进数据共享、优化业务流程、降低运营成本、提升协同效率、建设可信体系等方面的作用。利用区块链技术探索数字经济模式创新，为打造便捷高效、公平竞争、稳定透明的农垦营商环境提供动力，推进农业供给侧结构性改革、实现农场生产与市场需求的有效衔接，为加快新旧动能转换、推动经济高质量发展提供支撑。大力开展区块链技术应用试点工作，选择农垦肉类、牛奶、油脂、茶叶、水果等食品生产加工企业，重点开展区块链技术在食品安全、质量追溯、市场营销等领域的应用。

（三）突出保障重要农产品的有效供给作用，打造高质量发展的绿色引领区

1. 立足农垦天然橡胶、糖料、油脂、乳制品、肉类、水果蔬菜、棉花、种子等主导产业以及各垦区的特色优势产业，发挥市场在资源配置中的决定性作用，建设生态农场，做强企业集团

加大政策支持力度，加快建设农业绿色发展引领区。通过争取各级政府支持、商业银行贷款等多种方式，增加对产业化经营的投入。特别注重改善投资环境，吸引各类投资主体增加对产业化经营的投资。统筹兼顾产业化经营、社

会发展和生态保护，合理开发和深度利用资源，发挥产业化在建设资源节约型、环境友好型农业中的示范作用，实现资源的永续利用和经济持续发展。

2. 围绕高质量发展，坚持绿色、循环、可持续的发展理念，严格贯彻落实"一控两减三基本"要求，做强绿色粮食、天然橡胶、棉花、畜牧、水果以及特色农产品生产基地

通过秸秆还田、增施有机肥等措施，有效保护耕地资源。落实"绿水青山就是金山银山、冰天雪地也是金山银山"的绿色发展理念，把生态文明建设放在高质量发展的优先位置，建设资源节约和环境友好型垦区和农场，形成清洁生产、生态工业和低碳经济模式，实现节约发展、清洁发展、安全发展、高效发展和持续发展。耕地和种子是农业的两个要害，实施国有农场土地资源保护行动。应用科学施肥、安全用药、侧深施肥、精量播种、智能育秧、宽窄行插秧、生态养殖等清洁生产技术与装备，落实化肥农药使用量零增长的部署，科学减少化肥、农药的使用量。

3. 坚持绿色发展理念，大力发展循环经济，在防治农业面源污染方面发挥示范带动作用

大力推进农作物秸秆、畜禽粪便等农业废弃物的无害化利用。更好地发挥农垦节水联盟的作用，推动节水农业发展取得新进展。大力开发和推广资源节约、替代和循环利用技术，加快企业节能降耗的技术改造，建设低投入、高产出、低消耗、少排放、能循环、可持续的农垦农产品加工体系。发展可再生能源工业，加快对耗能高、耗材高、耗水高的设备的淘汰和更新。采取有效措施，加强新能源和资源的再生利用，推广清洁生产、生态工业和低碳经济模式。加强农业污染物的排放管控、垃圾处理和污水处理，建设绿色生态农场和垦区。加强农场小城镇生活污水和垃圾无害化处理等基础设施建设。充分发挥人才是生产力中第一要素的决定性作用，加强与高校、科研院所等的纵深合作，强化绿色发展创新型人才队伍建设。

4. 坚持绿色发展理念，大力发展低碳环保的农业旅游产业和文化事业

打造别具特色的农旅融合增长极，促进产业融合向广度和深度拓展。坚持生态优先、文化为魂、特色鲜明，依托农垦丰富的自然生态资源、现代农业资源、军垦文化资源以及各垦区特色鲜明的民族和历史文化资源，以打造吸引力强、知名度高、综合效益好的国内外旅游目的地为主要目标，培育壮大一批市场竞争力强的农垦旅游精品景区、旅游精品线路和旅游企业集团。

（四）突出农垦乡村振兴的先锋队作用，打造垦地协同发展的共享增长极

1. 加强垦地资源整合

贯彻落实开放发展理念，在示范带动周边农村现代农业建设的同时，坚持自愿平等有偿原则，加强与周边乡镇资源、产业等的合作，积极承接周边乡镇土地流转，以及通过代耕代种代收、提供农机和科技服务等方式，走出农场办农场，在农村创建一批新农场，开拓发展新空间，扩大合作规模，提升合作效益，促进共建共享、协同发展、持续发展。以股份制为主要形式，加强农垦企业与民营资本的战略合作，大力引进民营企业的智力资源、技术资源、市场资源和先进的公司治理理念，完善生产要素配置，优化股权结构，提升发展质量和效益。加强农场与场带村产业资源的互利共赢整合。

2. 积极建设都市中央厨房和绿色智慧大厨房，充分发挥农垦在联结农村小农户和大市场的龙头作用

紧紧围绕国家实施乡村振兴和质量兴农战略，加快发展由数量导向向提质增效导向的转变，推动由"够不够"思维向"优不优"思维的转变，着眼新时代社会主要矛盾和农产品消费升级趋势，立足创新驱动，着力内生增长，建设都市大厨房，保障农副产品供给，研发推广一批先进的农产品生产、加工技术，发挥乘数效应，率先实现先进的良种技术、耕作技术、植保技术、仓储加工技术等的集成创新和应用，提高全要素生产率、资源利用率和土地产出率，带动周边农村共同发展。

3. 加强产业园区和国家级农业产业园建设力度

立足现代农业，依托大型企业集团和龙头企业，以市场为导向，以资本为纽带，以优势企业为龙头，加大农业产业园建设，形成以农产品精深加工、农业废弃物资源化利用为主的高端产业集群，降低成本，增加效益，提升集群效

应。开展加工企业技术改造和装备升级行动，强化精深加工集成技术的应用，提升精深加工能力，提高资源利用率和产品附加值。

（五）突出农垦农业国际合作的排头兵作用，打造国际农业经济合作的命运共同体

1. 坚持市场导向，发挥农业技术领先优势，优化境外生产要素配置，推动多产融合

建成以农业为主导的境外核心产业，有效发展以农产品加工、物流、营销、旅游为主的关联产业，提高产业集中度和关联度，形成产业链条较完善的产业集群，推动产业经济高质量发展。

2. 把农垦集团化优势与东道国的需求紧密结合，遵循国际规则，坚持优势互补，创新投资模式

按照跨国经营和现代企业制度的要求，明晰境外企业产权关系，优化资本结构、产权结构和公司法人治理结构，完备境外企业法律手续，落实激励约束机制，高质量建设境外农产品生产基地、加工基地、营销网络、经贸合作区以及援非农业技术中心。通过深入调研和制定有效应对措施，尽力防范风险和避免经济损失。因地制宜，以多边和双边政府间农业合作协议为基础，争取东道国的优惠政策，开展农业种植、养殖和农产品加工，高效推进国际农业合作。

3. 扎实落实共建"一带一路"倡议，服务东道国经济社会发展需求，为促进互联互通和对外开放作出积极贡献

提升东道国农业科技贡献率和农产品供给能力，帮助当地解决粮食安全问题，充分体现农垦企业的国际担当。在开展国际农业合作中充分考虑东道国公益性需求，全力践行企业社会责任。要从建立持续的、共赢的、战略性的国际合作关系着眼，切实增强合作伙伴的获得感。应遵守东道国的法律法规，尊重当地文化习俗，构建利益共同体和命运共同体，实现优势互补、互惠互利、合作共赢。

（六）突出农垦安边固疆的稳定器作用，打造治国安邦的坚实顶梁柱

1. 在新的历史条件下，新疆生产建设兵团和有关垦区的边境农场是安边固疆的稳定器、凝聚各族群众的大熔炉、汇集先进生产力和先进文化的示范区

推动兵地融合发展和垦地协同发展，聚焦边疆地区的社会稳定、民族团结、经济发展和长治久安。长期承担完成好中央赋予的历史使命和政治责任，在维护民族团结、社会和谐中发挥模范作用；在建设边疆、繁荣边疆、促进边疆经济发展中发挥增长极作用。在国家支持下，与时俱进，改革创新，发挥优势，加快经济社会事业发展，增强边境农场的综合实力，为国家政治经济安全、边境地区实现长治久安和跨越式发展作出更大贡献。

2. 增强安边固疆稳定器作用

新时期屯田戍边的内容更加广泛、责任更加重大、意义更加深远，边境安全是国家综合安全的重要组成部分。发挥边境农场在维护民族团结等方面重要作用。扎实做好各项工作，为边疆地区的稳定和发展作出突出贡献。加强国防教育投入，提高处置突发事件能力。

3. 提升边境农场现代农业示范引领能力

以团场和边境农场为载体，创设一批重大工程和项目。发挥边境农场组织化、产业化、集团化、现代农业技术先进的集成优势，以现代农业示范区建设为重要抓手，加强现代农业建设，提升农业产业化水平，示范带动边境经济发展、促进农村经济发展。

4. 突出边境农场的生态安全屏障作用

全力建设边境生态农场，巩固提升边境农场在保护边境生态安全、阻击外来动物疫病、抵御外来生物入侵等方面的重要作用。加强生态保护，促进生态修复，形成边境生态安全保障带。加大防疫力量建设和相关设备购置力度，提高防疫水平，有效阻击境外疫病和抵御外来生物入侵。

5. 加强边境农场小城镇建设，吸纳周边农村群众到农场就业创业，促进垦地共同发展

扎实推进经济发展、生活富裕、场风文明、环境良好、管理民主的新型边境农场建设，提升综合实力和职工生活水平，增强凝聚力和吸引力，在更高水平上把新疆生产建设兵团和其他垦区的边境农场建设成为垦地共同发展的大平台。

四、对策建议

（一）深化经营管理体制改革

1. 深化垦区集团化、农场企业化改革

以习近平新时代中国特色社会主义思想为指导，积极培育新型农业经营主体，加快培育区域性农垦企业集团，增强国有农场统一服务能力，提高农业生产经营的集约化、规模化、组织化水平。培育形成具有国际竞争力的大型农产品加工企业集团。通过多种模式推动农业产业化经营，加快引进自然人资本、法人资本和国外资本，优化企业股权结构，完善企业法人治理结构，促进垦区经济和社会全面协调持续发展。

2. 创新农垦经济发展模式

贯彻落实以人民为中心的发展思想，因地制宜，创新驱动，加强垦地融合发展，确保农垦平等享受国家公共资源和政府基本公共服务。加快政企分开、政事分开和政资分开步伐，完善大农场统筹家庭农场的现代农业经营管理体制，建立健全现代企业制度，不断完善企业的产权结构、法人治理结构和经营机制。完善顶层设计，加大资源整合力度，推动土地资源资产化和资本化，大幅提升发展活力和盈利能力。积极争取国家支持，加快建立并完善以企业为主体、以市场为导向、产学研相结合的技术创新体系，加速企业自主创新步伐。

3. 完善产权保护制度

健全归属清晰、权责明确、保护严格、流转顺畅的现代产权制度，保证各

种所有制经济依法平等使用生产要素、公开公平公正参与市场竞争、同等受到法律保护,推进共同富裕。加快消除制约垦区非公有制经济发展的体制机制性障碍,增强非公有制经济的发展活力。不断完善深化对外开放的机制,推动垦区间合作、垦地合作和国际合作取得新成效。

(二)加大产业发展支持力度

1. 以集团化垦区和产业优势显著的区域性农垦集团、大型农场为重点,以联合联盟联营为主要模式,培育具有核心竞争力的企业集团和龙头企业

以优化结构和转变发展方式为主线,坚持市场经济导向,坚持优化产业结构,坚持做强传统产业和培育战略性新兴产业相结合,强化科技创新与应用,实施数字农业工程,为农业插上科技的翅膀,切实提高经济增长的质量和效益。巩固现有基础,建立集生产、加工、销售于一体的现代产业体系,形成有影响力和明显区域优势的专业化产业集群。充分利用垦区的资源优势和区位优势,努力培育壮大特色产品,形成有竞争优势和区域特色的主导产业,将资源优势转化为经济优势和市场竞争优势。做大做强农垦食品、农副产品加工等企业集团。实施"数字农场"工程,做强做优热作产业。

2. 结合农场自身的资源优势,大力发展二三产业,加快三产融合绿色发展力度,拓宽产业发展渠道,优化农业产业结构,提升产业发展质量

在巩固发展粮食生产的基础上,加快发展高效农业、设施农业、有机农业和观光农业。挖掘资源优势,变资源优势为经济优势,大力发展食品加工业和现代服务业。积极承接资源节约型、环境友好型产业合作与转移。

3. 加快建设高标准农田,实施农田水利、田间道路和节水灌溉等重大项目

推动实施以黑龙江、辽宁、内蒙古、河北、安徽、江苏等垦区为主的国家粮食"压舱石"建设工程和项目,提升粮食综合生产能力。加强现代农业园区和田园综合体项目建设,坚持垦区与地方共建的原则,实现基础设施共建共享。

4. 坚持问题导向和目标导向,立足协同全面发展和共同富裕,发挥不同垦区的管理体制和产业优势

推动东西部垦区的协同均衡发展,加强农场的分类管理,进一步推动垦区

间的联合联盟联营，推动跨区域合作，提升综合实力和竞争力。重视走集成创新的新道路，把技术改造和自主创新放在更加突出的位置，使技术改造和自主创新贯穿于新型工业化发展全过程，以打好种业翻身仗为重点，突破关键技术，提升农业科技贡献率。

5. 着力解决农垦人才匮乏乃至人才危机问题

建立政府补贴为主、农场适当自筹、职工积极参与的教育培训保障机制，利用农业广播电视学校、职工学校和农场文化中心等资源，开展"绿色证书"、职业资格证书、职业技术职称评定等职业技术培训和开发工作，加快形成广覆盖、多层次的教育和培训网络，培育一批适应市场经济要求的全产业链的职业农工、高端农匠、农业技术专家和企业经营管理人才。壮大科技推广人才队伍，加快主导产业新品种、新技术、新模式、新装备、新器材的集成、推广与应用，提高农业集约化水平。

（三）加快现代物流体系建设

1. 实施补链强链工程，统筹布局农垦农产品仓储、物流、营销网络建设，推动各垦区流通资源整合共享

完善设施设备，强化现代信息技术的应用，优化运营管理，发展新型流通业态，构建农垦大流通体系，构建高效的现代化的产业链、供应链和价值链。黑龙江、辽宁、安徽、江苏、内蒙古等垦区以粮食产品为主，完善仓储物流体系，重点加强粮食烘干、仓储和"北粮南运"物流设施建设，在重要流通节点和大城市建设现代物流中心、高效仓库和市场营销中心，加强与第三方物流合作，打造农垦农产品物流网络，做强农垦流通企业。北京垦区的三元乳业、上海垦区的光明乳业、广东垦区的燕塘乳业以及重庆垦区、天津垦区、甘肃垦区等要建立起更加完善的乳制品冷链物流体系，提升流通效率，满足国家部署的市场保供需求。

2. 加强粮食晒场、烘干、仓储等基础设施建设，提升粮食处理、仓储和供应能力

加强粮食、乳制品、天然橡胶、水果等产地和销地批发市场、零售市场、电子商务、连锁经营等的市场营销体系建设，完善物流体系，降低运输成本，

提升特大城市和省会城市优质粮食产品的供应保障能力。加强水果、畜禽产品、蔬菜等冷链物流体系建设。根据市场需求，完善批零结合、畅通高效、覆盖全面的农垦农产品线下销售网络，加快实施农产品现场购物的农旅融合后备箱工程，推动农产品销售。

（四）支持边境农场做大做强

1. 统筹发展与安全

支持边境农场粮食、天然橡胶、畜牧业、农产品精深加工、边境贸易、边境旅游产业的发展，加强农田、贸易、旅游基础设施建设，打造一批边境经济强场和旅游名镇。支持边境农场公益性基础设施和公共服务设施建设，保障和改善民生，以加快城镇基础设施和公共设施建设为重点，完善城镇功能，提高城镇化质量，采取重点投入、集中推进的方式，建设绿色、低碳、节能、宜居城镇，全面提高城镇建设质量和管理水平，高起点规划、高标准建设、高效能管理、高品位示范，加快推进城乡一体化发展。

2. 支持边境贸易市场和边境贸易园区建设，开展国际经济合作，增进睦邻友好

大力发展边境农场旅游业，依托丰富的自然生态资源、现代农业资源、军垦文化资源以及特色鲜明的民族和历史文化资源，以打造吸引力强、知名度高、综合效益好的知名旅游目的地。实施边境农场生态农场建设工程，实现绿色永续发展。

3. 建立健全人才激励机制

加大专业技术人才和职业农工培训力度，支持高等院校为边境农场定向培养高素质人才，支持中央博士服务团到边境农场挂职锻炼，支持东部垦区和边境农场间的人才挂职交流工作。

（五）完善国际农业合作支持政策

1. 统筹国内国际两个市场两种资源，坚持畅通国际产业循环体系

以境外农业产业为合作重点，以绿地投资为主要方式，建设和做强一批境

外项目，培育和完善农垦境外全产业链的高端产业经济体系，提升市场竞争力。优化境外生产力布局，加强与东南亚国家的合作，建设境外热作生产加工基地。把农垦农业对外合作重点项目纳入国家间的双边和多边合作框架。

2. 加大对农垦国际农业合作的支持力度，加强与"一带一路"沿线国家的互利共赢合作

支持农垦境外项目的田间道路、设施农业等基础设施建设。针对境外项目自产的农产品，增加进口配额，确保产品顺畅返销。积极争取将国内农业产业园、特色产业集群、绿色发展等支持政策延伸到国际农业合作项目。加大政策和资金支持力度，用于国际合作项目的可行性研究、农业技术研发与创新、人才引进与培训、管理模式创新、国际商务与法律咨询、风险研究与防范、前期考察等方面。加强优势农产品出口生产基地带和优势出口企业集群建设，培育一批规模化、标准化、国际化的农产品出口龙头企业，扩大农垦优质特色农产品出口规模。

农垦现代农业引领示范作用实现路径研究[*]

一、引言

当前，我国进入全面建设社会主义现代化国家、向第二个百年奋斗目标进军的新征程，"三农"工作重心历史性转向全面推进乡村振兴、加快农业农村现代化。习近平总书记指出，没有农业现代化，没有农村繁荣富强，没有农民安居乐业，国家现代化是不完整、不全面、不牢固的。我国农业从业主体多层次、多样化，既有小农户、家庭农场、种养大户，也有农民专业合作社、农业企业、国有农场，全面推进农业现代化，各类农业经济组织既要一个不落、一个不丢，也要立足客观实际，鼓励先进生产组织率先推进农业现代化，并示范带动后进组织，加快我国农业现代化整体推进步伐。农垦是国有农业经济的骨干，中国特色现代农业的代表，在综合生产能力、资源利用率、科技进步贡献率等方面均高于全国平均水平，部分垦区粮食单产比肩发达国家，建设成"中国特色新型农业现代化的示范区"是新时期党和国家赋予农垦的历史使命，也是内在要求。本文利用比较分析法，通过对比发达国家现代农业的发展模式，分析农垦现代农业的现状、优势与挑战，提出农垦现代农业引领示范思路，探索引领示范实现路径，为推进我国农业现代化、实现共同富裕提供理论参考和实践借鉴。

＊ 课题主持人：韩学军；参加人员：桂丹　钟鑫　张建光　许冠堂　陈杨　王天硕　王翌翀

二、现代农业的内涵特征及基本要求

现代农业是一个动态的历史的概念，它是农业发展史上的一个重要阶段。从发达国家的传统农业向现代农业转变的过程看：一是农业生产的物质条件和技术的现代化，利用先进的科学技术和生产要素装备农业，实现农业生产机械化、电气化、信息化、生物化和化学化；二是农业组织管理的现代化，实现农业生产专业化、社会化、区域化和企业化。现代农业体现的是发展的过程，其本质内涵可概括为：现代农业是用现代工业装备的，用现代科学技术武装的，用现代组织管理方法来经营的社会化、商品化的农业，是国民经济中具有较强竞争力的现代产业。

现代农业的基本特征：一是运用现代科技提高农业发展水平；二是运用现代物质条件武装农业；三是利用其他产业发展成果支持农业；四是利用现代发展理念指导农业；五是运用现代经营方式推动农业；六是培养新型农民发展农业。

现代农业功能多样化、价值多元化，抛开个性化差异，共同的基本要求包括六个方面。一是可持续性。主要体现为在保证最大经济效益的同时，尽可能地保护农村的各种生态景观不被破坏，依存农业景观，保证整个农业生态系统的稳定。二是特色性。即根据地区独有的土地资源、气候环境，开发出具有当地特色的现代农业。三是精准性。即通过信息技术的支持，根据空间的变异定位、定时、定量地建立一套属于现代化农业的操作系统，是一种把信息技术和农业生产相结合的新型农业。四是品质特性。即以农业规模化、区域化为基础，利用标准化生产、产业化经营手段，提高农产品的品质，利用品牌、产品质量认证，让人们更乐于去购买农产品，以实现获得更高经济效益、生态效益、社会效益为目的的高产、优质、高效、生态、安全的现代农业。五是工业特性。是运用现代科技、全新的设备和管理方法发展起来的一种全面机械化、自动化的生产方式，能够让农作物在人为创造的环境下进行生长，其打破了自然规律的束缚，像工厂批量生产一样，进行集约型、可持续发展的现代化生产方式。六是多元性。也称休闲农业、旅游农业。是指利用城市郊区的空间、农业的自然资源和一些民俗风情规划出的集农业生产、生态、生活为一体的农业。

三、现代农业发展比较研究

（一）国外现代农业的主要发展模式

1. 美国的制度化科技型现代农业发展模式

美国是现代农业发展的先进典型。其农业生产技术水平、劳动生产率、农产品出口量均位居世界前列。美国通过政府的宏观调控作用，通过建立完善的法规制度，发展现代农业科技，走出了一条制度化科技型现代农业发展道路。一是其具有政教企有机结合的科技支撑体系。这种体系真正做到了科研、教育、推广和生产相互结合，相互促进，有效提高了科技在农业发展中的作用。二是具有快捷灵敏的农业信息体系。系统、全面地跟踪世界各国农产品的最新动态，搜集、审核和发布全国农产品市场信息，农民可根据科技成果及其试验试种、市场需求等信息，及时调整生产和进行病虫害防治。三是具备完备高效的法制保障体系。各项法律制度既规定了农民和为农业生产服务的企业行为，同时也规定了政府干预经济发展的行为，如美国政府制定的一系列收入支持、价格支持、信贷支持等农业保护制度。美国的现代农业呈现出农业生产高度组织化、农业法律高度系统化、农业补贴高度体系化、农业生产高度机械化、农业发展高度科技化、农业资源高度保护化的发展特征。

2. 英国的政府引导型现代农业发展模式

英国现代农业从发端到全面推进，经历了机械化农业、化学农业、生物农业和生态农业等演变过程。现代农耕技术和政府引导现代农业发展，为英国农业可持续发展奠定了坚实基础。其主要做法包括重视规划引领与计划调控，健全法律法规体系，积极推进农业科技创新，注重政策创设有效性，鼓励发展农业合作组织，注重职业农民培训等。英国的现代农业发展特征表现为："两低"，即农业产值在国内生产总值中所占的比重低和农业劳动力人数在全国总劳动力人数中的比重低；"三高"，即农业机械化水平高、劳动生产率高、畜牧业占比高；"四化"，即农业生产规模化、集约化、功能化、信息化。

3. 法国的链条式环保型现代农业发展模式

作为欧洲第一大农业生产国、世界第三大农业和食品出口国、世界第一大食品加工产品出口国的法国，农业是其国民经济的命脉。法国是一种典型的链条式环保型现代农业发展模式。其主要做法包括注重农业经济投入，构建完善的产学研农业科技体系，发挥农业合作组织的优势，强化环保型农业生产管理，做大做强农产品加工业，实现区域和分工专业化，促进农业生产与其他产业相互融合等，呈现出以机械技术为主导，以集约化、专业化和一体化多功能生产为辅助的发展特征。

4. 德国的信息化生态型现代农业发展模式

广泛应用农业信息技术和建立农业可持续发展生态系统是德国现代农业发展的重要特征。一是建立农业信息化生产体系。德国以农场生产经营智能化、农业企业管理信息化、动物饲养机器化为依托，构建用现代工业装备农业，用现代科技改造农业的现代农业生产体系。二是推广应用植物遗传育种、工业作物培育等现代农业生物技术。现代农业生物技术的推广应用是德国农业重要的发展趋势。三是实施生态农业发展计划。意在改善"生态农业"的推广条件，提高"绿色农产品"的比例，挽回消费者对本国农业的信心。

5. 日本的绿色生态技术密集型现代农业发展模式

这种模式是建立在日本人口老龄化、环境污染严重和农业呈现萎缩迹象挑战基础上的。日本政府建立以国家和相关农业发展部门（如土地改良联合会）为组织基础，由各科研机构和高校农业科研院所提供必要的科技支撑，以农户作为实施的最小群体，以发展生态农业为最终目标，实现水资源和土地资源有效利用的新型农业生产体系。主要从以下四个层面进行：一是采用科学的方法保护和整治土地资源；二是有效管理和精细利用水利资源；三是促进城乡互动，实现工业反哺农业，农业绿化城市；四是建立生态农业。

尽管上述几种发达国家现代农业的发展模式和承担的载体不同，但其共性则是：政府都在现代农业的发展进程中扮演重要角色，出台了全面的农业支持政策；农业合作组织完善，推进土地集中规模化经营；积极发展并推广农业科技，培养大量的农业技术人才，将科技成果转化为现实的生产力；产业融合度较高，加快农业产业升级和结构优化。

（二）农垦现代农业发展现状、发展机遇与挑战

1. 农垦现代农业发展现状

农垦始终把保障国家粮食和重要农产品安全作为己任，服从服务于国家大局，经过 80 多年的发展，开垦出相当于中等省份大小的耕地面积，并致力于农业现代化建设和规模化经营，以完善的农业基础、先进的科学技术、健全的农业经营体系为目标，建立了一大批具有国际先进水平的粮食、棉花、天然橡胶、乳品、种子、糖料、畜牧等大型农产品生产基地和较高竞争力的农产品加工、流通企业，是保障国家粮食等大宗农产品供给、增强国家宏观调控能力的重要力量。

一是促进三产融合发展，建设现代农业大产业。农垦在成立初期开荒造田、发展生产时，就已经有了全产业链发展的启蒙思想，按照"农业为第一位、工业与运输业为第二位、商业为第三位"的方针，开发建设了南泥湾。1978 年，国务院决定在农垦系统试办农工商联合企业，确立了"农工商综合经营、产供销一体化"的发展思路，在稳定第一产业的基础上，加快发展第二产业，大力兴办第三产业，突破了国有农场长期单一经营的经营结构，为加快农垦现代农业开辟了广阔的前景。经过多年发展，农垦现代农业建设一直处于全国领先地位，粮食、天然橡胶等主要农产品综合生产能力强，农业物质装备水平和科技应用水平高，农业组织化规模化产业化优势突出，现代农业示范带动作用显著。农产品仓储加工流通体系逐步完善。通过推进资源资产整合，夯实农业综合生产能力，加强农业全产业链打造，提升科技创新应用能力，建成了一批稳定可靠的大型粮食、棉花、糖料、天然橡胶、牛奶、种子等重要农产品生产加工基地，形成完善的现代农业产业体系。

农垦现代农业产业布局

根据自然环境、资源条件、地理区位，不同垦区和农场形成了各具特色的产业布局。

一是保障国家粮食和重要农产品安全垦区。黑龙江、新疆生产建设兵团、内蒙古、辽宁、江苏、新疆畜牧、湖北、湖南、吉林、江西等垦区是农垦的主要粮食生产垦区，粮食年产量均在 10 亿斤以上。2021 年，农垦粮食种植面积 7485.59 万亩，总产量 775 亿斤。

海南、云南和广东垦区，拥有天然橡胶林面积 600 多万亩，2021 年产量约 27 万吨。

新疆兵团、新疆农业、新疆畜牧、湖南、湖北、甘肃等垦区是农垦的主要棉花生产垦区，大力推进棉花高产高效绿色发展，确保棉花生产稳定。2021 年，农垦棉花产量为 263.31 万吨。

广东、广西、内蒙古、新疆兵团、云南和海南等垦区是农垦的主要糖料生产垦区。目前，农垦糖料种植面积 120 余万亩，总产量 600 余万吨。

新疆兵团、河北、北京、上海、黑龙江、宁夏、内蒙古、天津、重庆、新疆畜牧、甘肃、广东、江苏等垦区是农垦的主要牛奶生产垦区。目前，农垦牛奶产量为 467 万吨。

新疆兵团、黑龙江、辽宁、湖南、北京、广东、湖北、广西、海南、河北等垦区是农垦的主要肉类生产垦区。目前，农垦肉类产量为 226 万吨。

江苏、黑龙江、新疆畜牧、上海、安徽、河南、陕西、湖南、甘肃等垦区种子生产供应能力强，农垦种子企业的种子产量常年达 120 余万吨。

内蒙古、新疆兵团、湖南、湖北、新疆畜牧、江西、青海等垦区是农垦的主要油料生产垦区。2021 年，农垦油料种植面积 415 万亩，总产量 68.7 万吨。

二是保障重要城市食品供应和市场稳定垦区。北京、天津、上海、重庆、广州等城郊型垦区，是城市粮食、蔬菜、乳制品、肉产品、水产品的重要生产供应平台，发展重点是增强主要农副产品的综合生产供应能力，为市民提供从田间到餐桌的放心食品，进一步增强大中城市的农产品供应和调控能力，保障市场稳定。

三是保障国家生态可持续发展垦区。湖北、湖南、江西、福建、四川、贵州等垦区，共有 195 个农场位于沿江沿湖、草原湿地和山区林区，生态屏障体系健全，强化生态涵养和水源保护功能，保障可持续发展。

注：本资料数据除天然橡胶面积和产量外，均来自《中国农垦统计年鉴》。

二是发展先进生产力，建设现代农业大基地。农垦农业生产力水平一直处于全国领先地位。"十三五"期间，全国农垦粮食产量持续稳定在 700 亿斤以上。2021 年达到 775 亿斤，比上年增长 8.8%，占全国粮食总产量的 5.7%。2021 年，全国农垦耕种收综合机械化率超过 91.4%，比全国平均水平高出 19 个百分点以上；农垦粮食亩产 518 千克，比全国平均水平高 33.9%。智慧农业加速发展，形成了一套可复制、可推广的智慧农业集成应用解决方案。

农垦现代农业生产体系

一是守牢耕地红线。2021 年，农垦耕地面积有 10314.87 万亩（黑土地占将近一半），占全国耕地面积的 5.4%，其中高标准农田 5097.78 万亩，约占全国高标准农田总面积的 5.6%。

二是加大种业研发。农垦在种业领域也有一支雄厚力量。2021 年，全国农垦种业种子营收超 60 亿元。全国种子企业销售收入前五强中农垦企业占两家，北大荒垦丰种业和苏垦大华种业分别列第 2 位和第 4 位；全国商品种子销售前十强中农垦企业占两家，北大荒垦丰种业和苏垦大华种业分别列第 2 位和第 8 位。农垦种业企业制种基地 200 万亩以上，制种量约 90 万吨，分别占全国的 14%、15%，15 家企业被认定为"全国农垦农作物良种展示示范基地"，一批标准化种子繁育基地、良种繁育基地、制种基地等陆续被建立。

三是强化农机装备建设。农垦紧贴实际需求加快提高农机装备水平，持续发挥规模化种植优势，不断强化粮食生产、大豆油料扩种、设施种养等方面的机具保障，为牢牢守住保障国家粮食安全作出贡献。截至2021年底，农垦农业机械总动力为3308.24万千瓦，约占全国的3.1%，大中型农用拖拉机23.81万台，小型及手扶拖拉机28.05万台，联合收获机7.12万台。特别是近年来，北斗卫星导航在黑龙江、江苏、新疆生产建设兵团、内蒙古等垦区的耕、种、管、收农业生产过程中得到广泛应用，大大提高了农机装备建设水平。总体上看，农垦农作物耕种收综合机械化率达到91.4%，较全国平均水平高出19个百分点以上。

四是开展科技创新。农垦加强企业技术创新主体作用，通过"揭榜挂帅"和联合创新的方式，联合科研院所等主体就重大领域、重大问题以及产业链供应链的重大挑战，开展基础研究、技术创新、成果转化、产业化等方面的科技创新活动，绿色高产高效技术模式得到广泛应用，畜牧生产规模化、标准化、智能化和科技应用水平全面提高，农业高效栽培、采收技术研发取得新突破，现代农业产业体系和科研体系不断完善壮大，农垦科技创新和农业技术推广继续走在全国前列，从农垦集团到农场的科技队伍不断优化。建设农垦现代农业科技成果转化应用平台，加速科技创新、技术迭代，支撑农业高质量和可持续发展。2020年，农垦共有科研单位177个、科技人员6612人。农垦企业科技人员4112人，科研投入13.84亿元。北京、上海、广东农垦"十三五"期间获得省级以上成果奖励均在20项以上。

五是推进标准化生产。近年来，农垦系统制定并发布了稻米、乳品、茶叶等团体标准，从全过程、各环节提出了具体指标和操作技术要求，初步构建起具有农垦特色的全产业链团体标准体系，对引领优势产业绿色可持续发展起到了重要作用。

六是发展智慧农业。近年来，农垦系统十分重视智慧农业发展。加快建立农垦国有土地资源数字化监测系统、农垦全面质量管理系统等，对接农业生产历史信息和生产、管理、服务等多类数据，实现高精度地理位置信息、农业生产经营信息相互联通，夯实智慧农业发展基础。推进大数据、人工智能、区块链、物联网、云计算等现代信息和数字技术在产业链各环节中的集成应用，提升农业生产智能化和精准化水平，促进农业数字化转型，降低农业生产成本，提高农业生产效率，提高农产品质量。

　　三是推进集团化改革，建设现代农业大企业。近年来，各地垦区积极推进集团化改革，垦区集团综合经济实力明显增强，涌现出了一批大型垦区集团化企业主体。2021年，在新冠疫情影响下，全球经济低迷。据对农垦5072家国有及国有控股企业统计，农垦企业国有资产（不含土地等资源性资产）依然达到1.46万亿元以上，实现营业收入7679亿多元，利润达到256亿元以上（表1）。有三大垦区集团年营业总收入超过1000亿元，基本具备了与世界最雄厚跨国公司同台竞争和较量的实力。

表1　2021年主要集团化垦区的运营情况

集团化垦区	资产总额（亿元）	营业收入（亿元）	利润总额（亿元）
合计	14606.32	7679.03	256.04
上海	2841.83	1490.27	48.38
黑龙江	2319.11	1703.75	14.83
北京	1648.56	1830.92	51.31
广西	900.06	202.38	7.64
海南	861.09	264.93	9.32
江苏	591.28	400.52	68.41
天津	502.27	319.86	11.62
广东	425.80	240.34	3.87
安徽	395.85	51.61	4.15
云南	326.03	383.94	−0.41
甘肃	228.55	72.78	1.07
宁夏	212.75	41.43	2.02
广州	176.52	58.65	1.85
重庆	176.42	79.83	7.67
陕西	37.42	31.26	1.94
南京	16.37	5.61	0.27

注：以上数据来自《2022中国农垦财务年鉴》。

2. 农垦开展现代农业引领示范现状

农垦始终承担着为我国现代农业建设提供示范的历史使命。特别是近年来，农垦以现代农业示范区为窗口，通过科技服务、辐射供种、农机跨区作业、产业联盟等形式，全面展示了农垦的先进技术、标准化生产、产业化运作和可持续发展等新模式。在农民技能培训、良种良畜和适用农业科技成果推广、农机作业和农业社会化服务等方面的辐射带动作用日益增强，发挥了推动农村现代农业建设的重要作用。多年来，垦区通过融合发展，在促进全国区域协同发展的大格局中发挥了重要作用。长期以来，依托自身组织优势、产业优势，农垦企业或园区有效带动了周边一批农产品加工、农村服务业和休闲旅游等新型产业蓬勃兴起，为当地农民提供就近就地就业的机会，带动农民增收，探索出了"垦区集团＋农场＋社会化服务组织＋地方"等各类合作经营模式，在产业、市场和政策等领域均建立了广泛的合作机制。

农垦社会化服务典型模式

一、江苏农垦集团——以农垦模式输出推进"企村联建"

江苏农垦以土地流转、土地托管、订单服务等农垦模式输出为重点，加强党建引领、产业联动，推进企村联建，探索场县区域共建、垦地合作的新机制、新形式。按照市场机制积极开展"农资＋农技＋农机＋农产品＋农业金融"的现代农业社会化服务，强化技术扩散带动；以产业化龙头企业为核心，完善利益联结机制，强化产业带动。进一步加强科技示范，以垦区现代农业示范区和拓展基地为窗口，全面向农民开放，免费培训农民，切实提高农村科学种田水平。抓住国家鼓励农村土地合理流转、推进农业社会化服务的契机，逐步扩大整村、整乡（镇）、整县（区）土地流转（托管）、订单服务规模。整合垦区内外种子、农资资源，提高供种辐射和农资供应能力，推进毗邻场区域县乡（镇）、县（区）在合作共建上实现互利双赢，把垦区农场建设成为全省引领乡村振兴发展辐射带动区。

二、北大荒农垦集团——把"小农生产"引入现代农业发展轨道

集团打造了区域农业综合服务中心（以下简称农服中心），将先进适用的种子品种、技术、装备、组织等现代生产要素导入农业生产，大力推广以统供、统营和农业社会化服务为主要的"双统一服务"模式，实现千家万户农业生产过程的专业化、标准化和集约化，把"小农生产"引入现代农业的发展轨道，实现小农户与现代农业、政府与农民有效衔接，从而辐射带动地方农业，促进区域经济一体化发展。集团以开展农业生产托管为抓手，先后在旗下9个分公司、佳木斯市、安徽凤阳县、冀鲁豫、赣鄂湘、吉林、陕甘宁等地成立15家农服中心。农服中心着重在"服务"上下功夫，本着"利他"原则，围绕产前、产中、产后全过程，构建"供、管、服"全过程专业化服务体系，不仅向农民提供农业生产资料、农机作业、统防统治、金融保险等农事服务，还依托数字农服平台，将小农户吸纳到垦区农业生产、加工、销售全产业链中，帮助种不了、种不好、自己种地不合算、种地标准不符合要求的农民种好地，让农民"离乡不丢地、不种有效益"，带动地方农村和农户实现共同富裕。

三、湖南农垦——积极参与和服务地方经济发展

湖南农垦大力实施"三联"战略，通过"引进来"和"走出去"两条腿走路，实行强强联合，在加快自身发展的同时，积极参与和服务地方经济发展，充分发挥了农垦在推进现代农业中的示范引领作用。一是建立农场与农民的利益联结机制。让农民分享更多二三产业的增值收益，实现企业与农民的双赢。西湖管理区以德人牧业、丰润公司、明穗生态园为龙头的农业产业发展经营主体，采取"龙头企业＋基地＋农户务工""合作社＋农户务工＋土地流转""产业大户＋普通农户"等模式，通过土地流转、就业工资、资产分红三大收入，实现与全区932户农户的利益联结。仅德人牧业一家就帮助200多名农民成为产业工人。二是建立垦区和农民的生产联合体。各管理区充分发挥农业机械化水平高的优势，组建农垦农机合作社，全面推广"农垦职工＋合作社＋社会化服务主体"模式，为当地农村和农民提供播、插、收、烘、储等全环节、全过程服务，把农垦和农民连在农业产业链上，结成生产联

合体。如屈原管理区在粮食生产农机服务方面，大力实施"六统一"模式，即由农机专业服务队为当地农民统一供种与催芽、统一机直播、统一排灌、统一机耕、统一防治病虫害、统一收割，既解决了"谁来种地、怎么种地"问题，又带动了当地现代农业的发展，实现了垦地联合发展。

四、安徽农垦——与地方政府深入合作建立工业园区

安徽农垦自2003年开始探索建立工业园区。省农垦集团公司坚持从实际出发，根据农场和地方的实际情况，分类指导、一场一策地采取垦地合作的类型。如今，垦区内几乎所有的农场都以不同的形式与地方建立了合作机制。如敬亭山茶场与安徽省宣城市城区以项目合作的方式与当地政府共同发展。一方面由集团为政府提供土地代建公益型项目，以解决财政紧张的问题；另一方面由政府帮助茶场土地运作上市，充分利用好行政资源。农场职能由生产管理和行政管理向资产经营和社区服务转变，实现了资源资产向资本的转变和扩张，既促进了宣城市政建设，又调整了敬亭山茶场产业结构，改善了茶场职工居住条件。目前，安徽农垦许多农场都建立了工业园区，走上了与地方整体合作开发的道路。2009年9月，安徽省农垦集团公司与蚌埠市委、市政府建立了龙亢农场现代农业自主创新综合改革试验区。试验区统筹一场三镇（龙亢农场、龙亢镇、河溜镇、徐圩乡）的发展。龙亢农场与地方政府的合作已经超越了农场地域，不再是单纯的农垦融入社会，而是地方"融入"农垦，实现了以农场为主导，发扬优势、整合资源、总体开发，将垦地合作以及发挥农垦在现代农业中的示范作用带入了更高的实践境界。此外，皖垦集团与郎溪县合作开发的十字工业园于2010年升格为省级开发区；与寿县合作的寿西湖工业园，在场县共同努力下，较好地解决了诸多遗留问题，步入正常发展轨道，形成了"共建园区模式"；与天长市政府合作、集团控股的天长粮食产业园5万吨粮食仓储于2014年建成并投入运营，产业园依托农场生产基地，现已发展成为集种植、烘干、仓储、加工、销售、物流于一体的复合型企业。

3. 农垦开展现代农业引领示范的机遇和挑战

近年来，我国农业和粮食生产在高基数上实现稳产增产，农民收入在高起

点上继续保持增长势头，农业农村改革稳步推进、领域拓宽，标志着我国现代农业发展进入一个新阶段。农业综合生产能力达到稳定较高的阶段性水平，粮食总产量连续 8 年稳定在 1.3 万亿斤以上，单产、总产量连创新高，蔬菜、畜产品、水产品等"菜篮子"产品产量稳步提升，供应充裕。

一是农民收入发生结构性变化，适度规模经营快速发展。农民工资性收入超过农民家庭经营收入成为农民收入最大来源，城乡居民收入差距逐渐缩小。现代农业生产的要素投入结构呈现阶段性特征，农业增长贡献由主要依靠土地、劳动力等传统要素更明显地转向科技、资本等现代要素，农业科技进步贡献率超过 60%，耕种收综合机械化水平达到 72%。经营方式发生深刻变化，新型经营主体大量涌现，适度规模经营快速发展。但我国农业底子薄、农民收入低、城乡差距大的矛盾由自然、历史等诸多因素长期累积形成，非一朝一夕能够得到根本性改变。站在新的历史起点，现代农业发展与改革深入推进，为做大做强农垦提供了良好的机遇，同时也提出了新的更高要求。

二是现代农业经营体制加快创新，为农垦提供社会化服务带来机遇。随着农村土地确权和制度改革继续深化，"三权分置"的新型农地制度成为农村土地集体所有制的有效实现形式，为促进农村土地有序流转奠定了坚实的制度基础。农村土地流转的规模扩张逐步加速，为农垦积极参与土地公开市场流转交易带来难得的历史机遇，特别是当前农民外出务工数量与日俱增，农户兼业化，农业人口老龄化、农村"空心化"现象日益突出。留守劳动力多为妇孺老弱者，对农业新技术和机械化作业的掌握程度不高，给农垦参与流转地方土地、扩大生产规模提供了极其有利的条件。通过承租流转农村土地方式，直接扩大农垦农业资源掌控范围，建立起农垦专业化、集约化的原料生产基地。家庭经营、合作经营、集体经营、企业经营等农业联合经营模式不断涌现，为农垦以社会化服务、订单农业等方式直接或间接参与各类经营带来良好机遇。

三是探索推广农业科技与设施装备集成应用模式，为农垦提供了施展平台。未来，突破资源瓶颈、加快转移农村劳动力、保障粮食等主要农产品有效供给和农业农村经济持续稳定发展，从根本上说需要加快提高农业科技创新和应用水平，这将给农垦实施"前沿农垦""智慧农垦"战略提供了创新机遇。

四是"四化同步"加快推进，为农垦不断创造新的市场需求和发展空间。工业化、信息化、城镇化对现代农业的牵引作用更加有力，为培育农垦塑造了更持久的动力和更广阔的空间。工业化快速发展为改造传统农业提供了现代生产要素和管理手段，我国工业化已经进入中后期阶段，为改造传统农业提供更多现代要素的能力大大增强。城镇化加速为进一步转移农村剩余劳动力、推进农业适度规模经营创造了条件，也拉动了农产品需求不断增长。信息化加快发展为改造现代农业提供了重要的技术支撑，信息技术加速应用将极大地推动现代农业生产效率，特别是对农业生产的各种要求实行数字化设计、智能化控制、精准化运行、科学化管理，为提高我国农业综合竞争力带来新的手段与机遇。

五是新阶段现代农业发展的新形势新任务，也对农垦提出了更高要求。我国农业长期存在生产、加工、流通等产业链相关领域的相互分割问题，不同主体局限在各生产环节，上下游产业有效衔接机制仍不完善。有效整合各方面资源，合理分配各方利益，构建长效的产业链联结机制与通道，提高农业生产、加工、流通诸环节的效率，降低成本，成为农垦培育全产业链的基本要求。

六是保障农产品总量和结构平衡，确保有效供给是农垦的重要使命。随着全国人口总量增长、城镇人口比例上升、消费水平升级以及农产品工业用途拓展，我国农产品总量需求的刚性增长态势明显，农产品供求关系呈现基本平衡、结构短缺的特征，保障粮食和重要农产品有效供给是新时期党中央赋予农垦的重要使命之一。

七是全国资源约束日益趋紧，增加了保供的难度。农业生态环境仍然脆弱，农业面源污染加剧态势未得到根本扭转，农产品产地环境污染问题更加突出，保障农产品质量安全面临更大挑战，稳产量保供给与提质量保安全的矛盾更加凸显。这些问题和矛盾，增加了农产品生产稳定增长、保障国家粮食安全的难度，对培育壮大农垦提出了更高要求。

八是有效确保全产业链利润分配均衡，促进农民增收面临更高要求。农业生产经营进入高投入、高成本阶段，提高农业比较效益、促进农民增收的任务日益繁重。受生产资料、土地、劳动力等要素价格上涨影响，我国主要农产品生产的经济成本越来越高。农垦要在加工、贸易等领域与跨国企业展开激烈竞争的同时，更要加快完善与农户的利益分配机制，在生产领域千方百计降低生产成本，提高农业比较效益，积极推动农业生产经营由高投入、低效益向获得全社会平均利润转变。

四、农垦现代农业引领示范思路

"十四五"和今后一个时期，农垦要以习近平新时代中国特色社会主义思想为指导，坚决贯彻中央关于"三农"工作和农垦改革发展决策部署，立足新发展阶段、贯彻新发展理念、构建新发展格局，推动现代农业高质量发展，立足农垦国有土地，不断提升农业现代化水平，不断强化粮食和重要农产品供给保障能力，坚守18亿亩耕地红线，加强垦地合作，切实发挥农垦在现代农业中的示范引领作用。

一要优化农业产业布局。立足国家发展大局、结合农垦实际，深入贯彻国家粮食生产功能区、重要农产品生产保护区和特色农产品优势区建设要求，突出粮食安全、天然橡胶资源安全、大中城市副食品供给安全等重点领域、关键产品，加强规划引领，优化农业生产结构、区域布局和产品结构，推动形成产业布局更合理、保供效能更优化的新格局，打造一批粮食安全和重要农产品保供的现代农业示范大基地。

二要抓好耕地和种子"两个要害"。按照稳面积、提质量的要求，进一步强化耕地保护，着力加强高标准农田建设；突出抓好以黑龙江农垦为重点的东北垦区黑土地保护，不断巩固国家粮食和重要农产品供给战略基地。开展种业提升攻坚，推动农垦种业企业整合和联合创新攻关，提升创新研发能力，建设一批大型制种基地，打造一批种业龙头企业，增强农垦种业竞争力、话语权，为种业振兴贡献农垦力量。

三要开展科技研发创新和应用示范。切实发挥企业创新主体作用，培育"揭榜挂帅"的领军能力，建立务实合作、开放有序的联合创新机制。支持引导农垦企业围绕优势主导产业，建设农垦现代农业科技成果转化应用平台，提升科技成果转化效率和应用效益。推进智能控制、大数据、区块链、云计算等现代信息技术在产业链各环节的集成应用，不断提高农垦农业信息化、智能化水平，充分发挥农垦现代农业示范引领作用。

四要推进绿色可持续发展。深入实施质量兴垦战略，将绿色理念、绿色要求、绿色发展体现在产业体系、生产体系、经营体系各环节。不断扩大农垦稻米、生鲜乳、茶叶等系列高质量团体标准的应用范围，提升主导产业技术标准和规范管理水平。进一步推动农垦农业绿色优质生产、农产品质量管理评价和优质农产品营销推广有效链接整合，建立具有农垦特色的绿色产业化发展格局。扎实推进农垦绿色低碳生产方式、生活方式，为实现碳达峰、碳中和目标作贡献。

五要推进农垦产业融合发展。按照一二三产业融合、全产业链协同发展原则，支持有实力的农垦集团构建业态多元、竞争有序、互动高效的农垦农产品产业体系，在粮食、肉类、奶类、天然橡胶及种业等领域打造一批行业特色鲜明、具有核心竞争力的产业领军企业。深入实施品牌拓展战略，提升中国农垦公共品牌知名度和影响力。探索创建"品牌共建、资源共享、责任共担"的农垦品牌推广应用机制，共同拓展农垦品牌销售市场。

六要发挥好产业联盟作用。进一步规范联盟活动，将示范推广先进技术、创制领先团体标准、打造知名公共品牌、建设标杆示范基地等作为产业联盟工作内核，充分发挥天然橡胶、乳业、种业等协会和联盟作用。吸引上下游企业共同提高联盟影响力，共享联盟进步成果。创造条件推动成立新的产业联盟。

七要深入推进垦地融合发展。服务国家区域发展战略、城乡融合发展和推动共同富裕要求，充分发挥农垦资源、资本、技术、区位等优势，加强与地方县域、乡村的合作。支持鼓励农垦企业完善农业社会化服务体系，提升全产业链服务水平，帮助农民解决办不了、做不好的事情。农垦在这方面是有条件也是有优势的。大力推广农垦现代农业生产方式和经营管理模式，助力农村地区不断提高农业生产机械化、规模化、标准化、智能化水平，示范引导乡村产业转型升级，促进小农户和现代农业发展有机衔接。

五、农垦现代农业引领示范作用实现路径

（一）建设一批农垦现代农业生产示范基地

农业是农垦的立身之本，推进农垦发展必须紧紧围绕率先基本实现农业现代化这个核心目标，以建设一批大型农垦现代农业生产示范基地为抓手，全面提升垦区农业综合生产能力。

1. 基础配套设施建设

一是推进农垦高标准农田建设。目前农垦有高标准农田 5097.78 万亩，约占耕地总面积的 49.4%，且部分高标准农田建设水平落后于当地农村。结合实施《全国高标准农田建设规划（2021—2030 年）》，应充分挖掘利用各级农田改造资金，将黑龙江、内蒙古等粮食和重要农产品主产垦区纳入国家高标准农田建设规划。各垦区要针对自身实际情况，积极与当地发改、自然资源、财政等管理部门沟通，将中低产田改造、基础设施完善等工作与高标准农田建设项目对接，提高高标准农田的中央投资标准，尽快将农垦高标准农田建设纳入当地规划中。着力提高农垦农业综合生产能力，切实保障国家粮食安全和主要农产品有效供给。

二是垦区大中型灌区和节水灌溉工程建设。灌溉现代化是农业现代化的重要组成部分，要求配套先进的节水灌溉技术，结合施肥、施药、农业机械化实行适时、适量的精准灌溉，逐步实现生产过程的自动化和便利化。各垦区要加快推广节水模式和技术，积极推广应用喷灌、滴灌、渗灌等节水灌溉技术，科学利用有限的水资源。认真编制垦区节水农业发展规划，因地制宜制定符合垦区特点的节水农业发展目标、总体布局、建设重点、实施步骤和保障措施。针对不同作物的生产条件、资源特点和耕作制度，探索集成一批新技术模式，推广一批成熟适用的技术，不断提高水资源利用效率，逐步增加有效灌溉面积，改善水生态环境，保障水资源可持续利用，努力走出一条具有农垦特色的节水农业道路。各垦区要积极与水利、国土等管理部门加强沟通协调，加大对农田水利建设和节水灌溉工程的投入力度，加快实施地表水置

换地下水工程，增加小型农田水利设施补助，不断增强垦区农业抗旱减灾、节水增效的能力。

2. 农垦主体功能示范基地建设

（1）在保障国家粮食和重要农产品安全的垦区，开展以下示范基地建设：

一是国家大型商品粮生产示范基地建设。通过高标准农田、节水灌溉工程、农垦粮食仓储体系、农业综合开发等项目建设，重点支持黑龙江、新疆生产建设兵团、内蒙古、辽宁、江苏、新疆畜牧、湖北、湖南、吉林、江西 10个垦区建设国家大型商品粮生产示范基地，成为优质、高效、稳定的商品粮生产功能区。

二是国家优质奶源示范基地。将农垦奶源基地建设纳入农业农村部绿色种养循环农业试点工作建设规划，发挥农垦组织化、规模化、产业化优势，进一步提高规模养殖标准化水平，实现环境友好和可持续发展；加强科技创新和先进技术推广力度，以农垦标准化规模奶牛场为重点，支持黑龙江、内蒙古、河北、北京、上海、重庆、宁夏、新疆等垦区建设优质青贮饲料和苜蓿种植基地，大力推广奶牛饲养新理念、新技术、新产品，充分利用农垦优质资源开展联合育种，推广优质种源。

三是国家大型优质棉花生产示范基地。充分发挥新疆生产建设兵团、新疆农业、新疆畜牧、湖南、湖北、甘肃等垦区棉花生产优势，进一步挖掘潜力，通过制定差别化政策等方式进行重点扶持。将新疆生产建设兵团、新疆农业、新疆畜牧、湖南、湖北、甘肃优质棉花生产示范基地建设纳入国家特色农产品区域布局和发展规划，加强农业现代化示范区等项目建设，夯实现代农业发展基础。

四是国家天然橡胶生产示范基地。进一步加强海南、云南和广东等垦区国家天然橡胶基地建设，加快胶园更新改造，完善胶园配套技术设施；优化加工布局，调整产品结构，满足高精尖端领域需求；以农垦企业为依托建设天然橡胶科技工程创新中心，构建企业主导、产学研紧密结合的技术创新与推广体系。

五是国家糖料生产示范基地。加强广东、广西、内蒙古、新疆生产建设兵团、云南和海南等垦区国家糖料生产示范基地建设，将基地纳入国家特色农产品区域布局和发展规划，加强农业现代化示范区等项目建设，打造国家糖料生产供应基地。

六是国家油料生产示范基地。在内蒙古、新疆生产建设兵团、湖南、湖北、新疆畜牧、江西、青海等垦区开展国家油料生产示范基地建设。

七是国家种子生产示范基地。充分发挥中垦种业联盟的作用，整合种业基地和科研资源，提升农垦种业的科技创新能力，在江苏、黑龙江、新疆畜牧、上海、安徽、河南、陕西、湖南、甘肃等垦区建设国家种子生产示范基地，做大做强育繁推一体化种子企业，打造农垦种业企业的联合舰队。

八是特色农产品生产示范基地。多年来，农垦开发、培育、发展了柑橘、苹果、红枣、茶叶、枸杞、芒果、香蕉、辣木、咖啡、河蟹等多种优质特色农产品产业，红江橙、库尔勒梨、和田玉枣、云雾茶、小粒咖啡等多种名优产品享誉全国。要进一步完善农垦特色农产品主体功能区建设，将农垦各类优质特色农产品生产基地建设统一纳入《农业农村部特色农产品区域布局规划》，通过农业综合开发等项目加大对农垦优质特色农产品生产基地建设支持力度。

（2）在保障大中城市食品供应和市场稳定的垦区，开展都市型现代农业示范和优质鲜活农产品供应基地建设。北京、天津、上海、重庆、广东等城郊型垦区拥有得天独厚的区位优势，人才、市场、科技、资源、资本等要素的开放性和流动性好，是城市粮食、蔬菜、乳制品、肉产品、水产品的重要生产供应平台，长期提供从田间到餐桌的放心食品，保障了城市的食品供应和市场稳定。上述垦区要加强农业机械化、设施化、集约化、信息化建设，重点开展都市型信贷农业试验示范，提高农业现代化水平和示范带动能力；要以保障城市农副产品供给为中心，加快建设优质蔬菜、肉类、蛋奶及各类食品生产加工基地，构建各类农产品加工、运输、储存、保鲜及冷链物流配送体系，完善农产品质量安全全面管理（追溯）体系，打造城市优质鲜活农产品供应基地；要以推进全产业链为目标，加快农业产业结构调整，建设新型城郊垦区农业经营新模式。

（3）在保障国家生态可持续发展垦区，开展国家休闲农业、乡村旅游示范点建设。包括湖北、湖南、江西、福建、四川、贵州等垦区位于沿江沿湖、草原湿地和山区林区的农场，重点是强化生态涵养和水源保护功能，打造生态循环农业样板。

（二）大力发展农垦农产品加工流通业

1. 加快农垦高质量标准化示范基地建设

一是建立农垦高质量标准化生产体系，加快农垦高质量团体标准的制修订和实施。制定农垦统一的农产品与食品标准体系，并与品牌体系相衔接，对接国际标准、国家标准、行业标准和生产需要，以产品为单元，围绕投入品、生产、加工、包装、贮运、标识等全产业链，分别完善制定相应的生产技术规范和操作规程，夯实农产品质量安全的标准基础。扶持和引导农垦专业化公司、农场、农场职工等率先实行标准化生产，以点带面，带动地方全面促进农业标准化发展。二是实现重点垦区、重点企业、重点产品的农产品全面质量管理系统全覆盖。推动垦区规模化绿色安全生产模式，严格控制农药、化肥、兽药、饲料及饲料添加剂等农业投入品的使用量和对产地环境的污染。三是围绕产品质量安全全过程管控目标，研究建立产品质量安全大数据评价模型，构建数字化质量评价体系；围绕产品销售目标，构建农垦安全优质农产品大数据选品营销体系，助力农垦产业质量提升、优质优售、品牌打造。

2. 加快农垦粮食晾晒、烘干、仓储设施和现代物流中心建设

大力发展大宗农产品产地初加工和精深加工，建设食品、饲料等专用原料基地和加工产业园区，辐射带动周边农民增收致富。在黑龙江、内蒙古呼伦贝尔和辽宁等农垦粮食主产区和主要调出垦区，加大粮食晾晒、烘干、仓储设施建设力度，加快"危仓老库"维修改造，提升粮食处理和仓储能力，减少产后损失浪费，增强供给和保障能力。在黑龙江、广东、江苏、湖北等垦区整合农产品加工资源，加强技术改造，提升科技研发水平和精深加工能力，打造农垦粮油知名品牌。在黑龙江、北京、上海、广东、重庆等集团化垦区加强大宗鲜活农产品产地预冷、初加工、冷藏保鲜、冷链运输等设施设备建设，打造具有农垦特色的大型综合物流企业集团和物流服务品牌。启动农垦现代流通综合示范区创建，发挥物流节点垦区的辐射作用，带动周边垦区商贸流通，布局协调产区与销区的重要节点农场，推动区域物流协调发展。

3. 加快发展智慧农业，示范引领农业数字化

加强信息设施建设，合理布局 5G、移动互联网等，推进农业水利、物流、加工等设施智能化转型。创新应用数字化技术，推进农业生产、加工、运输、仓储、交易等全产业链数字化建设。搭建数字化应用场景，探索建设智能畜牧业、智慧渔业、数字田园等，推进农业生产经营与信息化融合。垦区要充分瞄准物联网、人工智能、云计算、大数据等信息技术最前沿，加强农业信息技术的试验示范和集成应用，实现生产、经营、管理等方面的全程信息化链接，提升农垦综合信息化水平。在生产上，要大力开展农业生产物联网等农业生产信息技术的试验示范和集成应用，不断提高农垦生产智能化水平；在管理上，要加快土地资源管理和企业经营管理的信息化建设，积极推进生产经营管理全程信息化，提高现代化管理水平；在经营上，要大力推进农业经营网络化建设。加快推动农垦全面质量管理系统应用，建立以农垦高质量标准为基础的，从基地到餐桌的农产品全程质量安全管控体系，实现垦地监管信息互联共享，贯通检测、认证、预警、评估、执法、追溯、标准化等全要素，提升监管水平。

4. 加快农垦品牌建设

实施"中国农垦"品牌培育计划，构建"中国农垦公共品牌＋垦区品牌＋企业品牌"品牌体系。加大农垦品牌营销推介，加强农垦品牌宣传推广和市场开发，重点发展农业电子商务、直销配送、门店体验等营销模式，实现线上线下结合，建立长期稳定的销售渠道。各垦区立足资源禀赋和区位特点，围绕特色优势产业，加快推动规模化、专业化、标准化进程，积极打造具有市场影响力的农产品，形成一批全国或区域性的知名产品品牌，打造农垦优质安全农产品品牌集群，提高"良品生活　源自农垦"的农垦产品整体形象和社会影响力。

（三）加强农垦农业社会化服务体系建设

1. 加强农垦系统基层农技推广服务体系建设

将农垦的农业技术推广、动植物疫病防控、农产品质量监管等公共服务机构纳入全国农业公共服务体系建设之中，明确农垦农技推广体系机构的性质，

切实保障农垦农技推广人员的利益，维护农垦农技推广队伍的稳定性。规模较大的集团垦区，可以单独设立农业社会化服务机构，承担垦区的农业技术推广、动植物疫病防控、农产品质量监管等公共服务职能。加强对重点垦区示范基地建设的支持力度，重点筛选、示范、推广一批高效、绿色的生产技术和产品，加强对农场应用高效绿色生产技术的项目扶持，推动各垦区绿色、高效、可持续现代农业的建设和发展。

2. 推广垦地联营

围绕拓宽农垦粮食和天然橡胶等原料基地规模、提升原料基地掌控能力与范围，积极推广多种形式的垦地联合经营方式。鼓励有条件的农垦企业及职工走出垦区，在地方流转农地种植粮食，探索农场企业与农场职工、地方种粮主体之间的订单合作模式。将单个职工或合作社作为合作单元，发挥农场企业的技术、资金与市场优势，围绕种粮主体从事粮食生产对资金、生产资料等的迫切需求，通过提供资金信贷或仓储、病虫害防治、农资供应、农机耕种收、技术指导等方面的社会化服务，与各类主体建立稳定的订单关系。坚持基础设施的共建和共享，深化垦区和地方各类生产要素的流动，积极主动地参与到当地的农业现代化建设中。进一步扩大代耕、代种、代收、代销等农业生产社会化服务规模，以社会化服务为载体，把农垦现代农业生产方式和经营管理模式移植到地方，提高地方农业生产的机械化、规模化和标准化水平。

3. 加强社会化服务

重点积极推广"农场社会化服务＋地方大户/合作组织"的经营方式，着重强化农场的农业社会化服务能力，完善粮食优良品种的示范引领、农业技术、农机耕种收、病虫害防治、农药化肥农资供应、谷物仓储等社会化服务，建设集各项社会化服务功能于一体的综合型现代化农场服务体系。通过提供各类社会化服务，与周边种粮大户、合作组织建立稳定的利益联结机制，以各类服务功能的强化，组织成立农场主联合会，将最终价值突出体现在项目的仓储与收购功能方面，实现对更大范围和规模的原料来源控制。

农垦高质量标准化生产基地建设标准研究[*]

一、引言

"十三五"期间，农垦认真贯彻落实党中央部署和习近平总书记重要指示精神，坚持以推进垦区集团化、农场企业化改革为主线，突出"两个3年"重点任务，内生动力不断增强，发展活力日益改善。截至2020年，全国农垦企业资产总额达到13491.96亿元，全系统实现营业总收入6852.68亿元，利润总额240.55亿元。在打造农业领域航母、培育具有国际竞争力的现代农业企业集团的道路上迈出了坚实步伐。随着党的十九届五中全会审议通过了《中共中央关于制定国民经济和社会发展第十四个五年规划和二〇三五年远景目标的建议》，农垦迎来了新的机遇和任务。2021年是"十四五"开局之年，农垦突出高质量发展，持续全面深化改革发展，积极实施创新驱动战略，不断推进资源资产融合，重点推进政策供给、企业改革、模式探索、业态重塑、标准建设、品牌战略等10项工作。加快农垦高质量标准化生产基地建设标准研究是推动农业生产品种培优、品质提升、品牌打造和标准化生产，推动农垦高质量发展的有力抓手。

（一）研究背景

党的十九届五中全会上，以习近平同志为核心的党中央作出"十四五"时期我国将进入新发展阶段的重大判断。"以推动高质量发展为主题"已成

---

* 课题主持人：韩学军；参加人员：王天硕　陈杨

为指导"十四五"经济社会发展的重要指导思想。"高质量"成为关键词。2020 年 12 月 28 日，习近平总书记在中央农村工作会议上指出，要深入推进农业供给侧结构性改革，推动品种培优、品质提升、品牌打造和标准化生产。本文将围绕上述两者有机结合进行研究，以适应新形势的必然要求和现实选择。

（二）研究目的及意义

农垦作为农业国家队，承担着示范、引领现代农业发展的重任，可以率先选择一批制度优、管理精、主业强、效益好的农垦企业集团，在保障产品安全的前提下，以高质量为指导理念和首要目标，面向市场、面向需求，依托农垦标准，实行全程标准化生产，建设全产业链标准体系的生产基地，探索垦区生产现代化建设路径，打造农业农村现代化标杆。

研究农垦高质量标准化生产基地建设标准可以推动生产基地有目标、有方向地发展，转变生产方式，改善农业生态环境，切实提高农垦系统生产管理水平；可以提升消费者对农垦农产品从生产到加工全过程的认知，使农垦"高质量、标准化"观念深入人心；可以确保农垦农产品质量安全，增强品牌、企业及农产品的核心竞争力，树立公信力和美誉度，增加企业和农户收入。

二、高质量发展的内涵

中国特色社会主义进入新时代，我国经济发展也进入了新时代。推动高质量发展，既是保持经济持续健康发展的必然要求，也是适应我国社会主要矛盾变化和全面建成小康社会、全面建设社会主义现代化国家的必然要求，更是遵循经济规律发展的必然要求。

首先，高质量发展是适应经济发展新常态的主动选择，标志着我国经济发展进入了新常态。

其次，高质量发展是贯彻新发展理念的根本体现。党的十八大提出了创新、协调、绿色、开放、共享的新发展理念。而高质量发展就是体现新发展理念的发展，是以人民为中心的发展，是创新成为第一动力、协调成为内生特点、绿色成为普遍形态、开放成为必由之路、共享成为根本目的的发展。

再次，高质量发展是适应我国社会主要矛盾变化的必然要求。高质量发展就是为了解决不平衡不充分的问题，从而满足人民日益增长的美好生活需要。不仅要重视量的发展，更要解决质的问题，在质的大幅度提升中实现量的有效增长，给人民群众带来更多的获得感、幸福感、安全感。

最后，高质量发展是建设现代化经济体系的必由之路。推动高质量发展是当前和今后一个时期确定发展思路、制定经济政策、实施宏观调控的根本要求。高质量发展需要适应新时代、聚焦新目标、落实新部署，推动经济发展质量变革、效率变革、动力变革，提高全要素生产率，不断增强我国经济创新力和竞争力。

务农重本，国之大纲，农业作为第一产业，其高质量发展是我国经济社会高质量发展的重要组成部分，有着深远的战略意义。当前，我国农业发展在社会主要矛盾转化的要求下、在新形势的推波助澜下走向转型，逐步完成从相对的低要求向高要求、从增产增收到提质提效、从量变过渡为质变的演进。我国粮食连年丰收，2021 年总产量再创新高，较上年增加 267 亿斤，连续7 年保持在 1.3 万亿斤以上。这一成绩是对我国上一阶段农业发展的肯定。接下来的"高质量"发展也绝不是一句空口号，在保障粮食产能持续稳定的基础上，还应着力提高产品质量、产业效益、生产效率、经营体系、农民收入和国际竞争力。农垦是一个有着 1400 多万人口的经济社会系统，作为我国农业领域的国家队，伴随着我国改革开放和现代化建设的进程，理应在农业高质量发展的浪潮中打造农业领域的航母，起到示范引领的作用。根据党的十九届六中全会精神，结合农垦改革发展要求，同时基于农垦国有资产庞大、组织化程度高、规模化特征突出、产业体系健全的特点和特性，改善其发展模式、激活其企业活力、提升其产品品质是三条自上而下的实现农垦高质量发展的途径（图 1）。

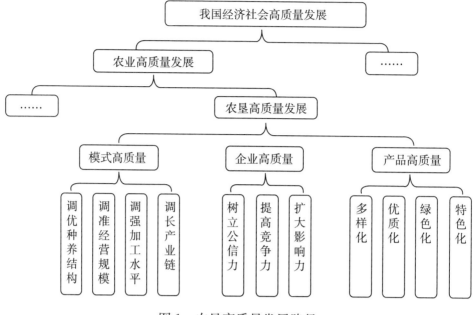

图 1 农垦高质量发展路径

（一）模式高质量

农垦的高质量发展需要坚持新发展理念，加快建设符合现代农业要求的发展模式，大力实施创新驱动战略，推进资源整合和产业优化升级，利用农垦优势发展大基地、大企业、大产业，全面增强农垦内生动力、发展活力、整体实力，以更好发挥农垦的排头兵和示范引领作用，增强我国农业稳定性。高质量的发展模式即提高农业生产层次和经营管理水平，因此对种养结构、经营规模、加工水平、产业链等方面都提出了更高要求。调优种养结构是改善单一作物和产品结构层次、发展特色农业、提高质量效益、促进农民增收的现实选择；调准经营规模是推进农业现代化的必由之路，是通过适度集约化获得规模效益，从而吸引物质资本与人力资本更多向农业流入的关键举措；调强加工水平是通过改进技术而获得技术效益，提高农产品品质、保障可持续发展的有效途径；调长产业链是产业结构高级化，是现代农业发展中强化全程质量控制、提升全要素生产率、促进产业融合发展的必需手段。

（二）企业高质量

农垦企业高质量发展，是农垦高质量发展的微观基础，是走向市场化和国际化的道路。坚持垦区集团化、农场企业化改革，激发企业活力仍然是发展的大方向，个体上则需要企业树立公信力、提高竞争力、扩大影响力。企业公信力体现在消费者对产品及服务的充分认可，在多种选择面前企业能够主导舆论风向。企业的竞争力外化表现为产品，内里其实是公司治理、管理水平、人才队伍建设等方面的较量。企业的影响力是在行业内甚至其他领域内的话语权，是企业体量和实力的体现。企业有此"三力"，方能在激烈的国内外竞争中不断胜出、持续发展、创造价值，才能为国家、社会和人民承担起更重大的责任。为此，农垦企业需要破除旧有观念、提升管理水平、强化科技能力、推动数字建设，以发展实体经济为着力点，贯彻新发展理念，掌握市场前沿动态，及时跟进营销理念、营销格局的变化，创新商业模式，完善激励机制，不断提高营销能力、资本运作能力和管控能力。

（三）产品高质量

农产品质量是农垦高质量发展的核心目标，且符合生态优先绿色发展的理念。不论是打造企业的高质量，或是创新模式的高质量，都是为了生产出的产品能够达到更高的品质。高质量的农垦农产品应当达到多样化、优质化、绿色化和特色化的要求，以满足消费升级的需求，同时确保企业有效益、职工有钱赚。农产品多样化不仅要求打破季节性、地域性供应的常态，还要对同一品种实现差异化，是对供给侧结构性的调整，给消费者更丰富的选择；优质化是在标准化的前提下对一些营养及功能性指标做出更高要求，对一些限量物质做出更严格的管控；绿色化是遵循可持续发展的理念，确保农产品生产全过程无污染；特色化是企业充分开发利用其所在地的区域和资源优势，生产出其他企业或地区所没有的农产品。目前，部分农垦企业已开始向消费者推出个性化定制的服务，尽管规模较小、产量有限，但这其实就是实现特色化农产品的途径之一。

三、高质量建设标准的不同维度

打造农垦高质量标准化生产基地是推动农垦高质量发展的有效途径，是深化供给侧结构性改革中进行基础设施的建设，是实现产品高质量、模式高质量和企业高质量的重要抓手，同时也是确保农产品质量安全、改善农业生态环境、增加企业和职工收入、促进区域经济社会发展的战略部署。为此，农垦高质量标准化生产基地建设标准在现有标准化基地建设标准的基础上，以种植业为例，从企业资质、产地环境、生产过程、安全限量、质量品质、消费体验、人员素质 7 个维度设置新的评价标准，力求通过政府推动、社会化引导、企业组织的形式，实行区域化布局、规模化发展、产业化经营，规范化管理（图 2）。

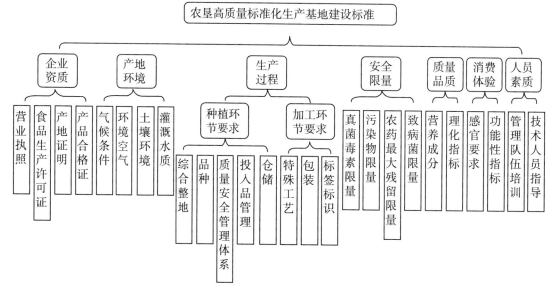

图 2 农垦高质量标准化生产基地建设标准体系

（一）企业资质

建设农垦高质量标准化生产基地的首要条件是选择具备相应生产资质的农垦企业作为实施主体，所以标准中应设置相应的评价指标，包括对营业执照、食品生产许可证、产地证明和产品合格证明文件的检查验证。企业的营业执照应是企业在当地工商部门依法登记注册的，经营范围应包括农产品和食品生产加工类别，且在有效期内。食品生产许可证则是企业在加工环节的通行证。产地证明指标需要按照《食用农产品市场销售质量安全监督管理办法》《食用农产品合格证管理办法（试行）》中的有关规定，要求企业建立产地证明管理制度，并能够通过信息系统生成产地证明的电子文件，依托即时通信工具、邮件等方式或途径将产地证明提供给下游采购商或消费者。产品合格证明文件即企业出厂（场）销售的农产品应有自检报告或者委托有资质的第三方机构出具的检测报告，检验报告应包含食品安全国家标准规定强制执行的全部检测项目或认证类型标准规定的检测项目，且这些项目应全部合格。

（二）产地环境

高质量标准化生产基地的气候条件、环境空气、土壤环境、灌溉水质应达到一定的要求。气候条件主要指基地所处地域的温湿度和光照等，所以要求高质量标准化生产基地种植的作物应符合区域环境的特征，其品种特征要具备与产地气候条件相一致的生长期和光照积温，同品种的作物，生长期和光照积温长者更优。环境空气质量的评价指标应依据 GB 3095《环境空气质量标准》中的污染物基本项目和其他项目浓度限值设定，包括二氧化硫（SO_2）、二氧化氮（NO_2）、一氧化碳（CO）、臭氧（O_3）、颗粒物、总悬浮颗粒物、氮氧化物（NOx）、铅（Pb）和苯并［a］芘（BaP）等，且应至少达到一级标准。土壤环境质量的评价指标应依据 GB 15618《土壤环境质量　农用地土壤污染风险管控标准（试行）》的要求设定，对镉、汞、砷、铅、铬、铜、镍、锌、六六六总量、滴滴涕总量和苯并［a］芘等污染物计量风险筛选值。灌溉水质的评价指标应依据 GB 5084《农田灌溉水质标准》，将作物划分为水作、旱作和蔬菜 3 个种类，并分别设定控制项目标准值。

（三）生产过程

高质量标准化生产基地应做到投入品使用、田间管理、生产操作、收获储运、产品加工和商品包装标准化。

1. 种植环节要求

（1）**综合整地要求**。依据不同作物的生产规模和耕作习惯的不同而调整。制定不同作物的综合整地标准，包括土壤解冻时机、旱田水田的耕深、整地机的作业规范、秸秆的综合利用等要求。

（2）**品种选择要求**。根据生产基地的地理分布，依托各地优势资源，发展优势产品，选用经审定熟期适宜并在当地大面积推广或引种试种成功的优质、高产、抗逆性强的品种。粮食作物类型的种子质量应符合 GB 4404 系列标准的要求，瓜菜作物类型的种子质量应符合 GB 16715 系列标准的要求，对种子的纯度、净度、发芽率和水分指标应进行检测判定。

（3）**质量安全管控体系要求**。高质量标准化生产基地所属企业应建立质量安全管理体系或取得绿色食品、有机农产品、地理标志农产品之一认证，建立企业检验检测管理制度、质量安全追溯制度，制定有质量安全管控标准、企业产品标准并严格贯彻执行，能跟踪相应国家标准（行业标准、团体标准、地方标准）更新情况并能及时修订企业标准。其中追溯体系的建立，需要将生产基地所属企业纳入"农垦全面质量管理系统"平台，建立对农业投入品、加工原料、产品生产、销售等过程的质量追溯制度，确保投入品、初级农产品来源可追溯、去向可追踪。

（4）**投入品管理要求**。要求高质量标准化生产基地所用农药应从获得农药经营许可的农药经销企业购买，所购农药应经农业农村部农药管理部门登记并在有效期内，有完整的农药购买票证。农药使用管理应符合《农药管理条例》有关规定，按照农药标签规定的登记品种、用法用量和间隔期施用，详细记录施用日期、施用地块、施用作物、施用方法、施用量等。禁止超剂量、超范围施用农药，禁止使用高毒农药、国家明令禁止和限制使用的农药以及《关于持久性有机污染物的斯德哥尔摩公约》中禁用和限制使用的农药。此外，要求高质量标准化生产基地应采取措施减少化学性肥料的使用。购买肥料应保存肥料的完整记录，使用过程应按肥料标签规定的用法用量施用，并有真实有效完整的施用记录，详细记录施用日期、施用地块、施用作物、施用方法、施用量等。基地自制的有机肥应经过无害化处理。

高质量标准化生产基地需要定期公布并明示允许使用、禁用或限用的农业投入品目录；建立基地农业投入品市场准入制，从源头上把好投入品的使用关。有条件的基地还应建立基地农业投入品专供点，对农业投入品实行连锁配送和服务。企业还应配合工商、质监等部门，定期开展市场清查，清除违禁药肥。

（5）仓储要求。 农产品种类不同和基地所处地域不同，对仓储要求也不尽相同。因此对高质量标准化生产基地农产品的贮藏环境、条件、仓储的设备与设施、作业技术要求以及从业人员的职业资质应依照或参照现行的 GB/T 21071《仓储服务质量要求》、GB/T 21070《仓储从业人员职业资质》、GB/T 26632《粮油名词术语　粮油仓储设备与设施》、GB/Z 37925《粮食集装化包装仓储作业技术要求》及各类农产品相应的地方或团体标准设置指标要求。2021 年，国家粮食和物资储备局出台的《粮食绿色仓储提升行动方案》中对仓储环节中仓房选择、工艺配置、仓型构成、仓廒设置、温湿度控制、储粮药剂等方面提出了更高要求，以求提高粮食整体存储质量，利于"长储长新"和推动仓储向两端延伸。

2. 加工环节要求

（1）特殊工艺要求。 高质量标准化生产基地个别农产品收获后需要采取适宜的措施清除杂质和保障营养成分不流失。例如水稻收获后应进行干燥，降低水分含量以保持其营养品质，并应严格管控水稻中的昆虫等动物源性物质、秸秆等有机杂质，以及碎石、金属等无机杂质。诸如此类的特殊工艺应根据不同农产品的要求制定标准，具体指标可参照 GB/T 14095《农产品干燥技术　术语》、GB/T 21015《稻谷干燥技术规范》、GB/T 21016《小麦干燥技术规范》等。

（2）包装要求。 高质量标准化生产基地生产的农产品应包装在能保证产品卫生、营养、工艺和感官等质量的包装物内。包装农产品的接触材料，不得产生任何有毒物质或者不良的滋气味，应符合食品接触用材料相关食品安全国家标准。产品用袋包装时，必须保持包装袋清洁、坚固、严密缝合，以密封为佳。

（3）标签要求。 高质量标准化生产基地生产的农产品包装应有标签标识，标签上的产品名称、配料表、营养成分表、产品执行标准、SC 生产许可证号、企业名称和地址等信息真实有效，符合《食品安全法》及 GB 7718《食品安全

国家标准　预包装食品标签通则》的规定，并有针对标签的审核报告或检验报告。

（四）安全限量

高质量标准化生产基地生产的农产品中的真菌毒素、污染物、农药最大残留限量、致病菌限量应符合 GB 2761《食品安全国家标准　食品中真菌毒素限量》、GB 2762《食品安全国家标准　食品中污染物限量》、GB 2763《食品安全国家标准　食品中农药最大残留限量》、GB 29921—2013《食品安全国家标准　食品中致病菌限量》（本标准已被 GB 29921—2021《食品安全国家标准　预包装食品中致病菌限量》代替，并与 GB 31607—2021《食品安全国家标准　散装即食食品中致病菌限量》共同构成了我国对食品中致病菌的限量标准）的规定。绿色食品或有机农产品还应符合绿色食品相关标准或 COFCC（中绿华夏有机食品认证中心）有机认证产品风险检测目录的规定。

（五）质量品质

高质量标准化生产基地生产的农产品或食品的质量品质水平应在常规的理化指标和营养成分两个方面制定标准。理化指标主要指农产品中共有且常规的物理性质和化学成分等参数，例如水分比例（稻米、畜肉、豆制品、茶叶、玉米及玉米粉）、固形物（米酒、水果）、灰分（食用菌、茶叶）、过氧化值（食用植物油、豆制品）等。营养成分即农产品或食品中的能量、碳水化合物、蛋白质、脂肪、钠等物质，是农产品或食品所能提供的最基础的营养物质，此类指标即使在同类农产品的不同品种中也存在差异，因而需要体现在包装上以供参考。同时依据不同农产品的质量水平划分等级，高质量标准化生产基地产出的农产品或食品至少应达到相应国家标准中二级以上水平。

（六）消费体验

消费者对农产品感官上的体验是最直接的，因此为了给消费者提供购买指导，增加消费者的复购和购买黏性，高质量标准化生产基地生产的农产品或食品需要设置感官评价指标，对产品的外在质量，包括色、香、味、形状和包装等做出高要求，例如稻米中的碎米率、垩白度、加工精度等指标。针对消费者对不同农产品或食品所关注的功能性指标提出较高要求，并以合适的方式体现在包装标签上或者通过信息技术手段标示出相关内容，方便指导消费和吸引消费。相比于质量品质中的营养成分，此类指标更具特殊性，例如大豆产品中异黄酮、大豆磷脂及膳食纤维等指标的含量；茶叶产品中茶多酚、茶氨酸及咖啡碱等指标的含量等。

（七）人员素质

高质量标准化生产基地的发展同管理队伍和技术人员的素质高低存在很大的关系。因此需要培养一批懂业务、懂技术的专业管理队伍，同时对技术人员提出较高要求。这些专业人员应当熟悉并掌握生产基地产品的准入程序、验收条件、抽检复查等技术要求。从投入品、生产技术操作规程到产品加工标准，都要坚持全程标准化，生产基地还需要加强与农技推广、科研院所等专业部门的联系，加大培训力度、增加工作指导，提高基地人员整体素质。

四、推动标准落地实施

推动农垦高质量标准化生产基地建设标准的落地实施，需要坚持三项原则，打造三项机制。

（一）三项原则

1. 坚持资源禀赋和因地制宜的原则

在不同垦区，依托当地农垦企业，以农垦优势农产品为主建立试点。例如在黑龙江垦区以水稻、大豆等作物为主，在广东、广西垦区以糖料为主，建设农垦高质量标准化生产基地，形成大规模、集约化的种植区，发展产业带。

2. 坚持经济效益、社会效益和生态环境效益相结合的原则

统筹兼顾，力争达到提高企业及农民收入、得到社会各界认同和支持、保

证生态环境绿色和谐的目标，形成可持续发展的良性循环。

3. 坚持基地建设全程高质量标准化的原则

强调其高质量的要求，遵循其标准化的过程，努力把相关标准贯彻于生产基地从生产加工到仓储运输、到包装销售全链条的每一个环节。

（二）三项机制

1. 建立健全投入保障机制

确立农垦高质量发展和农业生产"三品一标"的战略高度，在财政经费预算中列支农垦高质量标准化生产基地建设的补贴项目，并按一般预算收入增长幅度，逐年增加财政投入比例和资金投入额度。利用专项资金，整合资源，宣传推广，扩大辐射范围，扶持发展行业内部影响力较大且具有示范作用的企业集团，优先支持农垦优势农产品，发挥农垦带动引领作用。

2. 强化专家指导培训机制

举办专题培训班，对农垦高质量标准化生产基地建设标准进行解读；组织标准专家前往生产基地进行现场服务，查看企业相关管理制度，帮助企业建设质量安全管理组织体系、培训学习和检验检测管理制度，指导企业编制符合农垦高质量要求的标准和产品的生产技术规程，对技术人员给予指导提示、规范日常操作。

3. 实行标准实施验收机制

应定期派出专家依据农垦高质量标准化生产基地建设标准对企业资质、产地环境、生产过程、安全限量、质量品质、消费体验、人员素质 7 个维度的指标进行查验，对企业在标准执行中存在问题提出整改意见与建议。验收通过，则可对生产基地实行挂牌并允许基地产出的产品使用"农垦高质量标准化生产基地"标志。

农垦加快推进新时代品牌建设研究<reference>*</reference>

党中央着眼全面建成社会主义现代化强国，作出全面推进乡村振兴、加快建设农业强国的战略部署。在 2022 年中央农村工作会议上，习近平总书记强调，要强龙头、补链条、兴业态、树品牌，推动乡村产业全链条升级，增强市场竞争力和可持续发展能力。品牌是农业核心竞争力的综合体现，是农业强国的重要标志。中央赋予农垦示范引领现代农业建设的使命任务，就是要求农垦在农业高质量发展中作表率。加快推进农垦品牌建设，以品牌建设引领产业全链条升级、带动企业竞争力提升，是实现农垦高质量发展、支撑农垦现代农业建设、推动农垦更好发挥国家队作用的重要举措。

一、农垦品牌建设发展现状

（一）建立品牌体系，品牌矩阵初步形成

近年来，农垦系统加快推进品牌建设，品牌规模、知名度和影响力不断增强，据 25 个垦区调度，截至 2021 年底，有效注册商标 12330 个，其中在用 3219 个。农垦品牌中中国驰名商标 53 个、中华老字号 38 个、其他国家级荣誉 119 个，33 个品牌被纳入 2019 年《中国农业品牌目录》。2015 年以来，农垦着手培育"中国农垦"公共品牌，提出"良品生活　源自农垦"的价值理念，建立中国农垦品牌目录制度，初步形成以"中国农垦"公共品牌为引领，垦区（集团）公共品牌、企业品牌和产品品牌为重要组成的农垦品牌体系。在

———————————
 ＊ 课题主持人：程景民　韩沛新；参加人员：王林昌　刘芳　杨雅娜　韩学军　刘云菲　李静　高颖　麦雄俊

中国农垦品牌目录制度引导下，13 个垦区已建立二、三级母子品牌体系，品牌协同发展效果得到强化。对京东、天猫等大型电商平台销售的 213 个农垦品牌产品消费者评价分析显示，179 个品牌好评率达到 90％以上，占比为84.2％，消费者对农垦品牌满意度整体处在较高水平，绝大部分消费者愿意消费并推荐农垦品牌产品，消费黏性不断增强。

（二）夯实品牌基础，品牌竞争力不断增强

着力推动农垦绿色发展，创新开展农垦全面质量管理，推进农垦农产品质量提升。一是着力构建农垦优势特色农产品标准体系。制定农垦生鲜乳、生态茶、稻米等 20 项团体标准，其中"生鲜乳"团体标准为目前我国要求最高的团体标准，在业内树立了行业标杆。二是建立全链条、全流程质量管理体系。建立农垦全面质量管理系统，覆盖耕种（养）管收储运销全环节，质量管理水平进一步提升。截至 2021 年底，全国农垦农产品可追溯企业688 家，种植业追溯规模 3066 万亩、畜牧养殖业 5666 万头（只）、水产业200 万亩。三是加快农垦品牌绿色发展。加快绿色适用技术推广应用，组织实施绿色优质高效技术模式、稻米质量提升行动等，截至 2021 年底，全国农垦共获得绿色食品、有机食品、农产品地理标志认证 1980 个，比上年增加246 个。

（三）创新营销方式，品牌影响力大力提高

结合展会、节日，宣传推广农垦品牌，逐步提高品牌影响力。一是打造农垦特色品牌推介平台。多次组织农垦企业以中国农垦展团亮相农交会等知名展会，举办农垦品牌专场活动，连续 5 年举办丰收节农垦活动，策划 8 场"智慧农垦万里行、培育垦区新动能"活动，强化品牌宣传，推动农垦企业与京东、央广购物等知名平台合作及产品上行。二是开拓"互联网＋新零售"营销新业态。引导垦区实现多场景营销，截至 2021 年底，各垦区线下品牌自有门店9400 个，线上自建平台 282 个，主流电商平台开设品牌店铺 510 个，开拓了特色新营销领域。

（四）强化文化赋能，品牌文化内涵明显提升

深挖农垦文化内涵，指导垦区结合地域文化、红色文化、军垦文化等，深入挖掘农垦特色文化元素，广泛用于品牌宣传，强化文化赋能。据统计，截至2021年底，各垦区已建立72个文化展览馆、博物馆，12个垦区已打造具有一定影响力的特色节事活动，如北大荒文化旅游节、首农食品节、光明开耕节等。探索打造中国农垦品牌IP形象，出版《品味农垦——中国农垦品牌故事》，利用各类媒体，宣传新时代农垦品牌形象，讲述品牌故事，传播农垦文化。

二、农垦品牌建设的优势和存在的问题

（一）主要优势

一是品牌发展基础好。农垦拥有一批现代化的重要农产品生产基地和一批实力雄厚的企业集团，培育了粮食、天然橡胶、种子、乳品等优势产业，保证了农产品数量、质量、品类的稳定供应，奠定了品牌发展基础。二是品牌底蕴足。"艰苦奋斗、勇于开拓"的农垦精神，屯垦、知青等多元文化构成农垦文化，南泥湾精神、北大荒精神等第一批纳入中国共产党人精神谱系的伟大精神，赋予了农垦品牌独特的文化内涵、深厚的历史底蕴和可贵的精神价值，为塑造品牌特性、实现品牌溢价提供了丰富的文化资源。三是品牌形象优。农垦农产品质量经受住了国内历次食品安全事件考验，已成为国内消费者优质农产品代表。同时，农垦通过海外并购、建设产业基地等，不断拓展农业对外合作范围，提高了我国农业品牌国际影响力和竞争力。首农、北大荒、光明、完达山、三元等一大批农垦企业和产品品牌冲出国门，在国际市场上树立起了良好的品牌形象。

（二）存在问题

一是品牌发展不平衡。集团化垦区与国有农场归属市、县管理垦区品牌化

发展差异明显，部分垦区尚未建立品牌发展体系，仍存在农产品精深加工业发展不足、产业链条短等问题。二是品牌共建引导机制作用有限。垦区品牌化程度不一，品牌目录制度在分类培育、标准细化等方面还存在不足，导致对企业品牌引导作用有限。垦区企业品牌、产品品牌存在同质化竞争，资源利用效率不高，导致集团品牌资产传递、企业品牌和产品品牌反哺"母品牌"能力较弱。三是品牌宣传营销有待加强。大部分垦区缺少品牌建设的系统规划，品牌营销持续性不足。大型电商、社交媒体等平台资源利用不够充分，品牌互联网影响力较低。四是品牌保护意识有待提升。一定程度上存在"重创建、轻保护""重生产、轻营销"、品牌"滥用""泛用"等现象，部分垦区对垦区公共品牌运营、授权、使用等缺少规范约束，品牌纠纷逐年增长，不利于品牌长期可持续发展。五是"中国农垦"公共品牌推广面临困难。突出表现在大企业不愿用、小企业想搭便车现象。尤其是在农垦企业（特别是大的龙头企业）产品包装上的使用难以落实，市场覆盖面低，社会认识度不够，与建立公共品牌、打造全国农垦系统优质产品共同名片初衷差距较大，难以有效传播公共品牌内涵。

三、农垦品牌建设的思路、目标及主要任务

（一）指导思想

以习近平新时代中国特色社会主义思想为指导，深入贯彻党的二十大精神，全面落实党中央、国务院关于质量强国、品牌建设的战略部署，依托垦区特色资源，以产业振兴为目标，以标准化、规模化、组织化生产为基础，以科技创新为动力，以品质为核心，以实施品牌强垦行动为统揽，通过品牌建设向开发农业多种功能、挖掘乡村多元价值要效益，向一二三产业融合发展要效益，以品牌引领形成一批牵引力强、产出规模大、创新水平高、核心竞争力突出的链主型龙头企业，实现产业增链补链强链，提高农垦粮食和重要农产品供给保障的稳定性、产业韧性和现代化水平，增强农垦产业的市场竞争力和可持续发展能力，全面提升农垦品牌价值，走出一条具有农垦特色的品牌引领产业

提质增效之路，为加快建设农业强国提供支撑。

（二）发展目标

实施品牌强垦行动，进一步健全农垦品牌发展体系、夯实品牌建设基础、完善品牌建设和保护机制、优化品牌发展环境、彰显品牌文化内涵、提升品牌可持续发展能力。到 2025 年，塑强"中国农垦"公共品牌，打造一批美誉度高、竞争力强的企业品牌，建设一批品质过硬、特色明显的产品品牌，培育"垦"字号农业服务品牌，支持一批具有较强影响力的农垦企业品牌走出国门参与国际竞争。

（三）重点任务

1. 打造农垦品牌体系

一是做大"中国农垦"公共品牌。优化"中国农垦"标识发展定位，研究制定《"中国农垦"标识使用管理办法》，开展"中国农垦优质××"品牌创建活动，在"中国农垦"公共品牌的引领下，研究全国性农垦商标保护措施，探索以集体商标引导农垦系统某一品类或某一层级品牌协同共建，带动"垦"字号品牌高质量发展。二是做优农垦企业品牌。鼓励垦区集团建立完善层级明晰的品牌体系，健全母品牌带动子品牌、子品牌充实提升母品牌的良性互动机制。支持品牌主体加大中高端市场渠道对接，支持一批具有较强影响力的农垦品牌走出国门参与国际竞争，组织开展"农垦品牌行"专项活动，传播农垦品牌声音。三是做强农垦产品品牌。打造一批"品类标杆"，培育一批品质过硬、特色明显的产品品牌。开展垦区结对帮扶，带动欠发达农场等主体打造一批优质特色产品品牌。四是建设农垦服务品牌。依托农垦社会化服务优势，推广农垦标准化生产方式和服务模式，打造"垦"字号农业服务品牌，为乡村振兴提供"农垦服务样板"。

2. 夯实品牌基础

一是加强品牌规划引领。重点围绕粮、棉、油、糖、茶、乳、肉等优势产业，以打造知名品牌为牵引，带动产业结构、产品结构和生产结构调整优化，助力垦区建设规模化品牌农业基地和优势产业带。二是推进绿色化、标准化生产。着力推进全产业全链条绿色生产，开展农垦生产标准体系提升活动，支持行业协会、科研院校以及各类品牌主体开展合作，围绕优势主导产业开展农垦团体标准和生产技术规程制定、修订，推动形成一批具有市场竞争力的"领跑者"标准。依托农垦农产品标准化示范基地建设，推广绿色优质高产高效技术模式，促进农垦农产品质量整体提升。三是严格质量管理。开展农垦全面质量管理系统推广活动，利用互联网、物联网、云计算、大数据等技术研发升级系统4.0版本。四是强化科技支撑。鼓励农垦企业加大科技研发投入，开展关键技术攻关、转化应用和集成示范，加速科技成果转化，为品牌建设提供科技创新支撑。

3. 加强品牌培育

一是完善中国农垦品牌目录制度。细化目录品牌分类标准、管理规则，严格主体和品牌准入条件，制定出台农垦品牌建设指南，分年度编制中国农垦品牌发展报告，引导垦区品牌建设标准化、规范化。二是加强品牌保护。推动垦区完善品牌经营保护机制，鼓励品牌主体开展防御性商标外围注册，形成多层次法律防护网；支持垦区制定品牌舆情监测与应急处置方案，及时处置商标品牌危机和紧急事件，加强品牌制度保护；推动垦区制定品牌管理和母品牌授权背书管理制度，加强品牌经营保护。三是建立品牌评价体系。组织建立完善符合农垦实际、体现农垦特点的中国农垦品牌评价指标体系，定期开展品牌监测评价。探索建立集品牌展示、保护、搜索为一体的中国农垦品牌数字化管理平台，为品牌数字化传播和保护提供全方位服务。四是构建品牌协作发展体系。鼓励垦区、企业加强协同协作，拓展农垦品牌影响力边界。加强与科研院校、行业协会、品牌咨询机构、电商平台、社交平台等合作，积极调动社会力量，为品牌创新发展提供新空间、新平台，扩大农垦品牌社会影响力。

四、农垦品牌建设保障措施

（一）加强组织保障

建立以农业农村部农垦局牵头组织，中国农垦经济发展中心具体落实，各级农垦主管部门和农垦企业参与，相关联盟、协会及其他机构等协助的品牌建设保障机制，明确各部门职责与任务，扎实推进各项工作任务落实落细。

（二）加强政策扶持

围绕品牌策划、标准制定、品牌评价、渠道建设、宣传推广等品牌建设关键环节，协调制定农垦品牌扶持政策。协调争取将农垦品牌纳入农业农村部精品品牌培育计划，加大对农垦品牌建设的支持。

（三）加强人才保障

强化人才队伍建设，支持垦区引进"高精尖缺"品牌建设管理人才。健全专家工作团队，依托科研院所和地方高校，引入专家学者为制定农垦品牌战略出谋划策。加大人才培训力度，定期组织开展品牌业务培训，逐步打造一支结构优化、素质优良、作用凸显的农业品牌建设队伍。

（四）加强资金保障

积极争取"中国农垦"公共品牌服务体系和平台建设专项资金，将农垦品牌建设纳入农业农村部系统相关政策资金支持范围。争取金融机构对农垦品牌建设的支持，拓展农垦品牌建设所需资金的引入通道。推动各省农业农村部门将农垦品牌纳入农业品牌建设支持范围并给予一定倾斜。

农垦新型供应链体系建设研究[*]

一、国家相关部门关于供应链的政策导向

（一）着力打造自主可控、安全可靠的供应链

2020 年，习近平总书记在《国家中长期经济社会发展战略若干重大问题》中明确指示，为保障我国产业安全和国家安全，要着力打造自主可控、安全可靠的产业链、供应链。2020 年中央经济工作会议进一步明确增强产业链供应链自主可控能力，产业链供应链安全稳定是构建新发展格局的基础。2021 年政府工作报告把优化和稳定产业链供应链、增强产业链供应链自主可控能力列为重点工作内容之一。2017 年，国务院办公厅出台《关于积极推进供应链创新与应用的指导意见》，鼓励企业建立重要资源和产品全球供应链风险预警系统，提高全球供应链风险管理水平。

（二）推进产业融合型供应链发展

《关于积极推进供应链创新与应用的指导意见》指出，要以供应链与互联网、物联网深度融合为路径，创新发展供应链新理念、新技术、新模式，提升产业集成和协同水平；鼓励家庭农场、农民合作社、农业产业化龙头企业、农业社会化服务组织等合作建立集农产品生产、加工、流通和服务等于一体的农业供应链体系，发展种养加、产供销、内外贸一体化的现代农业；推进流通与生产深度融合，鼓励流通企业与生产企业合作，建设供应链协同平台，引导生

---

 * 课题主持人：李红梅；参加人员：王林昌 单绪南 徐成德 李升鹏 王永刚 许良 赵霞 张卓伟 麦雄俊 龚其国

产端优化配置生产资源。

（三）推动产业服务型供应链发展

《关于积极推进供应链创新与应用的指导意见》指出，要鼓励发展农业生产性服务业，开拓农业供应链金融服务，支持订单农户参加农业保险；推动制造供应链向产业服务供应链转型，鼓励相关企业向供应链上游拓展协同研发、众包设计、解决方案等专业服务，向供应链下游延伸远程诊断、维护检修、仓储物流、技术培训、融资租赁、消费信贷等增值服务；引导传统流通企业向供应链服务企业转型，拓展质量管理、追溯服务、金融服务、研发设计等功能，提升供应链服务水平。

（四）推动基于信息技术的"平台型"供应链发展

国家发展改革委等多个部委于 2019 年联合出台的《关于推动物流高质量发展促进形成强大国内市场的意见》指出，要发展基于现代信息技术的"平台型"供应链，重点解决信息不对称问题，提高资源整体配置效率。《关于积极推进供应链创新与应用的指导意见》指出，要推动建设农业供应链信息平台，集成农业生产经营各环节的大数据，共享政策、市场、科技、金融、保险等信息服务。建设一批服务型制造公共服务平台，发展基于供应链的生产性服务业；鼓励批发、零售、物流企业整合供应链资源，构建采购、分销、仓储、配送供应链协同平台；鼓励住宿、餐饮、养老、文化、体育、旅游等行业建设供应链综合服务和交易平台，完善供应链体系。

（五）推动基于分工协作的"区块型""互补型"供应链发展

《关于推动物流高质量发展促进形成强大国内市场的意见》指出，要发展基于区域内分工协作的"区块型"供应链，促进区域内企业高效协同和集聚化发展，提升区域整体竞争优势；发展依托专业化分工的"互补型"供应链，实现资源和渠道的优势互补，提高企业协同发展水平。《关于积极推进供应链创新与应用的指导意见》指出，要完善从研发设计、生产制造到售后服务的全链条供应链体系，推动供应链上下游企业实现协同采购、协同制造、协同物流，促进大中小企业专业化分工协作，降低生产经营和交易成本。

（六）促进供应链智能化和可视化

《关于积极推进供应链创新与应用的指导意见》指出，要打造大数据支撑、网络化共享、智能化协作的智慧供应链体系；推进轻工、纺织、食品等行业供应链体系的智能化，加快人机智能交互、工业机器人、智能工厂、智慧物流等技术和装备的应用；推动感知技术在制造供应链关键节点的应用，促进全链条信息共享，实现供应链可视化。

（七）积极倡导绿色供应链和逆向物流供应链

《关于积极推进供应链创新与应用的指导意见》指出，要强化供应链的绿色监管，探索建立统一的绿色产品标准、认证、标识体系，推动形成绿色制造供应链体系；积极推行绿色流通，培育一批集节能改造和节能产品销售于一体的绿色流通企业；建立逆向物流体系，优化供应链逆向物流网点布局，促进产品回收和再制造发展；建立基于供应链的重要产品质量安全追溯机制，构建来源可查、去向可追、责任可究的全链条可追溯体系。

（八）鼓励融入全球供应链

《关于积极推进供应链创新与应用的指导意见》指出，要鼓励企业设立境外分销和服务网络、物流配送中心、海外仓等，积极融入全球供应链网络；推动建立有利于完善供应链利益联结机制的全球经贸新规则，参与全球供应链规则制定。

二、农垦新型供应链体系的内涵与范畴

（一）新型供应链的内涵与特点

供应链是围绕核心企业，从生产原料和配套零件开始，制成中间产品以

及最终产品，最后由销售网络把产品送到消费者手中，将供应商、制造商、分销商直到最终用户连成一个整体的功能网链结构。供应链的实质是以客户需求为导向，以提高质量和效率为目标，以整合资源为手段，实现产品设计、采购、生产、销售、服务等全过程的高效协同。其核心理念是从消费者的角度，通过企业间无缝连接、密切协作，实现供应链条上所有企业效益整体最佳化。

除了具备普通供应链的共同特征之外，新型供应链还具有七个标志性特点：一是一二三产业融合发展，供应链集成水平较高；二是增值服务向上下游延伸拓展，供应链专业服务水平较高；三是公共服务平台完善，供应链资源共享水平较高；四是专业化分工协作发达，供应链协同水平较高；五是智慧技术和装备应用普及，供应链智能化水平较高；六是逆向物流体系健全，供应链绿色化水平较高；七是融入全球网络体系，供应链风险管理水平较高。

（二）农垦新型供应链体系的基本内涵与研究范畴

本文定义的农垦新型供应链，指的是融合农垦产业体系主要特点与新型供应链标志性特征，一二三产业融合发展、一体化服务水平较高、共享服务平台完善、专业协同与分工协作发达、智能化与可视化水平较高、全链条可追溯与绿色化程度较高、全球供应链风险管理水平较高的创新性、高质量发展的供应链。

本文关于农垦新型供应链体系研究的基本范畴包括三个维度：一是单一农场供应链层面，重点研究一二三产业融合发展，产前、产中、产后各产业环节一体化服务，互联网、物联网深度融合型智慧供应链以及全链条可追溯与绿色化供应链建设的目标与路径；二是区域性范围内垦地合作供应链层面，重点研究供应链公共服务与专业协同平台，网络化共享、智能化协作的智慧供应链体系建设的目标与路径；三是整个农垦集团层面，重点研究统一的供应链市场体系政策，自主可控、安全可靠的国际供应链建设，供应链新理念、新技术、新模式示范创新的目标与路径。

三、农垦供应链体系建设现状与问题

（一）我国农产品供应链建设概况

1. 种植农户分散化，农产品供应链难以形成规模效应

我国农产品生产者大部分是产地农民，他们经营分散，种植规模较小，普遍面临资金短缺、生产经营技术不高、抵抗自然灾害能力偏低等困难。分散的农业种植、分散的流通加工，再加上各自独立的自营物流，降低了农产品供应链的运行效率，使农产品供应链难以形成规模效应。

2. 农产品流通层次过多，专业化程度较低

传统农产品从农户生产的产地到最终消费者手中，中间环节众多，包括产地收购商、农产品运输机构、销地市场批发商、销地市场零售商。农产品作为一种特殊的商品，对保鲜时间要求较高，供应链环节的增加无疑会增加运输时间，从而造成农产品因为保存时间过长而腐烂变质，最终造成较大的损失。我国现阶段农产品价格的高涨，主要推手并不是生产成本，流通中的损失率以及各项管理成本过高才是导致市场价格持续波动的主要原因。

一般而言，农业企业自身物流资源有限，第三方物流是最适合农产品供应链的物流模式，然而我国农产品供应链中大部分企业如收购商、生产企业等，多采用自营物流。自营物流模式使农产品生产企业不能专注于核心业务，投资资金分散，增大了投资风险；同时，采用自营物流模式，由于缺少专业性指导，对一些需要采用冷链物流方式的农产品采用了普通物流方式，包装、运输等物流环节与农业产业化运作模式不衔接，增加了导致农产品受到损害的人为因素。

3. 供应链核心商业主体力量有待增强

供应链发展程度与运转绩效，在很大程度上受供应链核心企业力量的影响。目前，我国农产品供应链发展程度不高，相关核心企业的力量有待加强和提升，即使是行业内的领军企业，在全国农产品市场上的影响力也不大。同时，一些企业对购买者的真实需求状况把握不准确，不能很好地满足购买者的

细分需求，使其农产品不能较好地在市场上立足，造成库存积压、资金周转率低等问题。

4. 农产品供应链的信息化水平较低

信息流是连接农产品供应链中生产、流通、加工、消费各环节中最为重要的媒介，信息共享使产品更加符合消费者需求，并有利于降低物流成本。我国农产品供应链信息化平台建设相对滞后，龙头企业在信息化平台建设发展中的核心地位不够凸显；各经营主体之间信息化水平不平衡，生产与需求之间信息不对称，存在严重的信息壁垒。信息共享渠道不合理造成消费者需求信息不能在农产品供应链各环节中有效共享，使得农产品物流成本及农产品经营者的市场风险大幅增加，最终是消费者为这种低度信息化水平导致的高价格买单。

（二）农垦供应链体系建设成就

1. 垦区企业主要从事农产品生产、加工、仓储，担负了供应链核心职能

中国农垦经济发展中心 2021 年针对农垦供应链企业的调查显示，承担供应链流通的垦区企业主要是生产型企业和仓储企业，其次是物流企业和商贸企业，批发市场和供应链公司占比较少（表1）。

表 1　垦区承担供应链流通企业类型统计

序号	垦区	仓储企业	物流企业	商贸企业	批发市场	供应链公司	生产型企业	其他
1	北京	4	1			2	1	
2	天津	4	3				5	1
3	河北							
4	山西				1			
5	内蒙古	4	2	2			2	2
6	辽宁							
7	吉林							1
8	黑龙江	20	3	5			12	16
9	上海	1	1	2				

（续）

序号	垦区	仓储企业	物流企业	商贸企业	批发市场	供应链公司	生产型企业	其他
10	江苏						3	
11	浙江							2
12	安徽	6		1			10	2
13	福建						1	
14	江西						1	1
15	山东						4	1
16	河南	1						
17	湖北	5	2	1		1	9	6
18	湖南						1	
19	广东		1		1		3	1
20	广西			1			1	1
21	海南	1	1	1				
22	重庆		2				1	
23	四川						1	
24	贵州						1	
25	云南		1					
26	西藏	1			1			1
27	陕西							1
28	甘肃	1	1	2			6	1
29	青海				1	2	3	
30	宁夏			1				
31	新疆	8	2	2	2	1	6	1
32	广州	3					1	
33	南京							
	合计	59	20	16	8	6	72	38

从所属行业类型来看，垦区企业中仓储业和农副食品加工业占比最大，其中仓储业占比 21％，农副食品加工业占比 20％，合计占比 41％；食品制造业

等其他各种行业类型合计占比 59%（图 1）。

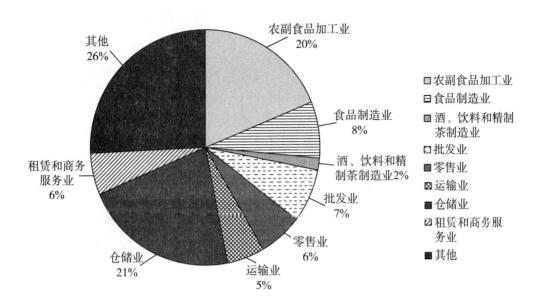

图 1　垦区承担供应链流通企业所属行业类型占比情况

2. 供应链要素资源整合初具成效，粮食生产、收储优势明显

农垦不断优化升级粮食产业链，促进粮食生产基地、仓储基地与加工基地的紧密融合和一体化经营，奠定了开展政策性粮食收储的独特优势。垦区通过订单生产、社会化服务、购销合作，实现良种、种植、农服、收储、加工五大主体联合联动，实现要素、产业和效益的紧密连接，降低中间环节和成本，促进农民增收和企业增效。农场的粮库按就近原则设置，布点集中在粮食产区，有助于就近向区域内粮食生产主体提供烘干、收储、加工等服务，实现产储加无缝对接，确保垦区和当地农户的粮食能顺利收进来、销出去，还能够节省粮食运输成本。基于粮食一体化产业链经营体系，近年来各垦区按照国家有关政策积极参与收储，获得了地方政府的信任与支持，取得了一定成效。

3. 粮食产业园建设成效明显，仓储、物流与加工初步融合

近年来，农垦依托相对充足的土地资源，在粮食产业园建设方面取得了较为明显的进展。部分垦区按照产业向园区集中的思路大力发展园区经济，不断开展粮食储藏、物流和加工相关的基础设施建设，通过建立以收储库点为中心

的粮食产业园，实现收储与加工这两个重要环节的深度融合，为做大做强农垦粮食产业一体化全产业链经营模式打下了坚实基础。例如，安徽农垦集团投资建设了天长市粮食产业园，打造了龙亢农场粮食产业园，整合粮食收储、精深加工、物流企业入园。龙亢农场以建设储备库为抓手，不断加大粮库、烘干设备等基础设施建设，开展粮食贸易，扩大加工企业产能，大大延长了粮食产业链，促进了产业化发展进程。

4. 农垦供应链韧性较高，在保障粮食安全方面发挥着国家队作用

农垦依托组织化、规模化优势，着力打造自主可控、安全可靠的农产品供应链，在保障粮食安全、服务"三农"方面发挥着"国家队"的重要作用。农垦长期以来积极主动地融入国家战略，在粮食政策性收储、粮食产业安全等方面成为国家的"压舱石"。基于农垦的"国家队"身份和重要作用，农垦粮食收储工作得到了各级政府的认可，进而在粮食产业园建设、粮食进出口贸易、粮食社会化服务体系等方面也获得了大力支持。

（三）农垦供应链体系建设存在的主要问题

1. 多数农场以生产、销售为主，产业链条有待进一步拓展

受传统农业观念的影响，一些农场的功能结构较为单一，大多以生产、销售为主，没有开发和利用农场的其他功能，出现了产业链过短、产品附加值较低等一系列问题。随着社会生产力的提高和人民生活水平的提升，过于单一的农场结构缺乏市场竞争力，也在一定程度上降低了农垦供应链体系抵御风险的能力。

2. 仓储物流自动化程度不高，升级改造面临较多困难

经过多年建设和升级改造，农垦企业的仓储物流设施设备有了较大改善，但总体来说，仍然存在基础设备陈旧、仓储自动化程度不高，一些环节仍需要大量人力操作等问题。同时，随着城乡地价不断上涨，仓储物流设施设备升级改造的成本和难度越来越大，现有仓储时常处于饱和状态，原有老旧库房改造审批手续烦琐，在一定程度上限制了企业进一步增加库容、提升仓储物流自动化程度方面的发展。

3. 冷链物流资源规划整合不够，体系建设滞后

总体发展规划的欠缺影响了冷链物流的资源整合，导致农垦系统冷链物流还未形成独立完善的运作体系。目前农垦系统的冷链物流体系可以称为"蜘蛛网络发展模式"，上下游之间的整体规划与协调不够，冷链产业链断裂，影响了冷链物流的效率与效益。多数垦区企业不具备端到端的冷链产品供应链管理流程和资源，难以进行有温控的长途货运、贮存、本地配送和直接送货到店的服务。

4. 龙头企业较少，在供应链中的核心作用发挥不充分

总体上农垦粮食企业仍处于小、散的状态，无法达到规模经济的要求，在一定程度上影响了对供应链上下游的带动能力。垦区企业以中小型企业为主，除少数大城市周边垦区，农垦企业在城市保供能力上存在明显不足。

5. 对照新型供应链标志性特征，农垦供应链体系尚存在综合性差距

经过多年努力，农垦系统在一二三产业融合发展、产前产中产后一体化服务、全链条可追溯与绿色化供应链建设等方面都取得了长足进展。然而，对标新型供应链关键指标，农垦供应链体系在共享服务平台建设、专业协同与分工协作发展、智能化与可视化供应链建设、供应链风险管理等多个方面尚存在综合性差距。农垦新型供应链体系建设需要从单一农场供应链层面、区域性范围内垦地合作供应链层面及整个农垦集团层面，开展供应链新理念、新技术、新模式的创新示范。

四、农垦新型供应链体系建设的目标与路径

（一）推进生产、物流、加工高质量融合发展，完善产前、产中、产后一体化服务

1. 单一农场层面，着力推动一二三产业融合发展及产前、产中、产后环节的产业一体化服务，构建从田间到餐桌的产销一体化全产业链条

（1）在农产品生产方面。通过政府补贴、专业技术培训、相关制度规范等方式，鼓励农产品生产标准化、规模化、品牌化，实现农产品产销对接，发展

种养加、产供销、内外贸一体化的现代农业。多角度、全方面地开发农产品文化功能，创新性地融合发展农业旅游与创意文化产业。借力电子商务和农业物联网平台，着力打造覆盖农业生产全程的社会化服务体系。通过农业物联网可以查询农产品、农机等的供销信息、市场行情，采购生产、生活资料，实施收获季节的农机调度。

（2）在农产品流通、加工方面。完善包括冷链运输体系在内的物流加工设施设备，助力形成上下游相互衔接、设施设备完整配套的农垦粮食物流加工网络，有效衔接农产品生产、加工、物流、贸易等供应链各节点，实施"以物促贸"（以粮食物流促进粮食贸易）、"物贸融合"（粮食贸易与粮食物流融合发展），努力形成集农产品生产、加工、流通和服务等于一体的农产品供应链体系。

2. 农垦集团层面，以全产业链、多功能、综合型粮食产业园建设为抓手，重点推进农产品生产、物流、加工高质量融合发展

全产业链综合产业园通常包含以下主要功能：

（1）储存功能。园区内建设一定规模的现代化粮食仓房，存储中央、省、市储备粮，并为园区内粮食加工企业提供原粮仓房中转服务。一方面缓解职工卖粮难问题，另一方面也为国家、地方政府确保粮食安全提供载体。

（2）中转功能。园区内建设专用码头或铁路专用线，一方面为园区内企业提供服务，另一方面也为社会粮食企业提供中转服务，既提高园区经济效益，又提高社会效益。

（3）加工功能。园区内建设小麦、稻谷加工厂和粮食精深加工项目，既使粮食就地加工增值，又增加了本地劳动力就业和政府税收。

（4）贸易功能。园区内建设粮食批发交易市场，通过粮食储备、加工，吸纳四面八方的原粮流入，同时通过粮食轮换、加工又把成品粮和深加工产品向外辐射，既兴旺粮食市场贸易，又带动第三产业发展。

（5）配送功能。根据客户对不同粮食及制成品品种的需求，将园区内粮食及食品进行分类，集中配货、配送。

（6）检测功能。为减少园区内企业重复投资，同时也确保粮食质量，园区内建设专门的粮食质量检测中心，对进出粮食进行全程跟踪检测。

（7）信息功能。 园区内建立信息网络，通过电子商务平台，为园区企业乃至其他企业提供信息服务。

（8）服务功能。 园区内建设生活、后勤服务中心，为园区及各类人员提供优质、高效、便捷的服务，解决园区内人员生活上的后顾之忧。

（二）建设共享服务平台，推进供应链专业分工与协作

1. 建设一批公共服务平台，发展基于现代信息技术的"平台型"供应链

构建"农垦农产品全产业链大数据平台"，打通农产品生产、加工、流通、消费全产业链。以生产、加工、流通、监管等全产业链关键环节的数据资源为基础，整合上下游数据信息资源，通过对大数据、物联网、卫星遥感、人工智能等信息技术的综合运用，实现对农垦农产品生产数据、加工数据、消费数据、贸易数据和监管数据的全面接入和动态监测，充分挖掘大数据价值，共享政策、市场、科技、金融、保险等信息服务，推动产业模式与监管方式变革。

2. 鼓励垦区企业整合供应链资源，构建农产品采购、分销、仓储、配送"供应链协同平台"

协同作业平台所涉及的运作环节包括农产品采购管理、生产与计划、物流管理、库存控制等若干方面。协同作业平台是数字供应链的神经中枢，是实现供应链各节点成员之间资源整合与管理协作的基础。它为供应链所有节点成员提供统一高效的沟通界面，对其所涉及的需求信息和物流资源进行全面整合，以最优的资源配置、最佳的方案满足供应链一体化、协同化运作，促进大中小企业专业化分工协作，快速响应客户需求，降低生产经营和交易成本。

3. 鼓励鼓励垦区企业建设"供应链综合服务平台"，发展基于供应链的农业生产性服务业

大力培育新型供应链服务企业，引导有条件的垦区企业向供应链服务企业转型，拓展（跨境）电商、金融服务、追溯服务、研发设计等功能，提供采购

执行、物流服务、分销执行、融资结算、商检报关等一体化服务，提升供应链服务水平。

（三）融合供应链与新一代信息技术，提升供应链智能化、可视化水平

1. 加快垦区企业数智化转型升级，推进互联网、物联网等新一代信息技术与供应链深度融合

加快人机智能交互、智慧物流等技术和装备的应用，推动感知技术在供应链关键节点的应用，促进全链条信息共享，实现供应链智能化与可视化。用农业物联网技术、按照有机食品的理念，建设可远程实时监测、看得见的农作物生产基地和生态体闲观光基地。围绕"看得见"的食品安全，将物联网数据采集器和远程视频监控系统整合到供应链平台，让消费者可以远程随时随地通过手机软件看到农场农作物生产全过程，提升公众对食品安全、基地安全的信心。

2. 发展智慧物流，打造智慧粮库

建设以智慧物流为核心的农产品流通中心，搭建信息"天网"和物流"地网"，打造"端到端"的食品供应链体系，掌控采买端、消费端信息，共享客户、渠道、物流资源，形成"控两端、带一链、三共享"的新型供应链体系。在储备粮承储业务中创新性应用互联网和物联网技术，建设融合生产制造、出入库作业、智能仓储、远程监管、安全监控、办公自动化等功能于一体的粮食生产及仓储管理系统，实现储备粮业务智能化管控，形成经营管理、仓储管理、质量管理、作业调度管理、安全生产管理等业务的数字化、网络化、集成化、可视化和智能化。

（四）发展绿色供应链，实现全链条质量可追溯

1. 培育绿色流通企业，以绿色物流带动绿色供应链发展

鼓励垦区企业使用符合标准的低碳环保配送车型，发展绿色仓储，加强绿色物流新技术和设备的应用。以绿色物流为突破口，带动上下游企业发展绿色

供应链，贯彻执行运输、装卸、仓储等环节的绿色标准，推广循环包装，减少过度包装和二次包装，推行实施货物包装和物流器具绿色化、减量化。

2. 建立逆向物流体系，实现供应链全链条农产品质量可追溯

建立基于供应链的重要农产品质量安全追溯机制，构建来源可查、去向可追、责任可究的全链条可追溯体系，通过"互联网＋生产""互联网＋加工""互联网＋质量监管""互联网＋初级经销商"，实现从初级经销商到生产者的农产品质量追溯。

（五）积极融入全球供应链，提升供应链风险管理水平

1. 发展国际物流，积极融入全球供应链网络

鼓励垦区企业打造具有多式联运功能的大型国际物流基地，在"一带一路"沿线国家设立境外分销和服务网络、物流配送中心、海外仓等，建立本地化的供应链体系。

2. 防范供应链金融风险，提高供应链风险管理水平

推动供应链核心企业建立债项评级和主体评级相结合的风险控制体系，加强供应链大数据分析和应用，有效防范供应链金融风险。鼓励垦区企业建立重要农产品供应链风险预警系统，制定和实施供应链安全计划，提高供应链风险管理水平。

（六）加强内外部供应链战略联盟，将供应链管理能力打造成农垦核心竞争力

1. 成立垦地供应链联盟，协同推进跨区域垦地合作

鼓励垦区企业加入长三角绿色农产品加工供应联盟等跨区域合作组织，垦地共同推进绿色农产品的标准化生产、品牌互认、产品带标带码上市，协同布局建设农产品加工联合体、农产品物流基地、农产品加工集聚区，探索推进物流加工一体化，联合开展区域农产品公共品牌推介，逐步实现垦区和外部优势资源的产销对接、优势互补、合作共赢。

2. 强化农垦农场联盟，在农垦范围内建立统一的供应链体系

有效整合农垦农产品供应链体系资源，推动农垦农场联盟内部成员之间结成利益共同体，合理共享配置市场要素，降低联盟成员生产交易成本，实现整体效益最大化。以组织、流程及地理分布上的集成为主，在农垦系统建立统一的供应链体系，促进各农场之间的协调发展、合作运营、信息共享，为了同一个盈利目标而做出统一的生产和销售行为，实现农场间的合作共赢。在统一的供应链体系下，不强调短期的获利情况，而是要让各个农场都能够长期获得稳定收益，不再因为农场之间的竞争而损害到双方利益。

五、推动农垦新型供应链体系建设的保障措施

（一）统一认识，建立领导协调和执行机制

1. 提高认识，统一思想

新型供应链体系在推进农垦产业转型升级和可持续发展、保障国家粮食安全方面发挥着至关重要的作用，农垦各个职能部门和各级企业要进一步统一思想，提高认识，明确责任，真正将新型供应链建设发展列入工作的重要议程，加强指导和服务。

2. 建立领导协调和执行机制，强化政策规划制定和落实

建议成立农垦新型供应链建设发展工作领导小组，负责农垦新型供应链政策规划制定与实施推进的统一指导、监督、协调、管理和服务。农垦相关部门和企业要措施到位、分工协作、形成合力，扎扎实实地把各项政策和规划落实到位。有关部门要跟踪检查规划执行情况，特别是要加强对重大项目建设的监测预警和组织实施。

（二）定位供应链服务提供商，加强新型供应链人才引进和培养

1. 农垦集团应定位为供应链服务提供商，把新型供应链建设作为核心竞争力来培养

成立专门的供应链机构，集聚供应链专家，根据客户的需要，对其供应链

进行优化，从问题的解答、实际的解决方案到高效的执行一条龙服务，提供运输、仓储和存货管理等方面的知识，帮助优化其供应链设计，为客户大幅度降低供应链管理成本。

2. 加强农产品供应链、物流人才的引进、培养，打造新型农产品供应链人才集聚区

一方面，借助外部渠道，通过人员招聘、岗位交流等方式，重点引进农产品供应链、物流人才，解决农垦人才短缺的燃眉之急。另一方面，建立适合农垦企业的用人、育人和奖惩考核激励机制，通过内部渠道，发掘和培养新型农产品供应链人才；在岗位任职、股权激励等方面，给予人才一定的优惠待遇，充分发挥其潜力。

3. 加强农产品供应链、物流人才的培养、培训，建设新型农产品供应链创新高地

建立专业人才培养体系，培养针对农产品供应链及物流操作、技术、管理等方面的从业人员，以解决农垦专业人才短缺问题。大力开展职业技能培训，采取委托培养、定单培养、短期培训等方式，联合大中专院校和职业教育机构，培养智能型和技能型供应链、物流专业人才，为农垦企业的发展提供长久动力。

（三）建立多元化融资渠道，强化新型供应链建设发展投入

1. 成立农垦新型供应链建设发展基金，多渠道吸纳社会和民间资本进入

通过引入战略合作伙伴和股权资金、增资扩股等方式将部分优质资源归集到建设发展基金旗下，同时积极争取各级政府的财政资金和低利率的中长期借款，不断扩大建设发展基金的资产规模、现金流量，确保建设发展基金拥有质量良好的资产和稳定现金流及利润来源，具备可持续的融资、投资能力，从而解决农垦新型供应链建设发展中的融资难问题。

2. 出台专项扶持政策，强力支持新型农产品供应链建设发展

农垦系统应适时出台基础设施建设、人才引进培育等专项支持政策，提高各农场建设发展新型农产品供应链的内生动力，重点支持农垦企业自建或与中

粮集团、益海嘉里等国内外大型粮食产业集团合作共建全产业链、多功能、综合型粮食产业园，重点推进农产品生产、物流、加工高质量融合发展。

（四）发挥龙头企业核心作用，培育主导产业链、供应链

1. 引育、联盟国际国内知名企业，充分发挥龙头企业在新型供应链建设发展中的核心作用

在供应链运作过程中，龙头企业起着一定的导向与集聚作用，龙头企业的进入会吸引、集聚一批产业链上、下游的中小企业，应着力引进和培育投资规模大、产业关联度高、带动性强的知名粮食加工物流集团，按照市场经济规律激发其在新型供应链建设发展中的核心龙头作用。

2. 整合产业资源，培育和集聚主导产业链、供应链

整合产业资源，聚合产业优势，引导产业优势资本参与农垦产业园区建设，推进主导产业链、供应链建设发展。对企业入驻农垦产业园区实行统一规划、统一政策、统一招商，实现资源共享、项目互补、产业互通，使园区主导产业明确、集聚效应明显，把农垦产业园区打造成主导产业链、供应链建设发展的孵化基地。

（五）构建利益共享机制，打造新型供应链联结纽带

构建供应链利益机制并向产业链、价值链纵深拓展，促进农业产加销紧密衔接。通过保底分红、股份合作、利润返还、"产业公司＋大农场＋家庭农场"等多种形式，把农产品加工、销售环节的一部分利润，通过利益联结机制返还给农场，让合作各方共享产业融合发展的增值收益，提高他们参与新型供应链建设发展的积极性。龙头企业要增强社会责任感，与大、小农场之间形成优势互补、利益共享、风险共担的联结机制。各级农场之间也要建立利益纽带，发起共同生产，提高农场的规模效益。重点抓好主导产业的利益对接，如农垦集团所属的米业公司、油脂公司与农场水稻、大豆产业的利益对接，建立产供销一体化的利益联结体。

（六）强化基础设施建设，完善以冷链为代表的农垦物流网络体系

1. 完善冷链基础设施，建立一体化的冷链物流网络体系

加大各类保鲜、冷藏、冷冻、预冷、运输、查验等冷链物流基础设施建设投入，鼓励农垦企业积极改善冷链物流设施条件，构建一体化的农垦冷链物流网络体系。将供应链管理思想引入农垦冷链物流体系建设中，在点上要改变冷链物流硬件设施建设滞后的局面，在链上要考虑冷链物流硬件设施与物流各个环节的无缝衔接，形成上下游配套衔接的冷链物流综合运输网络，逐步形成以核心企业为轴心的一体化的冷链物流体系，实现从农场到餐桌的全程冷链覆盖，有效管控供应链风险。

2. 依托核心产业园区，构建农垦农产品物流供应链网络

在农产品流量大、交通区位优越、现有设施条件较好的地区建设全产业链综合产业园，以铁路、公路、水路为交通干线组成农垦专用物流通道，形成辐射面广，集并、中转高效快捷的农垦物流供应链网络。鼓励农垦企业进行横向纵向整合、区域间协作，努力拓展农垦物流供应链网络的业务范围，以优化供应链各方的流通效率和流通成本。

农垦开展农业社会化服务研究[*]

——发挥农垦在促进小农户和现代农业
发展有机衔接中的桥梁纽带作用

    小农户在我国经济社会发展中不仅发挥着重要的经济功能，还发挥着维护社会稳定、传承乡村文化等功能。小农户存在的重要性和长期性，要求我们在实现农业现代化过程中，必须高度重视小农户，推进其和现代农业发展有机衔接。发展农业社会化服务，是实现小农户和现代农业发展有机衔接的有效途径和重要措施，是帮助农民发展农业生产、增加收入的重要经营方式，是构建现代农业经营体系、转变农业发展方式、加快推进农业现代化的重大战略举措。

    近年来，农垦认真贯彻落实习近平总书记关于"健全农业社会化服务体系，实现小农户和现代农业发展有机衔接"的重要指示精神和党中央、国务院关于"增强对周边区域辐射带动能力"的部署要求，不断健全完善农垦农业社会化服务体系，为示范带动周边区域现代农业发展、促进小农户和现代农业发展有机衔接发挥了桥梁纽带作用。

一、农垦开展农业社会化服务面临的机遇与挑战

    舒尔茨认为"完全以农民世代使用的各种生产要素为基础的农业可称为传统农业，其基本特征是贫穷但有效率"。而现代农业是集资本、技术和管理等现代要素于一体的农业新业态，主要特征是社会化大生产，生产规模扩大、集

---

   * 课题主持人：程景民 王林昌；参加人员：杨雅娜 刘芳 刘云菲 赵霞 麦雄俊 闫一凡

中和专业化分工，现代的生产经营方式，先进的物质装备和科学技术。大国小农是我国的基本国情，在当前和未来很长一段时期内，一家一户小规模的家庭经营仍是我国农业经营的基本面。相比于新型农业经营主体，小农户经营规模小而散、生产模式粗放、劳动生产率和资源利用率不高等原生弱势特征成为其融入现代农业的最大障碍。具体表现为：小农户基数大，总数占农业经营户的98％以上，经营耕地面积占耕地总面积的70％以上；土地细碎化问题突出，所采取的工具和方法也较落后，科技创新和技术推广能力弱，机械化程度低；小农户普遍受教育程度低，文化素质整体水平不高，运用现代生产技术、信息手段能力不强，获取市场信息的能力较差，导致所提供的农产品与市场需求不匹配，抗市场风险能力弱，应用现代生产要素能力有限，难以达到现代农业所要求的经营管理能力。

当前我国农业社会化服务发展得如火如荼，但与加快推进农业现代化的要求相比还存在一定差距，难以有效满足小农户的需求。大部分农业社会化服务组织发育还不完全，家庭农场、农民专业合作社等新型农业经营主体和农村集体经济组织服务小农户的作用发挥不够。同时，农业服务产业整体规模偏小、服务供给不足，单个服务组织的服务规模不大、服务能力不强、服务质量不高，产前产后等环节的综合服务能力较差，规范化程度较低，这些都制约了小农户和现代农业发展的有机衔接。

二、农垦开展农业社会化服务的意义

(一) 发展农业社会化服务是农垦履行国家使命任务的必然要求

自建立伊始，农垦国有农场就被赋予了先进科学技术和生产技术示范的使命。一直以来，农垦国有农场不忘初心、牢记使命，始终以发展现代农业为己任。2015 年，中共中央、国务院印发的《关于进一步推进农垦改革发展的意见》，要求农垦示范带动现代农业和区域新型城镇化发展，并提出农垦企业要开展多种形式的垦地合作，为周边农民提供大型农机作业、农业投入品供应、农产品加工和购销等社会化服务，增强对周边区域辐射带动能力。2019 年，中共中央办公厅、国务院办公厅印发的《关于促进小农户和现代农业发展有机衔接的意见》提出，鼓励和支持农垦企业、供销合作社组织实施农业社会化服务惠农工程，发挥自身组织优势，通过多种方式服务小农户。2021年，《农业农村部关于加快发展农业社会化服务的指导意见》明确提出，要发挥供销、农垦、邮政的系统优势，着力完善服务机制，不断增强为农服务能力。党中央、国务院对农垦发展农业社会化服务作出的部署要求，为农垦发挥组织化、规模化、产业化优势，服务国家战略，体现农垦价值指明了方向。

（二）发展农业社会化服务是做强做优做大农垦经济的客观需要

《中共中央 国务院关于进一步推进农垦改革发展的意见》明确提出，以保障国家粮食安全和重要农产品有效供给为核心，以推进垦区集团化、农场企业化改革为主线，依靠创新驱动，加快转变发展方式，推进资源资产整合、产业优化升级，建设现代农业的大基地、大企业、大产业，全面增强农垦内生动力、发展活力、整体实力。新时代新征程农垦要实现高质量发展，必须贯彻创新、协调、绿色、开放、共享的新发展理念，以更大视野、更大胸怀融入地方经济社会发展大局中，在更大范围内盘活各类要素，集合更多资源、人才、资本，促进资源共享、联合发展。发展农业社会化服务是实现农业现代化的必由之路，对农垦来说是新兴市场，可以释放农业发展新动能，生成新产业，发展新业态，拓展农业产业范畴，前景十分光明。农垦需抓住这一战略机遇，超前布局、提早进入、抢占市场、快速发展，为农垦企业发展创造更大的空间。

（三）发展农业社会化服务是促进地方农业发展的重要推手

我国农业人均资源禀赋低，土地产出率、劳动生产率和资源利用率不高。随着农业生产成本不断上涨，粮食等重要农产品的比较效益越来越低，农业生产主体种粮积极性有所降低。实现农业现代化、建设农业强国，需要把先进适用的品种、技术、装备和组织形式等现代生产要素有效导入小农户生产，帮助小农户解决一家一户干不了、干不好、干起来不划算的事。开展农业社会化服务，就是帮助农民、新型农业经营主体集中采购生产资料、开展规模化机械作业、共同对接市场，进一步降低农业物化成本、提高农业生产效率、提升农产品品质和产量、提高农户收益、增加农民收入。

三、农垦开展农业社会化服务的独特优势

（一）农垦是国有农业经济的骨干和代表

农垦与一般新型农业经营主体、企业最大的区别在于其身份的"特殊性"。农垦作为国有农业经济的骨干和代表，因国家战略而生，既以盈利为目的向社会提供商品和服务，又是全面推进乡村振兴的重要力量，肩负着保障粮食和重要农产品稳定安全供给、示范带动现代农业和区域新型城镇化发展的重任和使命。这种特殊性促使农垦在开展农业社会化服务的过程中更多地体现社会责任与使命担当，更加突出"利他性"和"公益性"，秉承"一切为了中国农民、一切为了中国饭碗、一切为了中国粮食"的初心。

（二）农垦现代农业发展水平处于全国领先地位

农业生产是农垦的主责主业，与其他农业社会化服务组织相比，农垦具有农业生产经营专业化、组织化、规模化和产业体系健全的独特优势，耕种收综合机械化率、良种覆盖率、科技贡献率长期居于领先水平。在开展社会化服务过程中，可以直接将得到充分验证的成熟先进的现代农业生产技术和模式复制推广到广大农村地区，促进技术的无缝衔接，提高社会化服务效率。

（三）农垦具备全产业链生产和服务能力

农垦具有其它农业社会化服务组织没有的全产业链生产和服务能力。在科技创新和示范带动方面，农垦广泛应用新品种、新技术、新手段、新方法，具有较强的粮、棉、油、糖、奶等主要农产品生产能力，单产始终位于国内先进水平，2021年农垦粮食亩产518千克，比全国平均水平高近33.9%。全国农垦耕种收综合机械化率达到91.4%，比全国平均水平高19个百分点。在产业

化经营方面，农垦生产经营涵盖粮食、天然橡胶、糖料、乳制品、生猪、种子等产业。首农、天津、光明等食品集团和北大荒、江苏、广东、海南、云南等农垦集团，在粮食、天然橡胶、种子生产以及乳品、肉食加工等领域形成相对优势，打造的"耕、种、管、收、储、运、加、销"全产业链，可以带动成千上万小农户进入产业链。

四、农垦开展农业社会化服务取得的成效

近年来，农垦通过土地流转和提供农业社会化服务开展垦地合作，在促进小农户和现代农业发展有机衔接方面取得了显著成效。

（一）社会化服务初具规模

2021 年，农垦对外开展土地流转面积达 514.54 万亩，其中以承租方式获得土地经营权的占土地流转总面积的 99.1%。农垦对外开展农业社会化服务覆盖面积 2727.60 万亩。服务对象 38.13 万户，其中小农户 29.75 万户，占比达到 78%。服务的品种包括粮食作物、油料作物、糖料作物和其他作物，其中粮食作物占 77.4%。

（二）服务主体日趋壮大

2021 年，农垦对外开展农业社会化服务的主体共计 7300 余个，其中专业服务公司和国有农场 370 余个，农场农工等其他主体约 7000 个。北大荒农服集团、苏垦农服、安徽农服等一批服务水平高、覆盖范围广、示范作用大的专业性农业服务公司已成为农垦农业社会化服务的主要载体和有效平台。以北大荒为例，截至 2021 年底，已在集团 9 个分（子）公司、佳木斯市、安徽凤阳县、冀鲁豫、赣鄂湘、吉林、陕甘宁等地成立 23 家区域农业综合服务中心。

（三）服务能力不断增强

农垦农业生产托管服务覆盖耕、种、防、收多环节或全过程，生产托管面

积达 1442.73 万亩，占 2021 年对外开展农业社会化服务实际面积的 52.9%，托管服务总量达 2565.86 万亩次。除开展土地托管服务外，农垦还通过开展农资、农技、初加工、仓储物流和营销服务等方式提供农业社会化服务，服务总量达 1158.62 万亩次。

（四）示范带动效果明显

在增产增收方面，2021 年，农垦通过开展生产托管带动亩均增产 22.75 千克，带动户均增收 725 元。在节本增效方面，托管带动小农户亩均化肥减量 2.52 千克，带动亩均农药减量 0.11 千克。农垦社会化服务加快了小农户和新型农业经营主体掌握应用先进技术和装备的速度，进一步推动了标准化、集约化、绿色化技术措施的落实。

五、农垦发展农业社会化服务存在的问题

（一）农业人才队伍匮乏

在农业社会化服务实践中，农垦与农村一样面临着人才短缺的问题。一方面表现在经营管理人员思维保守，管理观念滞后，创新改革动力不足；另一方面部分农场由于地处偏远，工作生活环境差，难以吸引经营、管理、技术等各类人才，造成农场专业化技术人才紧缺，技术力量薄弱。如部分农场由于一线机务人员紧缺，存在一名机务人员驾驶不同车型、平均一人管理多台机车的现象。

（二）全产业链服务能力有待提升

农垦农业社会化服务的主要方式为生产托管服务，其中环节托管占 90.2%，开展全程托管服务还较少。尤其是非集团化垦区，大多数还集中在耕、种、防、收等环节，在市场信息、农资供应、仓储物流、金融等领域的服务能力存在短板，离全方位服务仍存在较大差距。

（三）所需资金总量大成本高

农垦进行土地流转需要大量启动资金及生产资金，开展农业社会化服务时需要购置大量农机具等设施装备，这对农垦企业资金实力提出了较高要求，也给农场带来一定的资金压力和市场风险。

六、进一步推进农垦开展农业社会化服务的对策建议

（一）发挥农垦产业优势，提升全产业链服务能力

立足农垦优势，大力发展以多环节托管、全程托管为主的生产托管服务，将社会化服务与信息化、智能化等科技转化应用深度融合，集成推广绿色优质高产高效技术模式、现代物质装备和信息技术，带动小农户和新型农业经营主体提升农业生产经营能力。发挥种子育繁推一体化、生产资料集团化采购、产品统营统销、与金融保险机构合作紧密的优势，将社会化服务从产中向产前、产后拓展，带动农户降低生产经营成本，提高抵御风险能力，促进增产增收。

（二）发挥农垦系统优势，提升农垦社会化服务水平和影响力

当前，农垦社会化服务积累了许多经验，创建了许多模式，值得进一步总结推广、交流学习。要依托垦区和各产业联盟，推动垦区与社会化服务主体形成紧密的利益共同体，促进垦区主体间多元互动、功能互补、融合发展。整合生产资料供应、科技研发与推广、产品购销等功能，建立完善农垦农业社会化服务标准体系，推动建立服务标准和服务规范，探索打造农垦农业社会化服务公共品牌，提升农垦社会化服务能力，扩大市场影响力。

（三）加大垦地合作力度，强化财政、税收、金融等多方面的政策支持

加强垦地合作，是助力产业发展、带动农户增收、促进农村经济和社会发

展、实现农业高质量发展的重要举措。垦地合作不是"独角戏",必须是"二人转"。需要加强垦地沟通交流,建立有效的可持续发展机制,打通农垦与地方的"堵点""卡点",进一步释放垦地合作发展的势能和效能。要加快建立促进农垦履行社会化服务职责使命的政策支持体系,明确支持重点和支持方式,切实保障农垦各类经营组织平等享受国家支持政策,为农垦全方位开展社会化服务提供政策保障。

现代农垦企业大中城市保供研究[*]

一、保供的新内涵和新形势

保供是"三农"工作的头等大事，是加快农业农村现代化的首要任务，更是稳经济、保民生的基本盘。2019 年中央一号文件提出"夯实农业基础，保障重要农产品有效供给"，2020 年中央一号文件强调"保障重要农产品有效供给和促进农民持续增收"，2021 年《中华人民共和国国民经济和社会发展第十四个五年规划和 2035 年远景目标纲要》再次强调要"夯实粮食生产能力基础，保障粮、棉、油、糖、肉、奶等重要农产品供给安全"，《"十四五"推进农业农村现代化规划》中明确"提升粮食等重要农产品供给保障水平"，2022 年中央一号文件要求"全力抓好粮食生产和重要农产品供给"，保供的重要性和战略性不断凸显。本文所研究探讨的"保供"即为"保障重要农产品有效供给"，其内涵随着时代发展、重点任务变化而变化。

就重要农产品来说，主要是指关乎国民经济发展和社会稳定的农产品。但在不同情境下，其范畴存在一定差异。过去政府相关政策报告中的"重要农产品"主要包括粮、棉、油、糖、天然橡胶等大宗农产品。2020 年，中央一号文件关于"保障重要农产品有效供给和促进农民持续增收"的工作部署了粮食、生猪、奶业、禽类、牛羊等生产。2020 年 2 月，在统筹推进新冠肺炎疫情防控和经济社会发展工作部署会议上，习近平总书记强调"要落实'米袋子'省长责任制和'菜篮子'市长负责制，保障主副食品供应"。2021 年一号文件提出"确保粮、棉、油、糖、肉等供给安全"。2022 年中央一号文件提出

---

* 课题主持人：许灿光；参加人员：刘芳　杨雅娜　李世豪　郭静如　王僖

"保障'菜篮子'产品供给"。2022 年，习近平总书记在看望参加全国政协十三届五次会议的农业界、社会福利和社会保障界委员时指出："要树立大食物观，从更好满足人民美好生活需求出发，掌握人民群众食物结构变化趋势，在确保粮食供给的同时，保障肉类、蔬菜、水果、水产品等各类食物有效供给，缺了哪样也不行。"可见，"重要农产品"的范畴逐渐从大宗产品扩大到部分"菜篮子"产品、副食品等各类食物，包含的类别更多、范围更广。

从有效供给来看，是指与消费需求和消费能力相适应的供给，即实现供给与需求更高水平的动态平衡。现阶段，我国已实现从"吃得饱"到"吃得好"的历史性转变，居民食物消费需求更加丰富多样、消费能力也逐步提升，上述保供内涵中"重要农产品"范畴的变化正体现了为适应这种转变农产品供给结构应发生的变化。而实现有效供给，则要提高供给体系的适配性。

近年来，相关部门相继出台了系列政策文件，从提高农产品质量、加快产地仓储保鲜设施建设、健全流通体系、完善供应链体系、畅通市场流通等多个方面进行安排部署。尤其是新冠肺炎疫情发生后，针对保供体系凸显出的短板、薄弱环节，对提高供给体系适配性的新要求新措施不断增多。2020 年，农业农村部印发《关于加快农产品仓储保鲜冷链设施建设的实施意见》，提出实施农产品仓储保鲜冷链物流设施建设工程；商务部办公厅、财政部办公厅印发《关于疫情防控期间进一步做好农商互联完善农产品供应链体系的紧急通知》，国家发展改革委等 12 部门联合印发《关于进一步优化发展环境促进生鲜农产品流通的实施意见》，出台措施支持农产品流通企业发展，确保重要农产品供应链不断。2022 年 6 月，农业农村部等 10 部门联合印发《统筹新冠肺炎疫情防控和"菜篮子"产品保供稳价工作指南》，围绕生产发展、产销衔接、流通运输、市场调控、质量安全等方面全方位提出指导意见。2022 年 11 月，工业和信息化部、农业农村部等 18 部门联合印发的《进一步提高产品、工程和服务质量行动方案（2022—2025 年）》提出"扩大安全优质农产品食品供给"，要求提升供给农产品的品质。可见，实现有效供给需要建立与供需平衡点相适应的保供体系，这个体系涉及农业生产养殖、仓储物流、市场流通等各个环节，关联多个部门和各类保供主体，需要根据新需求、新变化不断调整适应。

从新形势新要求来看，习近平总书记在党的二十大报告中提出"树立大食物观""构建多元化食物供给体系"。无论从重要农产品的范畴，还是供给体系的要求，又赋予了"保供"更加丰富的内涵，对保供工作提出了新要求和新任务。当前我国"菜篮子"产品生产形势较好，供应总量充足，市场保持平稳，可以满足城乡居民消费需求，这为新时期保供奠定了良好的基础。但不可否认，对比居民由"吃得饱"到"吃得好"再到"吃得营养""吃得健康"需求的转变，目前我国的保供水平还不够高。不少学者认为，虽然我国在农产品供给上取得了巨大的成就，但当前农产品供需结构性失衡，品种与区域之间的供需矛盾突出，未来将形成更大的缺口。此外，农业生产资源环境约束不断加剧，进一步增加了农产品有效供给的难度；国际市场的冲击，提高了农产品的市场风险；严峻复杂的国际形势，给农产品的生产、运输和销售带来了巨大挑战，保供形势依然严峻。

农垦作为我国国有农业经济的骨干和代表，任何时候都以服从服务国家战略发展大局为己任。《中共中央　国务院关于进一步推进农垦改革发展的意见》明确要求，新时期农垦改革发展要"以保障国家粮食安全和重要农产品有效供给为核心"。2022年4月，农业农村部办公厅印发《关于切实抓好农垦春季农业生产的通知》，要求农垦要进一步发挥保障国家粮食安全和重要农产品有效供给的国家队作用。随着"垦区集团化、农场企业化"改革发展的深入，一些率先完成改革任务的垦区自身实力不断增强，一二三产业融合发展成效显著，产业链、供应链现代化水平不断提升，在夯实粮食安全保障基础的同时，开启了大型食品集团建设的探索之路，在大中城市保供中展现了"国家队"的重要力量和担当。加强现代农垦企业大中城市保供作用研究，对指导新时期农垦更好履行保供使命、提升企业核心竞争力等具有重要意义。

二、农垦保供现实基础

多年来，农垦致力于农业现代化建设、规模化经营，以完善的基础设施、先进的科学技术、健全的农业经营体系为目标，在基地建设、生产加工、流通营销等领域形成独特的优势，夯实了保供的基础。

（一）形成了一批重要农产品基地，生产能力持续提升

长期以来我国的保供主要是保障粮、棉、油、糖、天然橡胶等大宗农产品的安全供给。农垦一直以来都是实施国家粮食等重要农产品安全战略的重要主体，在确保我国具有稳定的大规模生产基地、提升产能方面发挥了重要作用，建立了一大批具有国际先进水平的粮食、棉花、天然橡胶、乳品、种子、糖料、畜牧等大型农产品生产基地，是保障大宗农产品供给的重要力量。2021年，农垦粮食总产量 3874.55 万吨，占全国粮食产量的 5.7%，同比增长 8.5%，增速高于全国 6.5 个百分点；牛奶产量 466.96 万吨，占全国 12.7%，同比增长 7.3%，2016—2021 年连续 5 年实现增长，年均增长 4.3%，生产能力持续提升；棉花产量 260.59 万吨，占全国产量的 45.4%，是全国棉花产能的近一半；糖料产量 613.19 万吨，占全国产量的 5.4%。近几年，围绕居民对"菜篮子"产品的需求升级，农垦调整基地布局，加大水产品养殖、水果种植、蔬菜基地建设，2021 年农垦水产品、水果产量较 2015 年分别增长了 16.1%、28.0%，蔬菜种植面积 321.7 万亩，产量 1026.82 万吨，占全国产量的 1.3%。

（二）科技创新成效突出，进一步夯实了保障重要农产品供给安全的基础

农业科技创新是提升综合生产能力和现代农业生产发展水平、保障重要农产品供给安全和稳定的重要支撑。农垦不断加强农业科技创新和应用，现代农业发展水平走在全国前列，为稳定生产、提升产能发挥了重要作用。农垦育种能力突出，拥有制种基地近 260 万亩、约占全国 14.1%，制种量约为 94.8 万吨、约占全国 13.4%，种质资源保存量达 12.5 万余份、约占全国 24.2%。农业机械化水平不断提升，2021 年，农垦的农业机械化率达到 91.4%，比全国平均水平高出 19 个百分点以上，比 2015 年的 87.5% 增长近 4 个百分点。加

快智慧农业发展步伐，2021年无人机施肥面积899.75万亩，占机械收割面积的10%。农垦科技应用成效显著，2021年粮食亩产518千克，比全国平均水平高出131千克。规模化优势突出的北大荒集团，2021年农业科技进步贡献率达77.07%，比全国农业科技进步贡献率高出16个百分点。

（三）优质农产品供给能力明显增强，质量更加匹配消费需求

安全绿色优质农产品供给是未来保供的主攻方向。生产标准化是保障农产品安全的有效手段，农垦从质量安全和标准引领两方面入手。一方面建立了从田间到餐桌全程可追溯体系，2021年可追溯企业达到688家，覆盖农垦系统38%的农牧企业；另一方面发布推广了乳业、稻米、茶叶等优势特色产业的一批团体标准，其中中国农垦"生鲜乳"团体标准为目前我国要求最高的生鲜乳团体标准，进一步提升了农垦产品标准化水平。大力推进农产品"三品一标"认证，2021年末农垦系统共获得绿色食品、有机食品、农产品地理标志认证个数1980个，比上年增加246个；认证产量1552.45万吨，比上年增加82.76万吨。农垦绿色食品认证个数占全国的5.9%、绿色食品原料标准化生产基地认证面积占全国的5.7%。农垦品牌化水平不断提升，中国农垦品牌目录制度建立以来，产品品牌由2019年的134个增加到2021年的224个，增长67%。

（四）产业链不断延伸，流通方式多元化，供应链稳定通畅

目前，农垦一二三产业比重为23.4：40.9：35.7，二三产业带动能力明显增强。其中，农副食品加工企业1634个，在所有工业总产值中占比最大，达到20%。拥有国家级产业化龙头企业近70家、省级龙头企业357家、上市企业25家。首农、天津、光明等食品集团和北大荒、江苏、广东、海南、云南等农垦集团及一批产业公司，在粮食、天然橡胶、种子生产以及乳品、肉食加工等领域形成相对优势。仓储、冷链物流能力不断提升，统计的31个垦区中，共有171个企业涉及冷链、仓储、物流业务，其中含10家上市公司。新营销业态不断涌现，尤其是农垦农产品电子商务加快发展，目前各垦区线下品牌自有门店约9400个，线上自建平台282个，在其他主流电商平台开设品牌

店铺 510 个，开拓了富有特色的新营销领域。

（五）应急保供重要性进一步凸显，应急能力不断提升

农垦始终都是国家关键时刻调得动、顶得上、应得急的重要力量。"非典"疫情、河南郑州"7·20"特大暴雨灾害等特殊时期，尤其是新冠疫情发生后，农垦在保证产能、稳定物价、保障食品安全、确保储备充足等方面都发挥了重要作用，彰显了强大的应急保障能力。2021 年、2022 年发布了两批国家级粮食应急保障企业名单，首农、北大荒等 8 家农垦企业均被纳入其中。天津食品集团、重庆农投肉食品、天友乳业、海垦海津益佳食品公司等一大批食品集团、重要农产品生产加工企业被列入省级生活必需品应急保供重点企业。黑龙江、广东等省农垦企业在抗疫保供方面表现突出，再次验证了农垦在应急保供方面的重要性。

三、现代农垦企业保供类型、特点和作用分析

多年来，农垦大力推进"大基地、大企业、大产业"建设，夯实了履行保供使命和责任的坚实基础。在此过程中，部分垦区在京、津、沪以及其他大中城市郊区，建立了一大批以生产副食品为主的国有农场，成为大中城市副食品供应的重要来源和供应基地。近几年，通过深化"垦区集团化、农场企业化"改革，这些城郊型集团化垦区以增强主要农副产品综合生产供应能力为方向，加快整合重组、建立健全现代企业制度，构建了以资本为纽带的现代农业企业集团，在承担大中城市保供中发挥了重要作用。如首农成为首都食品供应服务保障的主渠道、主载体和主力军，上海市委提出"让市民离不开光明"的战略要求，广西壮族自治区人民政府支持广西农垦集团打造现代一流食品企业。对此，本文以 11 个位于大中城市的省级农垦集团为例，采用实地调研、个别座谈、问卷调查、比较分析等方法，围绕垦区集团在保障所在城市"菜篮子"产品供给方面发挥的作用开展了调研，通过研究总结出以下几方面成果。

（一）垦区集团保供企业的基本情况

本次调查的垦区集团范围包括首农、光明和天津食品，以及广西农垦、广东农垦、云南农垦、重庆农投、江苏农垦、海垦投资、南京农垦、广州越秀食品等 11 个垦区集团。总的来看，承担大中城市保供的农垦企业（农场）总数为 618 个，以数据有效的 10 个垦区共计 290 家保供企业为基数，对保供企业进行分类，其中，种植（养殖）型占比 46.9%、生产加工型占比 17.3%、营销贸易型占比 17.9%、产加销一体化占比 11.0%、仓储物流型占比 6.2%、其他占比 0.7%，农垦保供企业以种植（养殖）为主，生产加工、营销贸易、产加销一体化企业总数与种植（养殖）型企业数量相当，仓储物流型企业相对较少。从垦区来看，天津、广西、海南、重庆垦区种植养殖企业占比较高，首农、光明、江苏农垦产加销企业相对其他垦区占比较高，云南农垦各类企业分布相对均等，广州越秀食品以营销贸易企业为主。从主要供给城市来看，约 70% 的垦区产品供应地区主要是所在城市并向周边省会城市、直辖市辐射，30% 的垦区主要供给地还包括了大中城市以外的其他市、县。

（二）现代农垦企业保供的类型

根据在大中城市保供中发挥作用的不同，把 11 个垦区集团的保供类型进行了分类，归纳为以下四类：

1. 构建了较为完善的现代供应体系、在城市保供中发挥了主力军作用的垦区集团

该类垦区集团包括首农、光明、天津食品。基地地域分布较广，供给产品品类全，涵盖粮、油、肉、蛋、奶、水产、蔬菜、水果等关乎居民生活的大多数主要副食品，集团对所属企业统筹程度高，产业链条宽，在育种、科研、生产、加工、仓储、物流、流通等各个环节可控性较强，营销网络覆盖商超、团购、专卖、批发、餐饮、加工企业、电商等全渠道。

2. 以所属重点企业为保供主体、优势产业对城市保供作用较大的垦区集团

该类型垦区集团包括广东农垦、广西农垦、重庆农投、广州越秀食品，主

要以集团旗下 3～5 个产业化龙头企业、1 个专业性商贸型企业为保供主体。这些主体产业化程度高、供应链长，在行业内具有一定影响力，供给品类在市场同类产品中占有率高，但相对第一类，整体供给品类相对较少。集团对保供企业的统筹力度有限，对企业供应链可控程度不高，垦区企业间互通少。如广东农垦主要以燕塘乳业、广垦粮油、广垦畜牧等企业自主供应的乳制品、粮油、猪肉为主，旗下重点保供企业佳鲜主要通过发挥团购、食堂食材供应等渠道优势统筹企业产品、开展城市保供，相对第一类集团统筹力度显然较弱。重庆农投主要以中垦乳业、农投肉食品和三峡渔业等企业为保供主体，供给乳类、猪肉、水产等产品，旗下农投商贸以贸易形式参与保供。广西农垦主要以桂垦牧业、糖业集团提供猪肉、糖料供应，旗下绿色食品集团组织广西壮族自治区内农产品应急保供。广州越秀食品以风行乳业、越秀农牧等 4 家行业内重点产业化龙头、1 家食品供应链企业为保供主体。

3. 供应品类单一、生产主体分布分散、对城市保供作用有限的垦区集团

包括江苏、云南、海南垦区集团。此类集团供给品类比较单一，种植（养殖）基地、保供企业分布分散，对集团所在大中城市保供有限，日常供应同时面向周边地市，在应急保供时，垦区集团更多发挥组织动员、工作部署、物资调配功能。如江苏农垦，其保供企业为苏垦农发、东辛农场，苏垦农发分公司粮食及农副产品生产基地主要分布于江苏南通、盐城、淮安和连云港所在地的18 个农场，供给城市主要是江苏省各设区市和上海；东辛农场主要从事奶牛、肉鸡和水产养殖，是连云港市"菜篮子"生产供应基地。云南农垦保供产品以云粮集团承担的省级储备粮和经营粮油为主，有少量蔬菜供应，畜牧奶蛋等产业暂不涉及，基地分布在昆明、大理，保供产品结构较为单一。海垦投资集团以二级公司果蔬集团、草畜集团、猪业公司为主，供给城市包括海口、三亚、东方、儋州等地，供给范围集中度不高。

4. 集团与系统外企业合作保供类型

该种保供类型的垦区集团可利用土地资源有限，产业化程度低，产业优势不明显，主要依托国有资本，通过与当地政府、种植基地、企业合作发挥作用。南京农垦建立的就是该种保供模式。集团依托控股企业南京新农公共品牌

运营管理有限公司来运营管理市级农产品区域公用品牌服务平台"食礼秦淮"，通过品牌授权、搭建优质认证体系、与第三方合作建立分拣体系、构建农产品仓储体系，并依托第三方批发市场、大型超市、线下线上等渠道进行销售，实现城市有效供给。

（三）应急保供的典型做法

本次调研的垦区集团，在城市应急保供过程中发挥着重要作用，在稳产能、保安全、建机制等方面创新实践了一些值得借鉴推广的做法，为更好发挥"国家队"作用积累了宝贵经验，经认真梳理，总结归纳出以下四方面典型做法。

1. 强化源头控制保稳定

源头稳定供应是应急保供的基础。光明食品为保障城市主副食品供给，加强阜外优质农产品基地布局，强化与江苏、安徽、吉林、贵州、云南、广西等省份的地方及企业签订战略合作协议，在全国建有农副产品基地200多个，这些域外农场在上海新冠肺炎疫情期间发挥了重要作用。2022年3月上海疫情防控期间，光明食品与江苏省盐城市大丰区政府联手从大丰仓基地增加优质蔬菜摘菜和分拣数量，鲜鸡蛋对上海供应量增加3倍；每日双倍增加捕捞次数，日均供应鲜活鱼100余吨、蔬菜100余吨、肉类40吨；每天分装两万余份蔬菜套餐，通过绿色运输通道直发上海。首农食品增加库存储备，主要产品的商业库存总量在日常基础上增长20%～50%，要求外阜基地货源优先供给北京。广东农垦旗下广垦佳鲜与多家省内外供应商、蔬菜基地、农场保持长期友好合作，将疫情防控导致的缺货风险降到最低。

2. 建立稳定的质量管控体系保安全

首农食品旗下三元食品建立了包含97项全产业链食品安全风险数据库，通过风险识别、分析、评估，实施动态管控。江苏农垦所属苏垦米业在农发公司一体化产业链管理下，农产品质量安全信息化管控平台确保上市的每一袋米"生产可记录、信息可查询、风险可管控、流向可跟踪、产品可召回、责任可追究"，为华东区域"米袋子"供应发挥稳定作用。广西农垦出台4个食品安全管理制度，启动食品全面质量管理平台建设，实现了生猪、茶叶、牛奶、牛肉、果蔬等供应农产品质量全程可追溯，并接入国家平台。

3. 发挥储备功能保底线

光明食品所属良友集团积极探索和推进市级储备粮轮换的市场化运作机制，逐年提高市级储备粮网上竞价采购（销售）部分的比例，采用市场化定价的机制，使储备粮采购定价更贴近市场，并加强全国粮食市场信息的即时跟踪、采集、研判，不断提高市级储备粮轮换业务的盈利能力。广州越秀食品旗下皇上皇长期承担市级重要储备商品（冻猪肉）的储备任务，储备量长期保持7000吨水平，为应急保供守好底线。

4. 创新营销渠道和终端模式保畅通

上海新冠肺炎疫情防控初期，为解决"最后一公里"问题，光明食品创新"光明直通车"模式，以集配直供的团购方式为主，以流动餐车为辅，根据居民订单需求将产品组合配送至社区门口。天津食品旗下商贸公司依托全市54个零售终端和400余个保供点位，推出"农鲜生活"线上专用小程序，提供食材套餐订购服务，实现了抗击疫情，保障市场供应、稳定物价的任务目标。首农食品二商肉食集团充分发挥渠道资源优势，17家自营批发市场形成强大的市场供应覆盖能力，商超渠道积极保障物美等大型连锁产品供应，畅通专卖渠道内部供应，供足美团、盒马等大型电商平台，发挥"二商肉食在线"等线上自有渠道优势，全力保障各渠道供应充足。

5. 构建应急机制保时效

首农食品建立了"集团生活必需品供应日报制度"，全面监测集团系统内各供应企业生产加工、市场销售、物流配送、仓储库存、人员复工等情况；同时，建立了24小时生产供应保障体系，即"24小时不间断生产，24小时不间断配送，24小时不间断服务"，为首都市场供应服务保障工作提供强有力的支撑。光明食品成立保供稳价领导小组，建立了管理网络体系，并对主要农副产品和食品实行产销周报制度，及时掌握生产供应动态。广西农垦初步构建了"总部统筹协调""专业公司仓储物流高效配送""区域农场精准覆盖"三级应急保供体系。

（四）现代农垦企业保供的主要作用

1. 城市美好生活守护者

守护美好生活首先要守住底线保数量，现代农垦企业拥有"大基地、大企业、大产业"的发展优势，在稳定供给数量方面发挥了积极的作用。2021 年，光明食品农场生产基地粮食产量占全市产量的 25.57%，生猪占全市上市量的 72.29%，牛奶占全市产量的 86.32%，淡水鱼占全市产量的 30.85%，禽蛋占全市产量的 22.92%；三元鲜奶目前在北京市场占有率达 90%；天津食品 2021 年牛奶产量约为全市产量的 45%；江苏农垦所属苏垦农发年供应商品粮超过 20 亿斤，相当于全省 8000 万人口一个月的口粮；重庆农投肉食品承担重庆主城 40% 以上的安全优质生鲜猪肉供给；广州越秀食品旗下皇上皇集团全资公司孔旺记食品每天供应广州热鲜猪肉的 1/3。

2. 舌尖安全维护者

无论是哪类保供垦区，在城市保供工作中，各集团始终把确保食品安全作为底线。农垦具备较为完善的农产品全面质量管理体系，追溯范围覆盖谷物、蔬菜、水果、茶叶、肉、蛋、奶、水产品等主要农产品，产品质量管控实现从田间到餐桌全程可追溯，主要农产品质量经受住了国内历次食品安全事件的严峻考验。近几年发布实施了乳业、稻米、茶叶等一批团体标准，初步形成了在重要指标上"质量高于国标，安全优于绿色"的具有农垦特色的标准体系。除了以上的标准，本次调查的垦区集团，还有独立的产品安全检测机构，如广州越秀食品检测中心多达 26 个；三元食品推进全产业链质量安全标准化建设，建立质量标准化手册，覆盖人机料法环五要素共 22337 个控制点，明确了标准要求和管控措施，确保产品质量安全供给。此外，各垦区集团供给产品呈现出品牌化程度高的特点，首农食品、光明食品、江苏农垦产品品牌化程度高于 85%，守住了城市居民供给的品质。

3. 应急保障支撑者

新冠肺炎疫情发生以后，农垦应急保供的作用越发突出。调查的所有垦区都在集团层面制定了应急保障工作预案，建立了完善的应急生产机制，调查的 9 个垦区中市级储备承储单位就有 18 家。应急时期，农垦是一支抓得住、用得上的关键力量。2021 年全国两会期间，首农食品 8 家企业累计为 26 家住地供应了 413 吨产品、占全市供应总量的 54%，供应金额 938 万元、占全市供应总额的 52%，供应品种 560 种、占全市供应品种 34%，安全配送 1159 车次、占全市供应总车次的 52%，展现了农垦企业在应急保供方面的雄厚实力。

4. 服务民生担当者

调研收集的报道中，农垦在关键时刻稳定市场保民生的作用是其他企业难以替代的，特殊的任务使命促使农垦的保供不讲条件、不计得失，全力保证市场供应不脱销不断档。与此同时，农垦还重视对城市重点群体的帮扶，守好城市正常运转的防护线。2021 年 10 月底，为应对因气温骤降及新冠肺炎疫情造成的本地市场蔬菜供应偏紧、价格较同期偏高的情况，天津食品发挥民生保障主渠道作用，系统销售蔬菜价格全面下调 5%。2022 年 3 月上海新冠肺炎疫情防控期间，光明食品免费向上海市民政系统内养老机构和市养老服务补贴对象的高龄、特困老人提供"光明直通车"民生食品保障物资。

四、新时期现代农垦企业保供的优势、不足和建议

新时期，现代农垦企业要继续发挥保障粮食和重要农产品有效供给的作用，既要立足自身在基地建设、生产能力、科技创新、绿色高效农业等方面的发展基础，也要充分认识保供内涵的新变化、"构建多元化食物供给体系"的新要求和国内外保供的新形势，认清农垦作为国有农业经济、作为现代农业示范者在城市保供方面的优势和不足，扬长避短，更好地履行"国家队"的使命责任。

（一）现代农垦企业保供的优势

1. 体制机制的优势

混合经济中国有农业经济具有调节作用，其调节性主要表现在对市场失灵

的弥补，如提供公共产品、平衡供求关系、稳定经济发展等，且在弥补市场失灵方面，国有农业经济具有更高的效率。农垦是我国国有农业经济的骨干和代表，因此，相对于非国有农业经济，相对于民营保供企业，在关键时刻现代农垦企业具有集中力量办大事的体制优势，比如集中生产、集中动员、紧急调度等；再者，相较于民营企业以追求利益为目标，农垦则一切以服从服务国家战略需要为第一位，具有更强的社会责任感。同时，现代农垦企业相对于其他国有农业经济组织，建立了现代企业制度，企业运营效率更高，自身实力更强，在城市保供中具有明显优势。

2. 标准化、规模化和组织化优势

全球农产品市场已经进入价格波动剧烈的高风险时代，需要把成千上万市场主体组织进来，共同应对供应链的高风险。农垦系统作为我国紧密连接农户、农业生产经营主体的全国性网络，具有统筹生产主体、市场主体的力量，过去农垦已积极探索通过全产业链统筹合作社和家庭农场的创新性模式，显现出"四两拨千斤"的成效。如今，深化改革后的现代农垦企业一二三产业融合度更高，产业链、供应链现代化水平不断提升，更能发挥农垦标准化、规模化的优势，凭借在智慧农业、科技创新等方面的能力，以产业带动、社会化服务等形式，把农业生产主体、新型经营主体组织起来，解决资源约束问题，为更好发挥保供作用奠定更加坚实的基础。

3. 全产业链可控的优势

过去各国为了保障粮食安全，采取统筹生产、运输、仓储、销售的博弈政策，通过对产供销的全产业链控制，实现农业领域的寡头垄断，提升国家粮食安全系数。在我国，以国有农业企业为主体的国有农业经济覆盖了农业经济的各个领域和环节。在生产环节、经营领域和农业国际合作方面，以农垦系统为典型代表；在储存和调控环节，以中国储备粮管理总公司为代表；在加工和流通领域，以中粮集团和中国农业发展集团为代表；在农资研发和供应环节，以中国中化集团公司为代表。但随着农垦改革的深入，从目前农垦发展的现实基础可以看出，近几年现代农垦企业尤其是省级农垦集团在研发、储存、流通等方面发展势头良好，在全产业链控制方面实力有了较大提升，农垦通过控制全产业链实现重要农产品有效供给的优势更加明显。

4. 对外合作方面的优势

开展农业对外合作，能够以国内大循环吸引全球资源要素，增强国内国际两个市场两种资源联动效应。我国人多地少，农业资源紧张，环境约束性大，开展农业对外合作、拓宽农产品进口来源及渠道、掌控产业链供应链关键环节，是有效弥补国内农产品供需缺口、缓解资源压力、确保重要农产品有效供给的重要手段。在农业对外合作方面，农垦企业有对外合作开发的传统、实力和优势，是国家队和排头兵。目前，已有 15 个垦区在 45 个国家和地区投资设立 84 家企业，累计投资 370 多亿元。在"一带一路"沿线 65 个国家中有 19 个国家有农垦"走出去"项目，占"一带一路"沿线国家近 1/3。如光明食品积极"走出去"发展，以优质食品资源引入、跨国并购为手段，并购新西兰银蕨农场、以色列特鲁瓦乳业、西班牙 ALBO 水产品公司，拥有了一批海外优质的高蛋白基地，推动内外企业联动发展和全球食品集成分销平台（The Smart Chain）建设，满足国内消费升级需求。

（二）现代农垦企业保供的不足

通过调研对比发现，各垦区集团发展不平衡，在城市保供中的作用差异化明显，距离建立现代化城市保供主力军还存在很多不足。主要表现在：

1. 供给产品结构单一

目前，除了首农和光明食品统筹发展实力强的现代食品集团之外，大多数农垦集团供给结构单一，与"构建多样化食物供给体系"要求还存在差距，且供给结构单一的情况也使部分区域农场公司未能入选当地保供企业，未能形成常态化保供工作机制。

2. 垦区之间、集团内部协作程度不够

总体来看，农垦虽有基地多、产品品类全、流通主体多样等优势，但一方面，目前大部分垦区集团的保供是各自为战，垦区间产品互补的少，仓储物流、营销渠道资源共享的少，在一定程度上造成了资源的浪费和能力的缺失；另一方面，垦区集团由于对所属企业资源整合不够也存在此种现象，造成垦区

保供主体之间协作不够，难以实现优势互补、资源共享。

3. 产业链供应链有待进一步延伸、建强

目前，农垦的保供企业仍以种植（养殖）型企业为主，产加销一体化能力有限。营销渠道仍以传统大型商超、批发市场为主，终端配送短板问题突出，更多表现在应急保供出现流通渠道受阻、运输效率偏低、无法保证及时有效供给等方面。特别是冷鲜保存和冷链配送环节，大部分企业采取租用的形式解决冷鲜保存和运输问题，产业链供应链亟待进一步延伸、建强。

4. 部分企业经营存在一定困难

垦区集团的保供企业中大部分都是以保民生的初级或初加工农产品为主。近两年由于国际农产品价格波动，政府价格严管，民生产品价格受到限制，且粮油、生鲜等运输成本不断升高，导致企业运营艰难。

（三）构建现代农垦企业保供体系，更好发挥新时代农垦作用的建议

1. 强化资源整合，拓来源

一是加强农垦系统垦区间合作，依托中国农垦种业、乳业、茶产业、农场等联盟的联合作用，促进联盟企业之间资源共享。二是从全国农垦层面，搭建农垦系统资源共享平台，促进垦区基地、产品、仓储、物流等资源和营销渠道资源共享、优势互补，拓宽产品来源，降低企业成本，真正发挥农垦系统"大基地、大企业、大产业"的优势。三是加强垦区内部联合。在垦区集团层面加强对所属公司的统筹力度，强化农垦系统内部资源共享。

2. 重视系统外合作，补短板

一是加强与政府沟通以获得更多绿色通道，争取更多如仓储保鲜、冷链物流等方面的资金和政策支持。二是加强与数字化、智慧化程度高的平台企业合作，充分发挥物流、供应链方面大型龙头企业的作用，弥补企业仓储、流通、终端配送方面的不足。三是与系统外国有资本（如中垦基金、中化、中粮等）合作，增强融资发展能力，打通资金、贸易、生产等多领域合作渠道，增强综合实力和竞争力。

3. 提升集团自身实力，强能力

一是加快推进品牌建设。依托农垦产品"安全优质绿色"的品质优势，通过加强品牌建设，赋予产品更高的价值，提升品牌溢价能力，增加企业效益。二是提升全产业链信息化水平。加强物联网、智能装备、遥感监测、人工智能等现代信息技术在生产管理、质量管理、经营管理等各环节应用，尤其是在流通环节的应用，向全产业链信息化、智能化要效率、提效益、降成本，提高企业核心竞争力。三是加强冷链物流设施建设。引导垦区集团推动冷链物流企业的标准化改造，完善基础设施建设，培育一批冷链物流龙头企业，鼓励农垦企业之间创新开展冷链共同配送，推进冷链物流园区和重大项目建设，提升冷链物流配套能力。

我国热作商业化育种机制
建立完善路径研究[*]

一、我国热作种业发展及商业化育种现状

（一）我国热作种业发展现状

1. 种质资源收集保存情况

（1）我国热作种质资源总量丰富。 截至 2021 年底，我国已基本探明国内橡胶树、荔枝、芒果、香草兰等主要热带作物地理分布和富集程度，收集和保存热作种质资源总量约 4.8 万份，涵盖选育品种、野生近缘种、珍稀濒危、地方特色品种以及具有潜在利用价值的热作种质资源。资源保存数量位居世界前列，其中：收集保存荔枝种质资源 2356 份、龙眼 1127 份、枇杷 222 份，均居世界第 1 位；芒果 2271 份、胡椒 403 份，均居世界第 2 位；橡胶 15416 份、腰果 409 份，均居世界第 3 位；木薯 2176 份、菠萝 741 分，均居世界第 4 位。资源收集区域除我国热区外，还覆盖近 100 个热带国家和地区（表 1）。

表 1　我国热作种质资源保存数量

	国家级	省级	其他	合计
橡胶	14536	37	843	15416
香蕉	927	786	1002	2715
荔枝	1331	785	240	2356
芒果	332	930	1009	2271

* 课题主持人：孙娟；参加人员：钟鑫　郑红裕　许冠堂　卫晋瑶　田一彤　马晨雨　桂丹　刘秋池　石钰欣　魏娜

（续）

	国家级	省级	其他	合计
木薯	1171	300	705	2176
龙眼	461	395	271	1127
剑麻	600	265		865
澳洲坚果	368	158	264	790
菠萝	100	421	220	741
火龙果	104	511	93	708
菠萝蜜	240	123	112	475
番木瓜	298	127	39	464
油梨	200	361	47	608
火龙果	162		290	452
油棕	447			447
红毛丹		440		440
黄皮	184	43	345	572
咖啡	701	200	35	936
腰果	409			409
胡椒	200	203		403
椰子	214		68	282
杨桃	66	62	144	272
枇杷	62		160	222
番石榴	59	115		174
柚子		190	101	291
槟榔	113	12		125
西番莲		124		124
蛋黄果	9	97	1	107
橄榄	49	55		104
药用植物	1226	3630	410	5266
罗望子	120			120
辣木	211			211
热带牧草	802			802

（续）

	国家级	省级	其他	合计
石斛	470	2292		2762
三七	22			22
热带薯蓣	735			735
李奈	170			170
余甘子	175			175
产胶替代植物	40			40
特色木本油料	20			20
其他热带作物	620	621	208	1449
合计	27954	13283	6607	47844

数据来源：来自对农业农村部认定圃、省级资源圃的调查，部分重复。

（2）热作种质资源保护设施体系不断完善。 目前，我国已经建成保存设施相对完备、保存技术相对先进的热作种质资源保护利用体系，建设了橡胶树、木薯、荔枝、龙眼、芒果、香蕉、剑麻、南药等一批热作种质资源圃和种质创新基地。据初步调查，全国建有各级热作种质资源圃 173 个，其中国家级 37 个［含国家农作物种质资源库（圃）12 个、农业农村部热带作物种质资源圃 25 个］，省级 53 个，其他级 83 个，分别占热作种质资源圃总数的 21.4%、30.6%和 48%（表 2，图 1）。

表 2　全国热作种质资源圃各省份分布情况

省份	国家级	省级	其他级	合计
广东	8	10	28	46
海南	15	26	18	59
云南	6	9	2	17
广西	3	1	15	19
福建	4	5	13	22
四川	0	0	5	5
贵州	0	2	2	4
湖南	1	0	0	1
合计	37	53	83	173

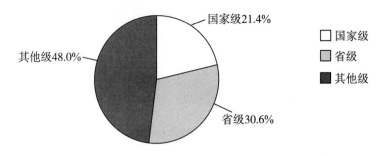

图 1　各级热作种质资源圃数量占比情况

2. 种业科技创新情况

（1）种业科技创新能力达世界领先和先进水平。 在国家品种登记、审定等制度的激励下，热作种质挖掘和创新提升速度加快。主要热带作物种质资源鉴定评价逐步由常规鉴定评价向精准评价转变。在优异基因发掘、分子鉴定、标记开发、高密度遗传图谱构建等方面取得突破性进展。如在大量鉴定橡胶树种质资源数据基础上，结合 SSR 标记分析，通过分层聚类的方法构建了世界上首个橡胶树野生种质核心库。同时，在全球率先开展了热作全基因组测序研究，橡胶树、木薯、芒果、椰子、菠萝、香蕉、龙眼、荔枝、火龙果、西番莲、澳洲坚果、辣木等已完成全基因组测序工作。在木薯全基因组测序的基础上，开发出的简化重测序 AFSM 技术，是世界唯一可以全基因组高通量检测遗传突变分析流程的方法。我国也是国际上首次完成芒果基因组测序和组装，获得了染色体级的芒果精细基因组图谱的国家。

（2）科技创新成果亮点纷呈。 热作育种技术体系不断完善，初步建立了实生选育、杂交、辐射诱变、分子育种、基因组选择等育种技术体系，不断提高育种效率。热作遗传育种成果显著，一批热作新品种如雨后春笋般涌现出来。组织了香蕉、荔枝等特色作物良种重大科研攻关，通过实生选育、人工杂交等手段，研发推广了"观音绿"荔枝、"冬宝 9 号"龙眼、"三月白"枇杷、"凯特"芒果、"桂热"系列芒果、"华南"系列木薯、"文椰"系列椰子等一批热作优良新品种。截至 2021 年底，国家和省级累计审定认定 185 个热作品种（其中，国家级审定认定 61 个，省级审定认定 124 个），累计登记品种数 40 个；累计申请热作新品种权 280 个，获得授权 81 个。

一是审定品种方面。通过国家审定的热作品种 61 个，涉及 14 种作物。其中，芒果 13 个，木薯 10 个、荔枝 10 个、咖啡 5 个、枇杷 4 个，分别占总数的 21.31％、16.39％、16.39％、8.20％、6.56％；龙眼 3 个、番木瓜 3 个，均占总数的 4.92％；澳洲坚果、香蕉、油棕、椰子、益智各 2 个，均占 3.28％；天然橡胶、槟榔和胡椒各 1 个，均占 1.64％（图 2）。

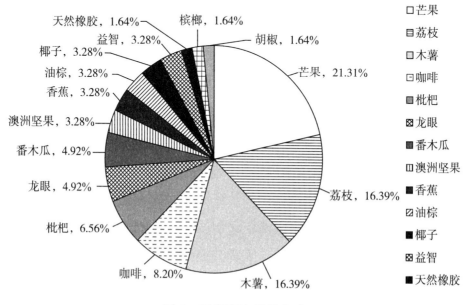

图 2　国家审定品种占比

通过省级审定的热作品种 124 个，其中，芒果 25 个、香蕉 15 个、龙眼 14 个，分别占总数的 20.16％、12.10％、11.29％；火龙果、荔枝各 12 个，均占比 9.68％；天然橡胶、木薯各 8 个，均占比 6.45％；番木瓜、黄皮各 5 个，均占 4.03％；其他热作品种（澳洲坚果、咖啡、黄金果等）20 个，占总品种数的 16.13％（图 3）。

二是登记品种方面。品种创新取得丰硕成果。截至 2021 年底，国家级热作登记公告品种数 40 个，其中天然橡胶 14 个，香蕉 26 个。14 个天然橡胶登记品种中，有 8 个由海南省的科研院所申请，占比 57.14％；6 个由广东省科研院所申请，占比 42.86％。26 个香蕉登记品种中，13 个由广东科研院所申请，占比达到 50.00％；12 个由广西科研院所和公司申请，占比 46.15％；还有 1 个由福建农林大学申请完成，占比 3.85％。值得注意的是，在香蕉的国

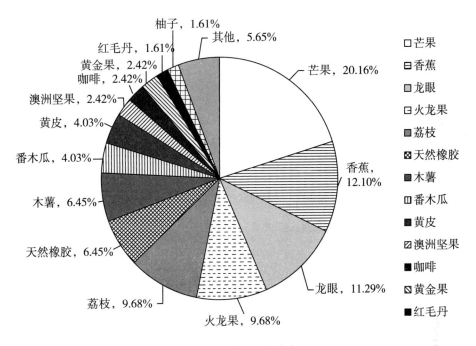

图 3 省级审定品种占比

家级登记品种中，有 9 个品种的申请过程有企业参与，企业参与率达到 34.62%（表 3）。

表 3 国家登记品种

作物类别	数量	品种名称
天然橡胶	14	热研 7-33-97、热研 917、热研 879、热垦 523、热垦 525、热垦 628、热垦 106、湛试 32713、热研 301、徐育 3、徐育 1412、湛试 8673、湛试 4961、湛试 873
香蕉	26	广粉 1 号粉蕉、大丰 1 号、东蕉 1 号、南天黄、粉杂 1 号、华农中把香蕉、华莞矮香蕉、中蕉 9 号、中蕉 4 号、青粉 1 号、中蕉 11 号、桂蕉 1 号、桂蕉 6 号、金粉 1 号、桂蕉早 1 号、桂蕉 9 号、桂红蕉 1 号、桂蕉青 7 号、桂鸡蕉 1 号、桂蕉 3 号、桂蕉 7 号、福选 1 号、粤香 1 号、粤香 2 号、桂大蕉 1 号、银粉 1 号

三是植物新品种授权方面。截至 2021 年底，我国热作品种权申请量为 280 个，其中香蕉的品种申请量最多，高达 75 个，芒果 39 个、西番莲 38 个、凤梨 35 个、枇杷 34 个、荔枝 22 个、木薯 20 个、椰子 9 个、龙眼 8 个；授权量为 81 个，其中香蕉 25 个、芒果 17 个、枇杷 15 个、凤梨 7 个、荔枝 6 个、西番莲 5 个、木薯 3 个、椰子 2 个、龙眼 1 个（图 4）。

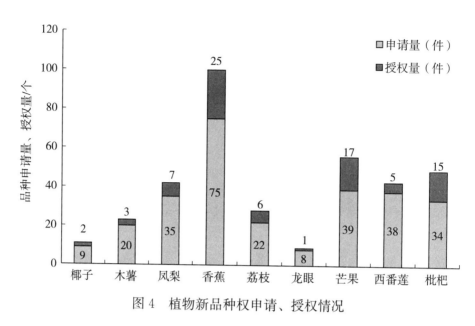

图 4　植物新品种权申请、授权情况

3. 热作品种推广情况

（1）良种生产供应能力不断提升。经初步调查，现有热作育繁推一体化企业 21 家，共建有种苗繁育基地 31 个，面积 2271 亩，常年繁育种子 24.2 吨，繁育种苗约 4700 万株（表 4）；补贴地区良种覆盖率 100％，橡胶树组培苗繁育生产技术获得重大突破；认定建设了 3 批共 21 个南亚热带作物良种苗木繁育基地；主要热作商品种苗供应率超 80％，有效保障了热作生产需求。

表 4　育繁推一体化企业基本情况

序号	企业名称	繁育种基地数量（个）	繁育种基地面积（亩）	常年繁育种子（吨）	常年繁育种苗（万株）
1	东风农场	1	160	4	10
2	勐腊县勐腊农场有限责任公司	1	80	0	20
3	四川优阳农业有限公司	1	40	10	10
4	儋州热农橡胶科技服务有限公司	1	380	0	100
5	海南品优农业科技有限公司	2	50	0	5
6	海南万顺丰农业科技有限公司	2	50	0	20
7	海南盛大现代农业开发有限公司	2	500	0	250
8	海南农垦南繁产业集团有限公司	5	374	5	110

（续）

序号	企业名称	繁育种基地数量（个）	繁育种基地面积（亩）	常年繁育种子（吨）	常年繁育种苗（万株）
9	广西美泉新农业科技有限公司	1	6.84	0	2500
10	南宁泰丰植物组培苗繁育基地	1	3	0	200
11	广州市从化华隆果菜保鲜有限公司	2	350	0	100
12	广东粤森生态农业科技有限公司	1	30	2	250
13	阳西县新农庄种养专业合作社	1	50	3	50
14	广东龙业生物科技有限公司	2	24	0	300
15	漳州万怡农业发展有限公司	1	60	0	300
16	漳州市唯天生物科技有限公司	1	19	0	30
17	漳州百果苗木有限公司	1	23	0	150
18	漳浦进丰家庭农场有限公司	1	5.15	0	30
19	漳州舌尖猎人生态农业有限公司	2	25	0.2	200
20	云霄县有苗家庭农场	1	21	0	60
21	诏安县晓丰农业科技有限公司	1	20	0	5
合计		31	2271	24.2	4700

（2）优良品种推广成效明显。近年来，我国热作品种结构不断优化，橡胶、香蕉等主要热作良种覆盖率超过90％。经初步调查，截至2021年底，自主研发热作优良品种推广面积已达到1863.79万亩，其中天然橡胶641.1万亩、香蕉416.87万亩、木薯400余万亩、咖啡112.1万亩、番木瓜95万亩、芒果73.87万亩、菠萝蜜37.05万亩、柚子30.5万亩、荔枝23.2万亩、龙眼22.5万亩、椰子10.8万亩、百香果0.8万亩。中国热带农业科学院橡胶研究所选育的"热研917"橡胶树成为新一代全周期间作模式胶园的主栽品种；"热研7-33-97"在全国植胶区推广面积累计超过250万亩，已成为我国第三代胶园的主栽品种。福建农林大学、华侨大学和相关公司合作，研发出高抗枯萎病香蕉新品种"福选1号"，在福建省多个县（区）广泛种植。"井岗红糯""岭丰糯"等优质高效荔枝品种因其晚熟、抗病、保鲜度强等特性，在荔枝主产区的种植比重大幅提升（表5）。

表 5　自主选育热作优良品种推广情况

作物种类	品种名称	推广面积（万亩）	作物种类	品种名称	推广面积（万亩）
天然橡胶	云研 77 - 2	641.1	番木瓜	红铃 2 号番木瓜	95
	云研 77 - 4			红日 2 号番木瓜	
	云研 73 - 46			红日 3 号番木瓜	
	云研 80 - 1983			紫晖番木瓜	
	热研 7 - 33 - 97		芒果	热农 1 号	73.87
	热研 879			桂七芒	
	热研 917			大甜香芒果	
	热垦 628		菠萝蜜	香蜜 17 号	37.05
香蕉	热粉 1 号	416.87		琼引 1 号菠萝蜜	
	大丰 1 号			琼引 8 号菠萝蜜	
	桂蕉 1 号			多异 1 号榴莲蜜	
	金粉 1 号			常有菠萝蜜	
	粉杂 1 号粉蕉		柚子	红肉蜜柚	30.5
	广粉 1 号粉蕉			黄金蜜柚	
	南天黄香蕉		荔枝	翡脆荔枝	23.2
	南天红香蕉			仙进奉荔枝	
	中蕉 4 号香蕉			御金球荔枝	
	美食蕉 2 号香蕉			玲珑荔枝	
	青粉 1 号粉蕉			井岗红糯	
	宝岛蕉			岭丰糯	
	佳丽香蕉		龙眼	凤大晚密龙眼	22.5
	东蕉 1 号香蕉			翠香	
	粉杂一号			龙优	
	福选一号			水南 1 号	
	抗枯 1 号			松风本	
木薯	桂热 1 - 12 号	400		凤大晚香龙眼	
	GR911			脆丰龙眼	
	GR891			宝石 1 号	
咖啡	卡蒂姆 CIFC7963	112.1		醇香	
	德热 132			高宝	
	德热 3 号			冬宝 9 号	
	热研 1 号咖啡		椰子	文椰 2 号	10.8
	热研 3 号咖啡			文椰 3 号	
	大丰 1 号咖啡			文椰 4 号	
番木瓜	红铃番木瓜	95	百香果	百香果脱毒苗	0.8

4. 热作种业主体情况

（1）种业主体数量和类型。 从调查情况看，2021年全国主要热作种业主体96个。其中，海南拥有的种业主体数量最多，达到30家，其中海南农垦5家、中国热带农业科学院5家；广东28家，其中广东农垦1家、中国热带农业科学院1家；福建16家、云南10家、四川7家、广西4家、贵州1家（图5）。

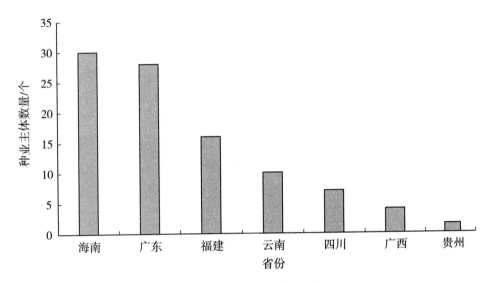

图5　热作种业主体分布

据初步调查，我国热作种业企业为52家，其中海南省21家，广东、福建、云南的企业数量分别为10家、8家、7家，四川和广西均为3家（图6）。

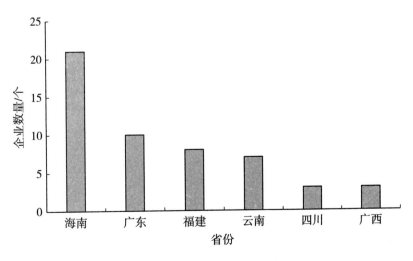

图6　热作种业企业分布情况

从调查数据看，热作种子企业职工 11218 人。其中本科以下 5351 人、本科学历 1589 人、硕士 2334 人、博士 1944 人，分别占总人数的 48%、14%、21% 和 17%，其中科研育种人员占比 12%、生产人员占比 37%、服务人员占比 51%。企业中科研创新人员占比偏低（图7、图8）。

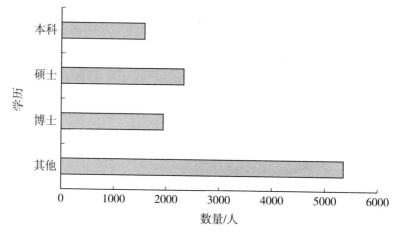

图 7　热作种业从业人员学历结构

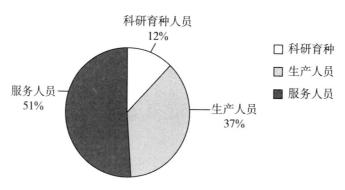

图 8　热作种业科研育种人员结构

（2）种业主体投入情况。 从调查的热作种业主体样本来看，我国热作种业发展仍以财政投入为主。2021 年调查热作种业企事业单位投入达 24408.45 万元，其中以各热区农垦集团为代表的企业投入为 8799.99 万元、占总投入的 36.05%，财政投入为 15608.46 万元、占比为 63.95%，占比较大（图9）。

（3）种业企业营收情况。 据不完全调查，2019—2021 年，52 家热作种业企业实现营收分别为 2.16 亿元、3.15 亿元、2.97 亿元，与隆平高科、登海等

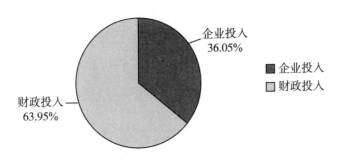

图 9　热作种业主体社会总投入

种业企业收入规模差距很大。其中，2021 年 41 家热作种业企业实现保本盈利。

5. 主要育种模式

（1）独立研发。不少科研机构或种业企业以自身育种能力为基础，结合所在地市场需求和立地条件，独立进行育种研发，独立拥有育种成果。如咖啡育种方面，云南省德宏热带农业科学研究所在构建我国咖啡种质资源收集、保存、整理、评价技术体系基础上开展种内杂交育种、种间杂交育种、辐射育种，并通过构建基于体细胞胚技术咖啡新种质繁育体系来缩短育种周期。选育出特性各异的优良品种 12 个，其中卡蒂姆 CIFC7963、德热 132、德热 3 号 3 个品种通过全国热带作物品种审定委员会审定，2 个品种先后入选农业农村部"十二五""十三五"期间主导品种。芒果育种方面，攀枝花市农林科学研究院独立进行芒果育种研发，开展实生选育、诱变育种和杂交育种。筛选和培育出凯特、热品 10 号等优良晚熟芒果品种，研发出晚熟芒果轮换结果、控时成熟等配套技术，将收获期从 8 月延长至 12 月，实现了全国芒果鲜果周年供应。

（2）科研机构内部股份合作。一些热作科研机构以市场为导向，以推动科技成果转化为目标，以现代生物技术为手段，通过设立全资、合资企业的方式，在科研机构内部进行股份合作，由本级科研机构进行育种研发，所属企业进行种子种苗的生产、经营和销售。如香蕉育种方面，中国热带农业科学院海口实验站利用分子遗传转化体系获得一批香蕉转基因植株，选育出优质广适粉蕉品种"热粉 1 号"。实验站全资企业海南热作两院种业科技有限责任公司负责香蕉组培苗的快速繁育和栽培技术推广，产品销售出口"一带一路"沿线国家，同时依托包括海南省香蕉健康种苗繁育工程技术研究中心在内的 6 个服务平台开展有关业务。

（3）科企联合。种业企业与科研院所联合，采取共同注资成立研发公司等方式，将地方发展产业和企业面向市场的需求与科研院所的技术优势、人才优势相结合，统筹利用资源，共享育种成果。如油梨育种方面，四川优阳农业有限公司与中国热带农业科学院海口试验站达成《牛油果（油梨）新品种引进及高效生产技术试验示范合作协议》，合作共建牛油果（油梨）新品种选育试验示范基地 40 亩，引进优良品种（品系）10 个，保存种质资源 10 份，实现企业育繁推一体化发展。天然橡胶育种方面，儋州热农橡胶科技服务有限公司与热科院橡胶所围绕橡胶育种共建科企合作平台，以"一事一议"、合力攻关、成果产业化等方式开展合作。橡胶所负责人才团队管理、新品种新技术研发和配套技术服务，企业负责基础设施配套、研发资金和新品种推广，且有优良品种的优先选择权。柚子育种方面，海南大学园艺学院与澄迈县洪安农业有限公司联合成立澄迈县蜜柚研究所，走产学研发展特色道路。依托蜜柚研究所，共同研发无籽蜜柚栽培技术，制定了两项澄迈县地方标准和海南省级地方标准，成功申请 4 项专利。

（4）企企合作。育种企业与下游需求企业达成合作，下游企业提出满足经营加工所需的品种需求，育种企业根据市场直接需求，以自身科技水平为依托，打造上下游协同的商业化育种模式。如南药育种方面，广东农垦热带农业研究有限公司阳江分公司与华润三九、康美药业等药企和广东南药产业技术体系创新团队等科研团队建立产学研用长期合作关系。广东农垦充分发挥在育种资源、技术积累和组织管理方面的优势，以市场为导向，以广东南药产业技术创新团队为技术支撑，汇聚市场、人才、技术、资金四大要素，与华润三九、康美药业等大型医药企业在南药种质资源圃建设、种苗工厂化繁育、规范化种植等领域展开了深度合作。通过企企合作育种模式，广东农垦快速切入南药种业，仅半年时间便已具备每年繁育 800 万株南药种苗的能力。另外，海南盛大现代农业开发有限公司同华大基因签订战略合作协议，联合海大三方构建全球热带水果数据库，开展热带水果基因定向育种。

（二）我国热作商业化育种发展现状

1. 种业企业数量增加，但整体规模偏小

一方面，企业已经成为热作种业重要的经营主体。在调查的 96 个种业主体中，科研事业单位 38 家，企业数量 52 家，其他（家庭农场等）6 家，占比分别达到 39.58%、54.17% 和 6.25%（图 10）。在全国热作种业企业中，涉及天然橡胶种业企业有 9 家，涉及香蕉、百香果和柚子种业企业各 7 家，涉及龙眼种业企业 6 家，涉及槟榔、荔枝种业企业各 5 家，涉及芒果、澳洲坚果、椰子种业企业各 4 家，涉及西番莲、木薯种业企业各 2 家，涉及凤梨种业企业1 家（图 11）。

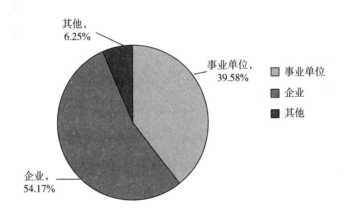

图 10　热作育种主体性质分布情况

另一方面，整体呈现小、散、弱的状态。大多数热作种业企业经营规模有限。2019—2021 年，我国热作种业企业营业收入超过 1000 万元的仅有 7家，营业收入最高的企业是高州市石生源生物科技发展有限公司，主营业务是香蕉苗、三红蜜柚、铁皮石斛等种苗的培育以及销售工作。收入 500 万～1000 万元的企业有 2 家，收入 100 万～500 万元的企业有 14 家，54% 的企业营业收入不足 100 万元。这些企业中，有 86% 从事种苗繁育，类似海南农垦南繁产业集团有限公司这样以种苗研发为核心业务的企业极少，与北大荒

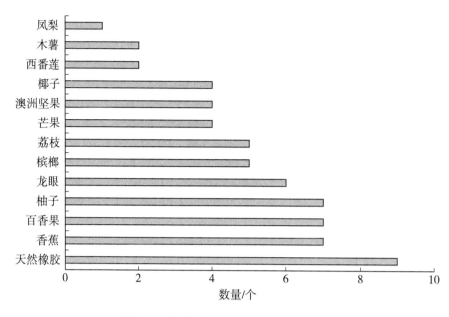

图 11　热作种业企业涉及领域情况

垦丰、苏垦农发种业等综合型专业化种业企业相比，热作种业企业规模偏小（图 12）。

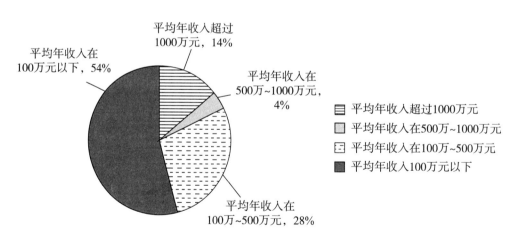

图 12　热作种企收入规模情况

2. 种业企业实力增强，但投入能力有限

一方面，近年来热作种业企业实力不断增强。通过加大育种资金的投入，加大与中国热带农业科学院、海南大学、华南农业大学等科研教学单位的合作，构建产学研联合体、育繁推一体化的现代育种创新模式。在品种研发、技

术服务和成果转化等方面取得了良好的综合效益。截至 2021 年底，国家品种登记数达到 40 个，9 个品种（全部为香蕉）有企业参与，占比 22.5%。国家审定的 61 个品种中，有企业主体参与的品种有 8 个，占比达到 13.11%（图 13）。

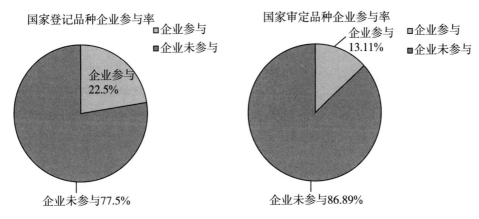

图 13　国家登记、审定品种企业参与情况

截至目前，我国热作种业拥有的知识产权共有 126 种，其中，企业拥有香蕉、龙眼在内的近 10 种热作领域优良品种的自主知识产权。主要涉及的热带作物为香蕉，品种有宝岛蕉、桂蕉 6 号、桂蕉 1 号、金粉 1 号、福选 1 号、抗枯 1 号以及粉杂一号；其次为龙眼，主要有蜀冠、泸丰 1 号、泸晚 2 号和泸早 1 号；咖啡的代表品种为大丰 1 号（表 6）。

表 6　企业拥有的自主知识产权品种情况

作物类别	品种名
柚子	东试早柚
龙眼	蜀冠、泸丰 1 号、泸晚 2 号、泸早 1 号
火龙果	临家红韵
香蕉	桂蕉 6 号、桂蕉 1 号、金粉 1 号、福选一号、抗枯 1 号、粉杂一号、宝岛蕉
柠檬	红色妖姬手指柠檬
黄晶果	盛大 1 号
百香果	钦蜜 9 号
咖啡	大丰 1 号

另一方面，热作种业企业投入能力有限。与大田作物相比，热作相关领域关注度少、投入量整体偏低。我国热作种企多数处于起步阶段，可用于科研投入的绝对金额较少。样本种业企业总体投入仅约8800万元，平均每家单位投入不足170万元。科研投入更少，不仅与国际大型种子企业上亿元的科研投入距离尚远，与国内代表型企业隆平高科（3000多万元）、北大荒垦丰种业（8000万元以上）也有较大差距。

3. 企业科技创新能力增强，但发展后劲不足

一方面，企业育种意识开始增强。长期以来，我国热作领域以公益性育种为主，98%以上的育种主体为科研单位。近年来越来越多的企业充实到热作育种事业中来，以热作新品种权为例，从申请量看，2021年国内科研单位、国内教学单位、企业、个人的申请量所占比重分别为81.0%、9.8%、4.3%和4.9%，企业占比已经增加至4.3%。从授权量看，国内科研单位、国内教学单位、企业、个人的授权量所占比重分别为77.4%、12.5%、5.9%和4.2%，企业占比已经增加至5.9%（图14）。再以国家级新品种审定为例，2011—2020年10年间，企业参与新品种申请量仅为2个，占总审定数的4.17%。2021年，企业参与新品种申请量为6个，占当年审定数超过46.15%（图15）。越来越多的种苗企业及科研院所认识到商业化育种是现代种业发展的必由之路。

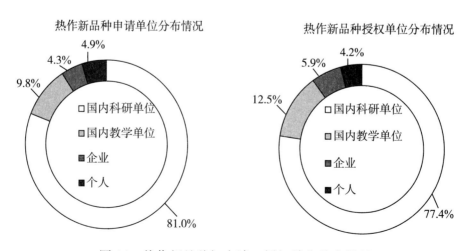

图14　热作新品种权申请、授权单位分布情况

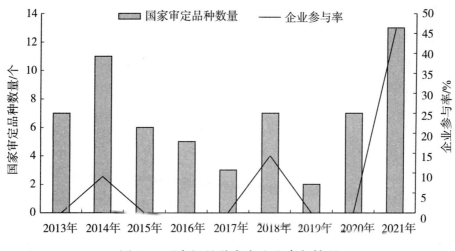

图 15 国家级品种审定企业参与情况

另一方面，企业创新能力仍需提升。从品种培育情况看，虽然企业参与培育热作新品种的数量在增长，但绝大部分热作新品种仍由科研院所、大专院校等科研实体培育。国家审定通过的 61 个新品种中，第一完成单位中均为科研院所和大专院校等科研性单位、无企业参加，第二完成单位中企业数量为 2 个，第三完成单位中企业数量为 1 个。说明我国热作种业企业的科研能力较弱，自主创新能力仍有很大的提升空间。

4. 商业化育种形式趋于多样，但协作机制有待提升

一方面，商业化育种形式趋于多样。科企联合、直接购买等育种形式开始涌现。如橡胶树育种方面，中国热科院、海南农垦、广东农垦深度合作，根据不同生态和气候区合作研发适宜的新品种和配套先进技术，其中橡胶树热研 7-33-97 已成为海南和粤西胶园更新的拳头品种，较旧有品种增产约 40%。中国热带农业科学院将甘蔗健康种苗繁育专有技术转让给海南某公司，并利用该公司市场组织优势加快了技术推广进程。该套技术的应用，可使甘蔗产量提高 30% 以上，含糖量提高 1 个百分点以上。

另一方面，协作机制有待提升。与大田农业相比，热作科企合作仍处于初步的、小范围的合作，真正联合育成品种并不多，成果转化率较低，育种和推广等环节衔接较差。例如，云南省良种生产主体多为科研事业单位，受体制机制限制，成果转化方式、途径、产品较为单一，仅通过小规模签订种苗繁育合作的方式来形成小范围合作，这种科研单位负责育种、企业只负责推广的合作机制，虽然形成了风险共担、收益共享的合作模式，但企业没能参与到育种研发过程中，科研单位也未能及时了解市场需求，商业化育种的根本问题没有得到解决，不利于推进育繁推一体化的进程。与之类似，福建也主要依靠农业科研单位公益性示范和推广，企业参与推广力度不够，种业的市场化程度低。这表明我国热作科企合作的商业育种仍处于初步阶段，育种科研机构和企业之间还没有建立有效的衔接机制，研发的新品种无法形成良性循环。

二、我国热作商业化育种机制建立面临的形势

（一）面临的机遇

一是种业政策体系持续完善。党和国家对我国种业工作高度重视，长期把种业工作作为战略性、基础性产业来抓。习近平总书记多次强调，要打好种业翻身仗，把民族种业搞上去。党的二十大报告明确提出要"深入实施种业振兴行动，强化农业科技和装备支撑"。党中央和国务院出台了一系列政策文件支持和推动现代种业发展，并将商业化育种纳入重点工作。2021年7月中央下发《种业振兴行动方案》，将种业企业扶优列为五大行动之一，要求"加快构建商业化育种体系，着力打造一批优势龙头企业，逐步形成由领军企业、特色企业、专业化平台企业协同发展的种业振兴企业集群"，明确了新时期我国商业化育种发展方向，为商业化育种营造了良好的发展环境。

二是市场驱动作用加速显现。一个获得市场认可的好品种，往往能卖出高于普通品种数倍甚至数十倍的高价，产生巨大的经济效益。近年来，我国经济社会快速发展，人民群众生活质量持续提高，巨大的市场空间极大激发了热作育种者的品种选育动力和热情。越来越多的种子企业关注热作种业，愿意投入更多资金和人力到热作育种事业中来。以热作新品种权为例，从申请量和授权量看，企业占比逐步增加。

三是热作种业基础不断夯实。我国已初步建成涵盖热作种质资源收集、保

存、鉴定、编目、分发利用及资源信息的全热区工作协作体系，建立了一支热作种质资源保护利用科研人才队伍，部分热作种质资源保存利用能力位居世界前列。支持建设了一批设施设备先进的热作品种改良中心、创新基地，良种科研攻关能力不断增强，分子育种、基因编辑等育种技术水平持续提升，为我国热作种业建立商业化育种机制创造了条件。

（二）面临的挑战

一是世界种业竞争趋于激烈。现代种业已进入"常规育种＋现代生物技术育种＋信息化育种"的"4.0时代"，正迎来以全基因组选择、基因编辑、合成生物及人工智能等技术融合发展为标志的新一轮科技革命。全球种业格局在深度调整，如陶氏益农和杜邦合并，拜耳收购孟山都，都是在加紧加快构建涵盖收集、保存、鉴定、评价、种质创新、品种推广等环节的种业链条，种业国际竞争加剧。我国不是橡胶、木薯、芒果等热带作物的起源地，育种资源遗传基础狭窄，相关新品种研发能获取和利用的遗传资料均依靠国外引进，随着世界热带国家和地区相关法规制度逐渐健全，优异种质资源引进变得更为困难。

二是国家针对商业化育种的扶持政策未真正有效落地。国家种业系列文件要求"加大对企业育种投入""择优支持一批规模大、实力强、成长性好"的"育繁推一体化"种子企业开展商业化育种，中央财政增加"育繁推一体化"种子企业投入，支持引进国内外先进育种技术、装备和高端人才，并购优势科研单位或种子企业，促进"育繁推一体化"种子企业发展壮大。但现实情况是，绝大部分应用性、商业性育种创新项目仍然由科研单位作为承担主体或牵头单位，在部委立项审批过程中，企业牵头组织实施的比重偏低；针对企业重大创新成果的"后补助"机制尚未建立，未形成高端科技人才向育种企业流动的有效机制。

三是我国公益性、商业性育种界线依然模糊。近年来，我国出台了一系列文件，在实现事企脱钩，促进种业公益性、商业性科研分离方面取得了一定成效。但从调研看，公益性、商业性育种活动依然混淆。一方面，科研机构仍然进行商业性育种，并在育成品种之后，卖给一些小微企业投入市场，获取收益，对同类商业育种企业形成低价冲击，打击了企业研发积极性。另一方面，改制后的大部分企业在研发方面高度依赖原单位。大部分种子企业都是依托原有科研机构成立的，对科研机构的依赖短期内难以改变。

（三）自身面临的问题

一是企业规模偏小，创新能力不强。长期以来，我国热作领域以公益性育种为主，育种主体绝大多数仍为科研单位，缺乏育繁推一体化的热作龙头育种企业，为数不多的热作育种企业也基本是中小规模企业，仍处于起步积累阶段，育种平台和研发人员不足，盈利能力低，研发能力和抗风险能力弱，研发投入和自主创新成果少，缺乏育种实验室、育种设备和育种管理信息系统等，绝大多数公司只是购买、代繁代销科研院校的品种，没有形成以市场为导向且具有核心竞争力的自主知识产权品种。2022年农业农村部办公厅发布的予以重点扶持的国家种业阵型企业中无热作种业企业。

二是企业育种动力不足，投入意愿不高。虽然企业培育热作新品种的积极性在不断提高，但目前多是通过与科研单位联合育种的方式开展，且基本停留在参与而非主导层面。另外，单一热带作物种植规模和市场规模普遍不大，当前育种中经济回报高、市场化条件好的作物种类不多；热带作物大多为长期栽培作物，育种周期偏长，企业短时间内要负担沉重的育种成本，回收周期长、回收风险大，企业开展热作育种的热情不高、动力不足、能力有限。

三是种质资源基础不牢固，交流共享机制不健全。种质资源在商业化育种中具有举足轻重的作用。我国热带作物种业研究起步较晚，种业基础工作缺乏长期稳定的支持，种质圃、种质库、创新基地等种质创新利用设施设备体系不完备，并且热作种质资源工作主要依托科研院所、大专院校等单位开展，热作育种企业的育种材料匮乏。热作种业市场化程度不高，双方缺乏种质资源和育种优异材料共享机制，难以培育出具有核心竞争力的突破性优良品种。科研育种单位与种子种苗企业的高效合作和利益分配机制不完善，技术、人才、设备等育种要素流动性不足，难以形成良性循环。

四是热作传统育种模式仍占据主导，商业化育种体系尚未真正建立。国外成功经验表明，高效率的育种模式应该是大规模大协作、信息化工厂化的现代化商业育种模式。品种试验测试规模足够大、信息足够多，选育出优良品种的概率越高、结果越可靠、品质越优秀。我国不少热作育种科研单位和企业尚处于传统育种阶段，一般依靠数个育种专家及其带领的科研团队进行"课题组织式"育种，热作育种现代化水平不高，经验育种、杂交育种等常规手段仍占较大比例，基于分子育种技术的高效精准热作育种体系尚未建立，培育出的有竞争力的热作品种不多、效率不高。

五是热作品种管理制度有待完善，制约商业化育种发展。新品种权保护有待加强。热带作物多以无性繁殖为主，新品种选育成本高、保护难度大。一旦品种被侵权，选育单位的维权成本高、周期长、举证难、赔偿低，难以对品种原始创新形成有效激励。新品种推广环境有待优化。热作品种管理与评价的市场化导向尚未全面建立。只有橡胶、香蕉纳入农作物登记目录，其他热作品种登记尚未开展。热作品种审定工作有待将 DUS 测试程序和实质性派生品种制度作为必须条件，品种试验体系和技术手段有待完善。

三、热作商业化育种思路目标及实现路径

（一）思路目标

以习近平新时代中国特色社会主义思想为指导，深入学习贯彻党的二十大精神，认真学习领会习近平总书记关于推动种业发展的重要指示要求，立足我国热作种业工作实际，以农业供给侧结构性改革为主线，坚持市场导向、企业主导，以强化科研院所基础性、公益性研究筑牢热作种业科技发展基础，创新合作方式，优化要素配置，强化种质资源保护利用与共享，强化知识产权保护，推动建立以企业为主体，产学研相结合、育繁推一体化的热作商业化育种体系，系统推进我国热作种业现代化、商业化、产业化进程，打造一批具有一定影响力、竞争力的现代热作种业企业集团，为发展热作种业、维护资源安全、促进热作产业高质量发展奠定基础。

（二）实现路径

坚持市场主导、宏观指导、政策引导，支持鼓励一批热作企业开展商业化育种试点，探索建立商业化育种模式，加快做强做大，以点带面，引领完善种业发展机制和环境，逐步建立健全热作商业化育种体系，助力热作种业振兴。

1. 制定差异化育种创新策略

国际育种经验表明，我国将在较长一段时期内处于商业化育种转型的过渡期。热带作物普遍周期偏长的特点，使得公益性科研育种仍然需要加力推进。高效益特色热带作物品种的存在仍有可能激发企业育种的创新活力。这决定了我国热作必须坚持公益性和商业化并重的育种创新方式。建议根据品种特点制定差异化育种创新策略。育种周期长短及比较经济效益高低是育种模式选择的依据。百香果、油梨等比较经济效益高、优质优价市场化机制明显的品种，育苗企业开展育种创新工作具有较强动力；天然橡胶育种周期超过 30 年，木薯、油棕等育种周期在 12～20 年且属于粮油作物，均为国家重点保障产业范畴，比较效益不高，商业化育种企业积极性不足，无法支持庞大的科研投入，这类品种建议以公益性育种为主。

2. 建立育种科企合作机制

育种是项系统工程，完整的育种全产业链包括确定目标、种质资源收集与鉴定、品种改良、品种创制、品种审定、品种测试、品种繁殖、品种推广、售后服务等多个环节。建议科研机构的公益化育种将攻关重点放在热作种质资源挖掘和利用、基础生物学研究以及育种技术创新等种业产业链上游环节，而创制新品种以及开展产业化开发等"最后一公里"应联合种业企业来做。同时要在合作机制上有所突破。建议鼓励采用转让、许可、作价入股等方式开展种业成果转移转化和公开交易，实施成果转化尽职免责认定以破解科研单位在成果转化过程中"不敢转"的问题。支持科研单位以自主知识产权的科技成果作价投资企业，探索培育热作种业公司和龙头企业、知名品牌，助力我国热带作物产业持续健康发展。

3. 提升种业企业产业链韧性

鼓励种业企业延伸产业链条。支持企业加快研发具有自主知识产权的前沿核心技术，抢占生物技术制高点，攻克种业"卡脖子"问题。在自主研发优质高产高抗新品种的基础上，积极创新相配套的标准化生产方式，实现对农药、化肥、除草剂等农业投入品的一揽子打包，最大发挥品种优良特性。鼓励种业企业与农资企业开展深度合作，有力推动育种、农药、化肥研发生产等多种业态的一体化发展，延伸种业产业链条。同时，引导企业积极拓宽育种品种范围，从品种大类、适宜条件等角度入手，对育种相似的品种进行攻关，尽量规避单个品种种业市场波动风险。

4. 健全热作新品种保护机制

热作品种普遍发生的扦插、嫁接等无性繁殖行为通常被侵权方解释为使用行为，导致侵权行为难以得到解决。当前，《中华人民共和国植物新品种保护条例》正在修订，建议在与《中华人民共和国种子法》保持一致基础上，基于UPOV 公约 1991 年文本加以完善修订。将保护范围由授权品种的繁殖材料延伸到收获材料，将保护环境由生产、繁殖、销售拓展到生产、繁殖、加工（为繁殖进行的种子处理）、许诺销售、销售、进口、出口、储存等环节，形成对侵权行为的全链条打击，为热作商业化育种提供有力制度保障。

四、政策建议

（一）完善热作种业政策体系

建议编制实施关于热作种业发展的意见，为热作种业提供持续稳定保障。增加热作种业财政投入，重点支持科研种质资源圃和育种基地建设，热作种质资源保护利用工作，"育繁推一体化"种子企业开展商业化育种、育种创新、种子生产加工等能力建设，品种测试和试验、种子（苗）生产、检验检测等基础设施建设。鼓励各省、自治区、直辖市主动作为，结合自身区域自然资源禀赋、区位特点、育种科技发展水平，因地制宜制定区域内热作种业发展支持政策。建议将符合条件的"育繁推一体化"种子企业、经认定的高新技术种子企业，以及种子企业兼并重组涉及的资产评估增值、债务重组收益、土地房屋权属转移等，按照国家有关规定给予税收优惠。建议鼓励金融机构针对制种育种企业的特殊性，开发新的信贷产品，增强涉农贷款金融机构的财政贴息和风险补偿力度。

（二）推动热作种业科技创新

一是进一步强化科研院所技术支撑作用。构建财政支持稳定、长周期投入机制。加大对热作种业基础性、公益性研究的投入和生物育种产业的扶持力度，尤其要强化对关系我国战略资源安全的天然橡胶等热作种业科技研发支持力度。二是强化热作种质资源交流机制。发挥现代先进适用的信息技术在种质资源交流中的作用，构建信息化、智能化、可溯源的种质资源交流体系，建立不同主体间种质资源共享交流机制。三是建立热作种业科技成果交易制度。建立种业科技成果交易平台，探索构建可操作性强的交易机制，强化成果转化应用。鼓励科研院所种业人才到企业挂职、兼职和离岗创新创业，消除其在职称评定、工资福利、社会保障等方面的后顾之忧。

（三）扶持优势热作种业企业做大做强

以"扶持一个企业，带动一批企业"为抓手，在资金、政策、人才等方面予以倾斜，优先支持优势热作种业企业发展。一是给予政策支持。支持优势育种企业参与种质资源保护、开发、利用等工作，强化优异种质资源交流共享。优先支持优势热作种业企业牵头承担地方育种攻关任务，提升自主创新能力。二是给予金融支持。鼓励银行、保险机构等金融主体，根据育种攻关周期长、难度大的特点，开发合适的金融保险产品，保障对育种企业长期稳定的金融支持。探索降低贷款利率等方式降低企业融资成本。优势种业企业要发挥示范引领作用，带动产业内其他种业企业发展，提升产业整体攻关研发水平，进而突破种业发展的瓶颈。探索"龙头企业＋跟踪企业"等带动发展模式，发挥龙头企业示范引领作用，最终建成一批优势种业企业集群。

（四）构建热作育种支撑体系平台

将企业市场灵敏度高、机动灵活性强与科研院所科技实力强、育种基础高的优势进行有机结合，搭建起热作育种支撑体系平台，构建创新联合体。一是"无形的手"发挥主导作用。商业化育种属于具有较高市场化程度的行为，在促成科企双方合作过程中要充分尊重市场规律。二是"有形的手"发挥引导作用。鼓励育种企业与科研机构开展育种科技合作，可以通过产业领域内部活动磋商、发布产业亟须解决育种难题等方式，促成科企双方合作。优先支持市场化程度高、经济效益好、利润空间大的产业探索建立热作育种支撑体系平台，针对科研机构与育种企业或其他育种主体组建的创新联合体在税收、财政补贴等方面予以支持。三是共享利益、共担风险。鼓励科研机构与企业在合作前以协议形式约定利益分配方式及风险分担方式。鼓励科研机构采用人才、技术入股等方式，育种企业投入资金等要素的方式参与平台建设。

（五）完善知识产权体系建设

一是完善知识产权保护体系建设。热带作物以无性繁殖居多，要进一步完善无性繁殖植物知识产权立法。热区各省份可探索制定、出台相关条例。二是全方位提升市场监管能力，加大知识产权执法能力建设力度，组建一支高水平知识产权执法队伍，选拔优秀执法人员开展热作领域种业知识产权执法工作，严格落实《中华人民共和国种子法》等法律法规的相关要求。提高侵权者违法成本，合理使用失信名单制度，将新品种侵权主体纳入失信名单进行管理。在司法诉讼中，推动探索举证责任转移向侵权方的实现方式，保护育种主体合法权益。三是搭建种业对外交流合作平台，积极参与和布局国际竞争，为种业企业发展营造良好创新生态。

加快构建商业化育种体系的
多主体联动机制[*]

——基于农垦农作物种业企业发展实践

一、引言

党的十八大以来，习近平总书记多次对我国种业发展作出重要指示，明确要求把我国种业搞上去。国务院连续出台种业工作文件，对推进现代种业发展作出了全面部署。总的来看，面对国内外环境复杂变化，农业用种安全有保障、风险可控。立足新发展阶段、贯彻新发展理念、构建新发展格局，对标高质量发展和农业现代化要求，有些品种、有些领域和有些环节还存在明显不足。

打好种业翻身仗是实现农业现代化的必然要求，农垦作为推进中国特色新型农业现代化的重要力量，需要主动肩负起打好种业翻身仗重任。2020年底召开的中央经济工作会议和中央农村工作会议，都明确提出要立志打一场种业翻身仗。2021年中央一号文件也围绕种业全链条各个环节对种业工作作了顶层设计和系统部署。2021年7月，中央全面深化改革委员会第二十次会议审议通过了《种业振兴行动方案》，习近平总书记在主持会议时强调，要集中力量破难题、补短板、强优势、控风险，实现种业科技自立自强、种源自主可控。《中共中央 国务院关于进一步推进农垦改革发展的意

---

* 课题主持人：桂丹；参加人员：刘云菲 黄勇 钟思现 叶瑞云 李泓 丛洋 周超 樊思雨 李昕悦 施海波

见》也明确指出，农垦作为农业领域的"国家队"，要建成一批稳定可靠的种子等重要农产品生产加工基地，形成完善的现代农业产业体系，整合种业基地和科研资源，实施联合联盟联营，做大做强育繁推一体化种子企业。

然而，加快构建商业化育种体系是种业发展的难题之一，也是农垦打好种业翻身仗、促进种业科技自立自强的关键所在，其中促进企业、科研院所、金融机构等多主体有效联动是重中之重。近年来，农垦种业立足自身优势，持续加强科技攻关，已取得了明显成效，在全国种业企业中占有一席之地。但是，完善的商业化育种体系难以有效构建，主要表现在企业联合攻关少、科研院所主动性弱、金融机构参与积极性低等方面。总体来看，各类主体资源整合力度不够，科技创新联合攻关有待加强。2021年7月12日，农业农村部部长唐仁健在部党组会上强调，要支持优势企业发展，推动与科研单位、金融机构、种子基地对接，加快构建商业化育种体系。因此，亟须从主体联动视角，对农垦商业化育种体系展开研究，以此为下一步制定构建农垦商业化育种政策体系提供决策支撑，也为打好种业翻身仗贡献农垦力量。

近年来，已有一些学者通过对中国水稻、玉米、小麦、蔬菜等作物商业化育种体系建设做了一些研究，认为大部分种业企业已经开始育繁推一体化发展，并逐步建立了自主研发体系。要加快与科研院所合作，走产学研一体化发展模式，不断提升企业商业化育种的创新实践能力。要鼓励开展科企联合攻关，积极促进小麦育种企业能力提升。也有学者认为政府要大力支持商业化育种，出台扶持政策，设立专项资金，利用公益性研究成果等。目前，大部分学者对商业化育种体系建设的研究主要集中在产学研或者政府、科研以及企业三个维度去阐述。事实上，推进商业化育种体系建设，是一项系统工程，需要多主体尤其是需要强大的资本力量去支撑，单纯的依靠政府项目支撑或者科研机构的成果转化，难以激发种业科技创新，甚至是难以快速构建更加完善的商业化育种体系。因此，本研究立足加快构建完善的商业化育种体系这一时代背景，基于农垦农作物种业商业化育种体系建设实践，探讨加快构建商业化育种的多主体联动机制，在传统的政产学研结构基础上增加

"资本主体"，充分考虑资本力量在促进种业科技创新、科技成果转化中的推动作用，让资本市场的力量成为资源整合和科技创新的重要驱动力，进一步推动企业成为种业科技创新的主体，加快构建种业商业化育种体系政产学研资多主体联动机制。本文运用主体协作与资源依赖以及利益相关者与交易费用理论，通过对农垦农作物种业商业化育种中主体联动实践的运行机理和现实困境做出系统分析，探讨商业化育种体系建设中主体联动机制的创新模式和优化路径。

二、商业化育种的概念和特征

（一）商业化育种概念

从经济学角度来说，"商业化"是指权利人以自由、平等的交换为手段，以营利为主要目的的行为。商业化行为促进生产社会化，解放和发展生产力，充分调动社会资源，满足人们日益增长及不断差异化的物质文化需求。相比较而言，"公益性"是指满足社会公众公共需要，不以营利为目的的行为。公益性行为调节社会资源配置，提供公共产品和公共服务，改善民生。由此可见，"商业化育种"是以营利为主要目的的育种研发行为，以企业为实施主体；"公益性育种"是以公益性为目的的育种研发行为，以公益性事业单位或科研机构为实施主体。企业开展商业化育种，最终目的是为了实现研发投入产出的最大化，育种研发与产品推广体系的建立应该以企业为主体，以市场与产业为导向。

（二）商业化育种的主要特征

商业化育种是指以企业为主体、以市场为导向、以技术创新为支撑、以产业化运作为手段、以资本为纽带的新型农业品种选育及推广体系。商业化育种与我国传统的以科研和教学单位为主体、以项目或课题为导向、以品种审定或项目验收为目的的课题项目制育种有着极大的区别。

商业化育种一般具有现代工业研发体系的设计科学、分工合理、操作标准、流水作业、信息互通、资源共享等特点。此外，其自身还具有几大特点。一是以市场化育种为目标，主要是指育种目标以市场与产业为导向，研究课题来自市场与产业一线，而不是取决于项目指南或专家个人喜好。二是育繁推一体化，以企业为主导，科研与产业融合。育种目的是商业化开发、提升产业效益，而不是单纯为了发文章、报奖励、评职称，更加注重品种的商业化价值。三是育种过程工厂化，工厂化组织形式能把各育种环节的专家串联起来，明晰职责、紧密配合、团队作战，实现育种专业化、规模化，显著提高持续产出能力，不再是"家庭作坊式"的小课题、小规模、低水平重复研究。四是品种评价科学化，对品种评价依据完全是市场化标准，通过广泛的规模化、标准化测试，科学、准确评价品种，而不是育种专家个人说了算。五是体系管理规范化，信息充分交流，资源高度共享，大幅提高优异种质资源的利用效率，培育突破性品种，而不是各自为战、互相封闭。六是育种手段现代化，充分应用现代分子育种技术，实现表型与基因型、目的基因与全基因组背景的同步选择，育种管理与操作信息化、机械化、智能化，实现高效精准育种，不再是一支铅笔、一个本子的纯粹经验育种。七是研发投入企业化，企业是投入的主体，从制度上保证公司从销售收入中提取一定比例的研发基金，以确保研发的可持续性，而不是完全依靠国家项目资助。

三、中美商业化育种历程比较

美国商业化育种起步早，发展速度较快，体系相对完善。大致可以分为以下三个阶段（表 1）。

表 1　美国商业化育种阶段划分

阶段	时间	阶段特征	主要标志	主要成效
第一阶段	1920—1969 年	政府主导的公益性育种，商业化育种萌芽	颁布《联邦种子法》	到 1965 年美国超 95% 的玉米种植面积为杂交玉米。种子企业开始利用种业收入开展自主商业化育种研发

（续）

阶段	时间	阶段特征	主要标志	主要成效
第二阶段	1970—1990 年	政府主导的半公益性、半商业化育种阶段	1970 年颁布《植物新品种保护法（PV-PA)》	为私营种业公司的育种成果提供法律保护，进一步促进了种业商业化育种的发展和种子企业的兼并重组。农化企业开始进入种业领域，资金的流入加快了种子企业的兼并重组
第三阶段	1990 年至今	企业主导的商业化育种阶段，企业成为育种研发投入的主体，进入种业全球化阶段	经历 3 次种业并购浪潮	2016 年以来随着跨国资本推动国际农化巨头超大型并购重组，种子业务纷纷整合，行业集中度进一步提升，目前仅拜耳、柯迪华、先正达、巴斯夫 4 家企业的全球种子行业市场份额就超过 60%

中国的商业化育种起步较晚，发展的速度较慢，商业化体系逐步建立。大致可以分为四个阶段（表 2）。

表 2　中国商业化育种阶段划分

阶段	时间	阶段特征	主要标志	主要成效
第一阶段	1949—1988 年	计划经济时代，政府主导的公益性育种阶段	1978 年提出了种子工作的"四化一供"方针，并成立了中国种子公司	"四化一供"即种子生产专业化、加工机械化、质量标准化、品种布局区域化和以县为单位统一供种。没有形成育繁推一体化的种子企业，育种为完全公益属性
第二阶段	1989—1999 年	以政府主导的公益性育种为主，商业化育种萌芽阶段	《中华人民共和国种子管理条例》《中华人民共和国植物新品种保护条例》与《中华人民共和国种子法》相继颁布实施，推动了种业企业的发展	育种投入主体依然是政府，公益性科研单位育成的品种可有偿转让。这一时期缺乏能够开展自主研发的种子企业，种子套牌现象盛行，种业企业以"拿来主义"的方式生存。丰乐种业、亚华种业 1999 年在深交所相继上市，成为中国种子企业开启水稻商业化育种的标志性事件

（续）

阶段	时间	阶段特征	主要标志	主要成效
第三阶段	2000—2010 年	以政府主导的公益性育种为主，商业化育种起步阶段	《中华人民共和国种子法》全面实施，彻底打破了计划经济时代国有种子公司垄断经营的政策壁垒	中国种业开始走向市场化，大量资本进入种业，种业主体逐步形成多元化格局，形成了一批改制的股份制种子公司、新兴的民营种子公司、科研院所主办的种子公司，一批育繁推一体化企业开始发展
第四阶段	2011 年至今	以政府主导的半公益性、半商业化育种阶段	出台了《国务院关于加快推进现代农作物种业发展的意见》《国务院办公厅关于深化种业体制改革提高创新能力的意见》及 2014 年中央一号文件、2017 年中央一号文件等为代表的系列指导性文件，2016 年颁布新《种子法》	深化种业体制改革，充分发挥市场在种业资源配置中的决定性作用，突出以种子企业为主体，推动育种人才、技术、资源依法向企业流动，充分调动科研人员积极性，保护科研人员发明创造的合法权益，促进产学研结合，提高企业自主创新能力，构建商业化育种体系。新《种子法》的颁布实施，加快了品种审定制度的改革，促进了新品种保护制度进一步完善，推动了企业商业化育种体系的发展

四、多主体联动的理论基础与概念模型

多主体联动机制能够为加快构建商业化育种体系提供重要的理论分析工具，有助于从主体多元性角度对农垦农作物商业化育种体系建设实践进行全面分析。多主体联动机制的构建需要理论层面的系统思考和梳理，从而构建合理的分析模型。

（一）理论基础

1. 主体协作理论

多主体联动机制最早产生于企业的经济行为，国外学者分别从组织间关系视角、组织结构视角、集体行动逻辑视角对协作的概念进行界定，从协作机制的发展来考察联动机制。随着新公共管理运动的兴起，协作机制逐渐运用于公共管理之中，能解决在单一组织中不能解决或者不容易解决的问题。更有学者从应急协同服务的差异性和应急协同制度的嵌入性视角将政府与社会组织的协同关系分为疏离模式、互补模式和替代模式。组织之间的协同基础是合作机制，20 世纪 80 年代我国政府将协作理论应用于联动机制的构建中，提出了产学研相结合的战略主张，并开始实施产学研联合开发工程，取得了一系列成就。随后，政产学研作为多主体联动机制的一种主流方式也得到了广泛应用，常见于分析大学、产业、政府之间的互动关系。国内学者对于政产学研的研究集中在其合作模式探索、创新问题分析以及影响因素等方面，这些理论探讨为加快构建农垦种业商业化育种体系的联动机制提供了有益的借鉴。

2. 交易费用理论

交易费用理论是整个现代产权理论大厦的基础。1937 年，罗纳德·科斯（Ronald·Coase）在《企业的性质》一文中首次提出"交易费用"的思想，1969 年阿罗第一个使用"交易费用"这个术语，威廉姆森系统研究了交易费用理论。该理论认为，企业和市场是两种可以相互替代的资源配置机制，由于存在有限理性、机会主义、不确定性与小数目条件使得市场交易费用高昂，为节约交易费用，企业作为代替市场的新型交易形式应运而生。交易费用决定了企业的存在，企业采取不同的组织方式最终目的也是为了节约交易费用。科斯在其经典论文《企业的性质》中指出，使用价格机制是有代价的。随后在《社会成本问题》中，他围绕契约的流程进一步探讨，发现了在契约的签订和实施过程中，一些额外的支付是不可避免的，并将交易费用的思想具体化，指出"为了进行一项市场交易，有必要发现和谁交易，告诉人们自己愿意交易及交易的条件，要进行谈判、讨价还价、拟定契约、实施监督来保障契约的条款得以按要求履行"。

3. 资源依赖理论

该理论产生于 20 世纪 40 年代，并在 70 年代以后被广泛应用到组织关系的研究中。资源依赖理论能够为不同类型组织之间的协作与发展提供重要指导。根据资源依赖理论的基本原则，任何一个组织都需要维持生存的资源，这些资源可以通过周围环境或者更简便的方式从其他组织中获取，在这个过程中权利安排对不同组织之间的关系产生重要影响。与结构权变理论强调组织对环境的适应性不同，资源依赖理论的一个鲜明特点在于，它强调通过组织间合并、联合、游说或者治理的方式来改变环境，从而让环境来适应行动者。资源依赖理论与主体协作理论相辅相成，能够帮助管理者和参与者认识到各成员之间相互依赖的关系，为组织之间的资源获取提供联动服务。国内很多学者将该理论应用于对政府、企业、客户、民间组织、农业合作社、农户等很多类型组织的互动机制研究中。

本文以主体协作、交易费用以及资源依赖理论为基础，结合农垦农作物种业商业化育种建设实践，分析农垦农作物种业企业商业化育种建设过程中多元主体之间的交易费用、资源依赖以及合作与竞争特点，探讨在各主体利益诉求与资源禀赋差异情况下，如何建立各利益主体之间的有效联动，构建可行的运行机制，实现帕累托最优状态的联动效应。

（二）建立模型

在政产学研协同创新理论支持方面，由埃茨科威兹（Etzkowitz）和雷德斯多夫（Leidesdorff）提出的"三螺旋"（the triple helix）创新模式具有代表性，该理论将具有不同价值体系的政府、企业和高校在区域社会经济上统一起来，形成知识领域、行政领域和生产领域的三力合一，从而为经济和社会发展提供坚实的基础。目前较为成熟的三重螺旋创新系统理论已经形成，并在发达国家的政产学研合作中得到应用和持续发展。

学界普遍认为，政府、产业和高校之间的良性互动既是创新的关键，也是经济增长和社会发展的不竭动力。近年来，国内外许多学者对三螺旋理论进行了丰富和发展，主要涉及三螺旋体系构建及过程研究，如陈娟和徐军等对创新系统的互动合作机制进行了研究；李小丽等和靳瑞杰等对三螺旋模式下的计量学进行了分析；而吴伟、田天和刘群彦等开展了三螺旋模式下的实证研究；李小丽对三螺旋模式下大学专利技术转移组织构建的理论框架进行分析，并深入探讨了螺旋强度对技术转移效率的影响；姚潇颖、裴云龙基于三螺旋理论对我国产学研合作机制与绩效进行研究；王浩等对近年来国内外三螺旋创新模式研究动态进行了综述与回顾。

综上，在现有相关研究中，利用三螺旋理论指导农作物商业化育种体系建设的研究很少。本研究通过引入三螺旋理论，在三螺旋创新模式上，加入第四方——金融机构，形成三棱锥模型（图 1），任意三个主体形成四面合力，借助政府部门、科研主体、金融机构、种子企业之间的资源依赖来诠释三棱锥模型的可行性与稳定性，由此分析商业化育种体系建设的组织架构及作用机理，提出商业化育种体系建设的多主体联动模式，打通商业化育种体系建设链条的相关障碍并提出对策建议，为加快构建商业化育种体系的协同创新和种业科技自立自强提供有益借鉴。

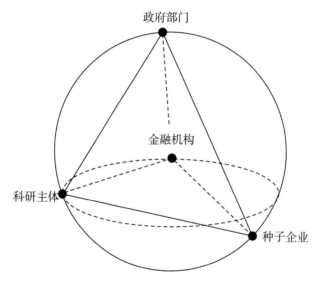

图 1　商业化育种的三棱锥模型

五、多主体联动机制的运行机理

（一）农垦商业化育种实践案例

K 种业股份有限公司（以下简称 K 公司）是一家集研发、生产、加工、销售、服务和进出口业务于一体，具有完整产业链、多作物经营的现代国有控股种业公司，是中国种子行业首批 AAA 级信用企业、农业农村部首批育繁推一体化企业、农业农村部重点实验室、院士工作站、博士后科研工作站、ISTA 会员。近年来，K 公司正在打造以商业化育种为核心的研发创新体系，年研发投入超亿元，构建了自主研发、合作研发、委托研发、成果收购等多形式、开放式、互利共赢的研发成果转化对接平台，形成了年参试品种 300 多个，年审定品种 20 余个的育种研发能力。

K 公司着力推进与相关优势科研院校的产学研科企金融机构等合作，以合作带动公司自身研发创新能力加速提升。

一是获得政府财政项目大力支持。2021 年 K 公司共承担国家、部、省等各级财政支持项目（课题）8 项，其中，国家重点研发计划项目 3 个、农业农村部重大科研协作攻关项目 1 个、黑龙江省"百千万"工程科技重大专项 1 个、全国农技推广中心项目 1 项。截至 2021 年 11 月底，各项目按照项目任务书要求开展年度试验，均进展顺利。近三年累计获得财政项目支持资金 1500 余万元。

二是联合参与协同创新。在农业农村部指导下，K 公司携手 8 家国内种业骨干企业与中国农业科学院作物科学研究所成立"1＋8"科企联合创新公司，构建协同创新平台，共担投入、共享成果；参与国家玉米产业体系与企业育种战略合作联盟，合作建立优异资源材料交流平台和杂交种测试网络，联合开展育种技术和材料创新研究，并为公司培养育种人才；在农业农村部农垦局指导下，K 公司与多家农垦企业合资成立了股份有限公司。

三是建立科企战略伙伴关系。K 公司与中国农业科学院作物科学研究所签订框架协议，建立战略合作伙伴关系，共享研究信息，开展长期研发合作，联合加强遗传育种人才培养；与湖南农业大学签署校企战略合作协议，在人才培养、项目合作、成果分享等方面建立更紧密的互助共赢关系；同时，不断深化与黑龙江省农垦科研育种中心、黑龙江省农垦科学院、黑龙江八一农垦大学的研发战略合作。

四是深化资源与技术合作。K 公司与中国农业科学院作物科学研究所和中国科学院植物研究所合作开展基因改良水稻品种营养品质研究；与中国农业科学院作物科学研究所合作开展玉米种质资源发掘利用和绿色玉米品种鉴定评价等项目；与四川省农业科学院、中国农业大学开展玉米抗病功能标记芯片开发应用合作，定向改良育种材料，选育抗病品种；并积极参与"东北林业大学能源植物基因编辑工程技术研究中心"等项目，拓宽科企合作渠道。

五是加强人才引进与培养。K公司分别在中国农业大学和中国农业科学院作物科学研究所设立"K种业基金"，与相关科研院校联合组建双导师团队开展研究生培养，建立优秀人才向企业输送的有效渠道；还与黑龙江八一农垦大学、黑龙江大学建立研究生培养和共建实践教学基地方面的合作，合作培养公司所需人才；2019年博士后工作站与中国农业科学院作物科学研究所博士后流动站联合培养博士后1名。

六是加强国际交流合作。K公司一直与国际领先的种子公司和科研机构保持长期稳定的合作关系，在积极引进国外优质品种以适应快速发展的中国种业市场的同时，注重吸收国际先进的研发、管理、销售经验。目前，K公司已与世界五大种业集团之一的德国KWS公司建立了战略合作关系，共同出资设立了"合资公司"，结合中德双方的优势，通过研发、选育、生产并向农民、经销商、分销商及行业伙伴销售高品质的玉米品种以及配套技术指导方案等服务，以持续提升"合资公司"综合实力，与公司优势互补、协同发展，进而促进公司提升研发实力并加快新品种的研发进程。

七是积极推动金融资本助力企业发展。在与基金公司合作方面，2017年，为进一步优化公司股权结构，K公司引进战略投资者。同年3月，K公司第一次临时股东大会审议通过了《公司2017年股票发行方案》等议案，以每股9.60人民币的价格向现代种业发展基金有限公司定向发行了2083万股，占K公司总股份的4.4%。引进现代种业发展基金有限公司对K公司具有重要的意义，是公司完善治理结构、推进建设现代企业制度的重要标志。在与政策性银行合作方面，K公司与中国农业发展银行黑龙江省分行（以下简称农发行黑龙江省分行）合作，从2003年起，该分行就与K公司建立起信贷关系，K公司累计获得贷款18.56亿元，主要用于研发、生产中心建设、制种等重点项目。此后，每年10月至次年6月，农发行黑龙江省分行都会根据K公司资金需求，主动上门对接贷款业务，并且优先调查、优先审查、优先审议审批、制定优惠利率政策、优先投放。2020年，农发行黑龙江省分行向K公司发放信用贷款4亿元，利率达到历史最低水平，2021年又审批低利率信用贷款6亿元，解决了企业大量流动资金周转需求的困难。同时，2021年农发行黑龙江省分行还向K公司发放农业科技贷款2.8亿元，用于新疆玉米种子生产加工中心的建设，项目建成后将通过建设现代化玉米种子生产加工中心，实现从生产环节到加工环节的全程机械化操作，并在生产加工过程中运用无人机遥感、数据分析等现代化智能技术，进行信息化、精准化管理，全面提高成品种子的产量和质量。农发行黑龙江省嫩江市支行也于2021年5月向K公司发放9380万元贷款用于生产中心建设。在与商业银行合作方面，自2014年起，中国农业银行黑龙江省分行（以下简称农行黑龙江省分行）与K公司建立了信贷业务关系，并于当年实现短期流动资金贷款投放。截至2020年底，累计提供流动资金21亿元，为企业在收购加工水稻、玉米、大豆种子经营环节，提供了强有力的资金支持。2020年新冠疫情发生后，按照稳产保供政策，农行黑龙江省分行切实发挥金融支持种子安全领域作用，为K公司新增信用方式授信额度2亿元，年度总授信额度增加至6亿元，并于6月成功投放2亿元贷款，用于企业疫情期间稳产保供生产经营需要。此外，农行黑龙江省分行还创新设计了"惠农e贷—良种e贷"模式，在全辖垦区范围内提供融资服务。辖内经营机构依托接口数据，获得K公司签约种子户名单或种子种植订单情况，由K公司筛选、推荐，对符合条件的农户发放"良种e贷"，为上游客户提供融资服务。对于企业下游客户融资服务的需求，农行黑龙江省分行通过K公司推送的下游客户购买种子名单和数量等相关数据进行核实确认，针对不同客户采取不同业务品种，给予贷款资金支持，购买种子款直接受托至K公司，实现资金回笼。

（二）联动机制的机理分析

在K公司商业化育种体系建设过程中，相关政府部门、科研院所、有关金融机构、种子企业本身等多元主体建立起了联动机制，有效推动了种子业务向纵深发展，为今后政研金企多主体联动机制的模式创新提供了有益的理论尝试与经验借鉴。作为商业化育种体系建设的先行者，K公司主体联动的研育繁推一体化模式是协同创新视角下的政研金企多主体联动机制的设计，实现了多主体目标一致、风险共担、共促发展。

三棱锥模型具有稳定性，主要是因为四个点中的任意三点都能形成一个面，四个面相互支撑形成了立体化的三棱锥。在K公司的多主体联动机制中，"政""研""金"和"企"分别代表着有关政府部门、科研机构或高等院校、金融机构和种业企业，其中任意三个主体间的交易成本、利益诉求以及资源依赖在商业化育种这一市场环境中互相作用，形成合力，组合构成了政研金、政研企、政金企、研金企农四个联动层面，如图2所示。

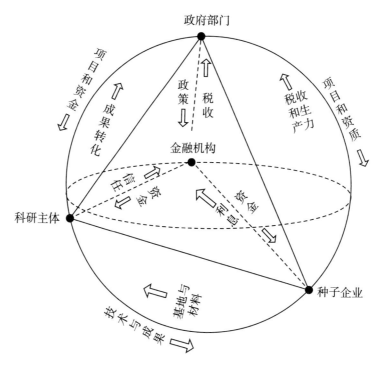

图2　K公司"政研金企"多主体联动机制三棱锥模型

1. "政研金"联动面

体现了有关政府部门、科研机构、金融机构之间的资源配置和利益诉求关系。在案例中，农业农村部、地方政府等有关部门的财政项目支撑、评级认定等，发挥了"无形手"的作用，有助于提高企业的信用等级，进而能获取科研机构的青睐和金融机构的信任。科研院所在财政项目资金方面也能得到一定的"实惠",进而会提高项目参与度,满足科研能力转化的需求。正是在政府支持、科研院所协助的双重背景下,金融机构的交易成本才会进一步降低,进而减少交易费用。

2. "政研企"联动面

体现了有关政府部门、科研院所以及种子企业之间的利益诉求和相互协作关系。在这个层面,种子企业的角色发挥了重要的作用。首先,政府财政项目的支持有利于缓解企业科研经费的压力,起到"四两拨千斤"的作用。K公司近三年获得财政项目支持资金达到1500余万元,用于研发投入。其次,有关国家重点研发项目、农业农村部重大科研协作攻关项目的进驻,有效促进了科研机构与种子企业的相互协作,推动了科技创新攻关。此外,加强研企合作,与相关科研院校联合组建双导师团队开展研究生培养,建立优秀人才向企业输送的有效渠道有助于加强遗传育种人才培养,尤其是在人才培养、项目合作、成果分享等方面建立更紧密的互助共赢关系。

3. "政金企"联动面

体现了有关政府部门、金融机构、种子企业之间的资源配置与利益诉求关系。在这个联动面,政府层面的作用依然是为金融机构与种子企业的合作增加信用,在金融机构与种子企业的交易协商中,能够减少双方的交易成本。金融机构可以以低利率、快速审核快速放款的形式为种子企业提供急需资金,从而保障种子企业的研发费用、运营费用等,并增加利润。企业的盈利,是金融机构减小风险的直接保障。

4. "研金企"联动面

体现了科研主体、金融机构、种子企业之间的利益诉求和资源配置关系。这个联动层面最突出的是强调了三个利益主体之间的博弈问题。科研机构除了公益性,还有一定的社会性,就是对科技成果或者专利的追求,体现在科技人员的职业规划需求方面。金融机构和种子企业基本都是以追求利润为目的的。三者的相互协作,才是充分发挥市场主体作用,让市场的力量成为资源整合和科技创新的重要驱动力,让企业成为创新的主体的充分体现。当前商业化育种的瓶颈之一，就是科研经费不足。科研机构拥有强大的科技能力，金融机构有强大的资本能力，种业企业则是把这两种资本有机结合的最佳宿体。

从上述"政研金企"联动机制中，我们可以看到，"政"位于三棱锥的顶点，发挥了宏观调控作用，在信任机制中扮演了非常重要的"隐形"作用，推动了整个联动机制的有效运转。尽管在"研金企"联动面没有"政"的直接介入，但是他们之间的利益关系离不开相关政策的支撑。在整个联动过程中，金融机构发挥了极其关键重作用：一方面，它补充了财政项目支撑资金量的不足；另一方面，也解决了科研院所、种子企业研发资金的燃眉之急，起到了润滑剂的作用。因此，商业化育种体系构建过程中的多主体联动，其资本的力量和潜力是极大的。

六、多主体联动商业化育种的现实困境

构建"政研金企"多主体联动机制，通过四个联动层面的相互作用，基本能够实现多主体之间利益诉求实现和资源配置的合理优化，K 公司运用该理论模型在加快构建商业化育种体系探索中取得了一定的成效，但也存在一些现实问题。

（一）优异种质资源相对缺乏，增加了商业化育种实施难度

近年来，遗传基础的狭窄性已经成为我国甚至是世界性作物育种取得突破的"卡脖子"问题。虽然近年来 K 公司在种质资源收集保存方面取得一定成效，但是现有资源的整体水平，并不能完全满足当前农业生产对优良农作物新品种的需求。目前，我国农作物育种的亲本选配主要聚集在推广面积较大的、成长表现优秀的品种方面，进而导致新培育品种（系）间遗传物质的相似性不断提高，遗传基础越是狭窄，育成原创性、突破性种质材料的可能性就越低。尤其是玉米这一作物，其原产地在美洲，当今世界上 80％的现代玉米种质资源掌握在科迪华公司等国际种业巨头手中，国内严重缺乏具有籽粒脱水快、抗倒性强、耐密植等优良性状的种质资源，面临着种源"卡脖子"问题。

（二）知识产权保护挑战严峻，与品种创新新形势不相符

基于 UPOV 公约 1978 版本的现行《植物新品种保护条例》的保护水平和保护效率较低，难以满足当前育种创新发展需要。加之我国种子行业知识产权保护体系尚不健全，实质性派生品种（EDV）制度还未纳入《植物新品种保护条例》，导致品种低水平重复模仿严重，模仿、修饰育种横行，严重打击原始创新积极性。同时，品种权举证维权难度大，侵权打击力度不足，难以有效保护品种权人正当权益。新修订的《植物新品种保护条例》能否明确实质性派生品种制度值得期待。

（三）高端人才向企业流动的有效机制尚未完全形成，种业核心研发人才短缺

K 公司商业化育种体系要求研发工作流程化、系统化、程序化，每个流程上的研发团队是相对独立的一个模块，都需要由骨干研发人员领导，目前公司此类研发人才仍显短缺，梯队建设仍需加强，此类骨干科研人员很多集中在事业单位。相对而言，事业单位科研人员既有稳定的工作、良好的社保，同时还可享受国家和单位的项目提成、成果转化提成等方面支持政策，提取项目与成果转化收入，使得公司相关岗位对这些科研人员的吸引力较弱，相关人才仍显短缺。相关文件提出的"突出以种子企业为主体，推动育种人才、技术、资源依法向企业流动"等政策还需要进一步落实。

（四）政府对企业育种研发支持力度不够，育种研发投入程度仍显不足

在政策支持上，有关种业文件中指出要加大对企业育种投入，择优支持一批规模大、实力强、成长性好的育繁推一体化种子企业开展商业化育种，中央财政增加育繁推一体化种子企业投入等。但在现实操作中，应用性、商业性育种创新项目绝大部分是由科研单位作为承接主体，由实体企业牵头组织实施的相当少。企业重大创新成果奖补机制尚未建立。实体企业申请应用研

究项目时，与科研单位相比，难以获得对等的立项支持。在资金投入上，与国际种业巨头相比，目前我国种业企业自主研发投入少、效率低，对研发的重视程度不足。全球种业排名第二的科迪华公司 2019 年研发费用为 78.3 亿元，占销售额的 8%；而我国种业企业前 50 强年度研发费用为 13 亿元，占销售额的 6.5%左右；K 公司虽在国内种业企业中排名前列，年研发投入也仅在 1 亿元左右，研发投入比例和投入强度均明显落后于科迪华等国际种业巨头。

七、多主体联动商业化育种的优化路径

"政研金企"作为一种多主体联动机制，能够比较成功地在农垦商业化育种企业中运用，各主体之间通过利益联结和资源依赖，在一定程度上形成了比较科学合理的合作机制。目前，我国商业化育种体系建设依然是政府指导为主、市场机制为辅，科研机构在商业化育种进程中涉及专利和品种权的合作机制缺乏政策支撑，金融机构对投资育种企业的兴致不高，种子企业本身在沉没成本面前往往也显得有心无力。基于 K 公司的成功实践证明，建立高效的市场机制、引进资本力量，能够为商业化育种体系建设注入新的活力。为了有效发挥"政研金企"多主体联动机制在加快构建商业化育种体系建设中的作用，更好地提升我国商业化育种水平，促进种业科技自立自强，振兴民族种业，建议在以下几个方面进一步发展完善。

（一）政府层面要完善政策体系，激发市场潜能

有关政府部门要深化种业放管服改革，促进"政研金企"结合，推动育繁推一体化，让市场的力量成为资源整合和科技创新的重要驱动力，让企业成为种业创新的主体。政府部门要重点在政策制定、市场监管、产业保护、标准制定、风险控制以及重大基础性技术攻关方面做好"裁判员"和"守夜人"。要完善种业支持政策，在资金项目上向实体企业倾斜。支持推进种源关键核心技术攻关以及公共科研平台和设施、条件、能力建设，政策性研发资源要向优势

特色科研机构和"育繁推"一体化企业倾斜，引导非育繁推一体化企业向精专方向发展，打造特色型企业。完善人才培养和队伍建设机制，实现人才跨体制流动及其执行机制。要建立严格的种业知识产权保护体系，制修订有关植物新品种保护法律法规，尽快引入实质性派生品种制度，提高品种 DNA 鉴定及 DUSt 测试标准。严格品种管理和市场监管，采取更加精准有力的措施加强种子执法监管。

（二）科研主体层面要专注基础研究，提高成果转化势能

要强化高校、科研院所等公益单位的基础性研究主体地位，为商业化育种提供强力保障。鼓励科研单位加强种质资源收集、保护与创新利用研究，重点开展地方优良品种、野生品种和国外优良品种等种质资源的收集、创制、保存、鉴定、评价、创新及利用研究，丰富种质资源库的遗传多样性。加强育种基础理论研究，为新品种培育和栽培技术研究提供理论支撑和战略技术储备。鼓励公益性科研单位的公共研究平台对企业提供人员或技术培训、技术支持和研发试验等方面的有偿服务，促进新技术和新方法等的普及，加快先进适用技术在企业中的应用。尝试无偿公开公共财政经费支持的种质资源材料和育种技术等基础研究成果，将其种质资源材料收集、鉴定以及创制所形成的优异新种质资源材料无偿发放给国内育种企业，以丰富种质资源库的遗传多样性。

（三）金融机构要瞄准种业发展机遇，放大资本效能

现代种业既是科技密集型产业，也是资本密集型产业，要进一步推进种业与金融、科技结合发展，加大社会资本对种业创新的支持力度。商业银行、基金、保险等金融主体应主动对接种业业务，加强资本层面的深度合作，有效实现产业链上下游融合发展。金融机构可以在优先审查、优先审议审批、制定优惠利率政策、优先投放等政策上向种业企业倾斜。同时，也可以探索股权合作的方式参与到种子企业商业化育种进程中。充分利用国家大力扶持民族种业振兴机遇，进一步放大资本效能。

（四）种业企业层面要夯实主体地位，提升种业振兴本能

种业企业要主动加大研发投入，制定针对性育种方案，合理确定并扩大研发资金在销售额中的占比。结合常规育种技术、分子生物技术、信息化技术和机械化技术，建立规模化、高通量、分段式、流水线式的商业化育种体系，系统提高种业竞争力。要切实提升自主创新能力，充分利用政策引导、项目扶持等便利条件，强化应用性、集成式、商业化创新，对种质资源、关键技术、功能基因等进行组装集成，创制突破性品种。完善用人留人吸引高端人才的激励机制，积极制定多主体联动推进商业化育种的利益分配机制。

农垦黑土地保护工程项目可行性研究[*]

一、引言

人类的食物有 95％生长自土壤。黑土地由于含有丰富的有机质，具有很强的生产力，被称为"耕地中的大熊猫"。中国的黑土地为粮食安全和经济发展做出了重大贡献，弥足珍贵，做好保护工作刻不容缓。2022 年 6 月 24 日，第十三届全国人民代表大会常务委员会第三十五次会议审议通过《中华人民共和国黑土地保护法》，我国成为第一个为了保护黑土资源立法的国家。黑龙江、内蒙古、吉林和辽宁 4 省份的黑土地面积大，粮食生产能力强，对我国的粮食安全起着重要的压舱石作用。

农垦作为中国特色新型农业现代化的排头兵，在黑土地保护方面应起到带动引领、典型示范的作用。农垦粮食生产集约化、规范化、机械化程度高，对于黑土地的保护有一定的优势。本文立足垦区发展优势，探究黑土地保护工程项目的可行性，通过分析黑龙江、内蒙古、吉林和辽宁垦区黑土地保护的现状、成效和经验、存在的主要问题以及具备的有利条件，论证黑土地保护的各项技术措施，为我国黑土地保护提供农垦经验。

二、黑土地分布及保护总体情况

（一）黑土地分布

黑土地主要分布在东欧、中亚和东亚，以及美洲的南北半球，全球黑土地

---

* 课题主持人：叶瑞云；参加人员：庄卫东　樊思雨　王晓燕　李昕悦　秦福增　塔拉　邰质峰　刘雯雯　徐协强　黄勇

覆盖耕地 2.27 亿公顷、草地 2.67 亿公顷、森林 2.12 亿公顷。黑土地覆盖全球土地面积的 5.6%，居住着全球 2.86% 的人口，拥有 17.36% 的耕地、8.05% 的全球有机碳存量和 30.06% 的全球农田有机碳存量[①]。在全球范围内，大约1/3的黑土面积被用作耕地，占全球耕地的 17.4%[②]。黑土地对养活全球人口做出了巨大贡献，2010 年，全球 66% 的葵花籽、30% 的小麦和 26% 的马铃薯产量是在黑土中收获的。

地球上仅有三大块黑土区和一块红化黑土区，分别是东欧的乌克兰大平原、美国的密西西比河流域、中国东北平原、南美洲阿根廷连至乌拉圭的潘帕斯草原，其中潘帕斯草原为亚热带红化黑土，见表1。

表 1　地球黑土地分布

序号	分布区域名	面积（万平方公里）	属性
1	乌克兰大平原	190	黑土
2	美国密西西比河流域	120	黑土
3	中国东北平原	103	黑土
4	南美洲潘帕斯草原	76	红化黑土

三大黑土区也并非全部都是黑土，其中包括典型黑土、黑钙土、棕壤、草甸土等。除以上四片地区外，黑土及黑土的类似土壤在世界其余地区有零星分布。

（二）黑土地退化

每一块黑土地都是当地的粮仓，同时，它们也都有过被开发、退化、保护、利用等经历。在 20 世纪20—30 年代，乌克兰大平原和美国密西西比河流域由于过度毁草开荒、破坏地表植被，水土流失严重，相继发生了破坏性极强的"黑风暴"，产生了严重的黑土地退化的问题。

我国东北黑土区在近百年的大面积开发垦殖过程中，亦发生了严重的水土

---

① 来自《全球黑土报告》。

② 来自于文献 Zanaga 等人，2021 年。

流失问题。这些水土流失问题带来的不仅是黑土资源的流失问题，还带来了严重的生态环境问题，甚至是社会问题，如农牧民赖以生存的土地资源和收入问题。据调查，黑土区平均每年流失 0.3～1.0 厘米厚的黑土表层，土壤有机质每年以 1/1000 的速度递减。由于多年严重水土流失，黑土区原本较厚的黑土层现在只剩下 20～30 厘米，有的地方甚至已露出黄土母质，基本丧失了生产能力。据测算，黑土地现有的部分耕地再经过 40～50 年的流失，黑土层将全部流失。近年来，由于自然因素制约和人为活动破坏，东北黑土区水土流失日益严重，生态环境日趋恶化。现在，东北典型黑土区有水土流失面积 4.47 万平方公里，约占典型黑土区总面积的 26.3%。每生成 1 厘米黑土需要 200～400 年时间，而现在黑土层却在以每年近 1 厘米的速度流失，每年流失掉的黑土总量达 1 亿～2 亿立方米，光是流失的氮、磷、钾养分就相当于数百万吨化肥。土壤中有机物质含量比开垦前下降近 2/3，板结和盐碱化现象严重。目前，黑土地仍存在表土层流失严重、土层变薄、土壤有机质含量下降现象，面临着变薄、变瘦、变硬等退化问题，严重影响着黑土区农业可持续发展和粮食产能提升。

（三）黑土地保护

黑土地的退化引起了各国的重视，他们开始了黑土地保护工作。

1. 美国

美国政府、农业企业、社会组织等各种力量，为保护黑土地投入了巨大的人力物力，建立了遍及全国的土壤保持示范点和土壤保持管理区，建立了许多永久性小流域示范区。1935 年美国农业部成立土壤保持局，民间土壤保护者们被分配在小流域示范区中，以检验土壤治理和保护措施的成效。此后，美国逐渐形成了保护性耕作体系，目前保护性耕作面积已达美国黑土区的 75% 以上。

2. 乌克兰

乌克兰应对黑土退化的主要措施包括轮作保留根茬、套行耕作、无犁壁耕地、在地缘种植高秆作物当围篱等。

3. 南美洲

南美洲在黑土地的保护与利用方面最基本的经验是顺应自然，不掠夺式生产，对土地实行保护性开发利用。具体办法包括退坡还川，退耕还林还草，将坡度在3度以上的土壤作为牧区，坡度大的土地作为林地等。当前，南美洲黑土区保护性耕作面积已占85%以上。

4. 中国

我国东北黑土区粮食年产量约占全国的1/5，是我国玉米、粳稻等商品粮主要供应地，粮食商品量、调出量均居全国首位。位于我国东北平原的黑龙江、吉林、辽宁和内蒙古东部垦区，拥有大块的黑土耕地，是农垦宝贵的资源，承担着维护国家粮食安全"压舱石"的职责。党中央、国务院高度重视东北黑土地保护，明确提出要采取有效措施，保护好这块珍贵的黑土地。近几年来，黑土地保护已成为东北黑土区的重要工作内容，通过退耕还林、减少重金属排放、秸秆还田、保护性耕作等手段和方法，有效缓解了黑土地的减少和退化。

三、农垦黑土地利用与保护情况

（一）黑龙江农垦

1. 基本情况

北大荒农垦集团有限公司（以下简称北大荒集团），地处我国东北部小兴安岭南麓、松嫩平原和三江平原地区。北大荒集团2022年粮食播种面积达到4596.51万亩，截至2021年底已建成高标准农田建设面积2602万亩。北大荒集团优先支持"两区"开展高标准农田建设，集中向产粮大县、粮食生产功能区、重要农产品保护区倾斜，以水稻、玉米、大豆为重点，在保障粮食等重要农产品有效供给的前提下，量质并重，补齐产业发展硬件短板，为实现"藏粮于地"战略目标提供了耕地基础保障能力。通过高标准农田建设，北大荒集团建成了一批集中连片、旱涝保收、高产稳产、生态友好的高标准农田，极大地提高了耕地抗自然灾害的能力，耕地质量、农田基础设施和利用条件普遍提高，农田综合生产能力得到提升，北大荒集团粮食生产连续 10 年稳定在 400 亿斤以上，为保障国家粮食安全、确保国家 18 亿亩耕地红线、实现全国占补平衡发挥了重要作用。

北大荒集团目前拥有黑土耕地 4100 万亩，其中黑土旱田面积约 2742 万亩、黑土水田面积约 1358 万亩（表 2）。三江平原灌区近期工程全面完工，累计新增地表水灌溉面积达到 500.45 万亩，减采地下水 13.86 亿立方米。稳步推进三江平原灌区建设管理及远期工程前期工作；按照田、水、路、林整体配置和农机生产要求，适当调整田块规格，水田规模化格田替代传统格田。新增规模化格田改造面积 203.7 万亩，释放土地潜力 4.8 万亩；结合"三北"防护林建设，营造农田防护林、防风固沙林和四旁绿化，建立高标准农田的绿色屏障，防止风蚀水蚀。现建设形成农田防护林体系 307.9 万亩，覆盖了垦区的所有耕地；采取在秋季收获后秸秆粉碎抛撒田间状态下，以机械翻埋模式、联合整地碎混模式等方式为主实现作物秸秆还田，秸秆还田比例达到 97.3% 以上。大力实施测土配方施肥，测土配方施肥面积占 95%；实施耕地轮作，落实耕地轮作试点353 万亩，水稻休耕试点 10 万亩；推进以秸秆还田、免耕播种为核心的机械化保护性耕作技术普及应用，实施秸秆覆盖还田免耕播种面积 17.97 万亩，推广应用秸秆深松碎混还田技术 1019 万亩；全面推进"地表水替代地下水"，全年新增地表水灌溉面积 184.9 万亩；积极推行玉豆经"三区"及玉豆"两区"轮作，轮作面积达 80% 以上，有利于均衡利用土壤养分，有效改善了土壤的理化性状，调节了土壤肥力。在垦区适宜地区建立保护性耕作示范区，示范面积 17.97 万亩。

表 2　黑龙江农垦黑土地保护利用情况统计表

指标	单位	代码	数值
一、黑土地面积	万亩	1	4100.0
其中：1. 黑土旱田面积	万亩	2	2741.7
2. 黑土水田面积	万亩	3	1358.4
二、已划入永久基本农田的黑土地面积	万亩	4	3588.2
三、已完成高标准农田建设的黑土地面积	万亩	5	2484.3

（续）

指标	单位	代码	数值
四、黑土地联合深松整地面积	万亩	6	948.3
五、黑土地少免耕播种面积	万亩	7	18.1
六、黑土地秸秆还田面积	万亩	8	3991.9
七、黑土地旱田轮作面积	万亩	9	1033.9
八、黑土地休耕面积	万亩	10	10.0
九、黑土地有机肥替代化肥率	％	11	13.6
十、黑土地绿色农药替代传统农药率	％	12	52.2
十一、黑土地地表水替代地下水率	％	13	32.8
十二、黑土地保护性耕作替代传统翻耕率	％	14	56.5
十三、黑土地农膜回收利用率	％	15	86.7
十四、黑土农田防护林网占耕地率	％	16	11.0
十五、黑土地有机质平均含量	克/千克	17	45.0
十六、黑土地 pH 平均值	—	18	6.0
十七、黑土地黑土层平均厚度	厘米	19	25.6

注：1. 数据代码 6～10 为 2021 年度数，其余数据为截至 2021 年底时点数；

2. 数据代码 1＝2＋3。

北大荒集团依托独一无二的机械化、规模化、标准化和组织化优势，坚持耕地数量、质量、生态"三位一体"发展观，土地合理开发与严格保护并举，经济效益、社会效益和生态效益并重，多措并举、综合施策，耕地地力下降的趋势得以根本性扭转，有机质含量稳中有升。

2. 经验与成效

（1）开展系统规划，明确黑土保护发展方向。制定了《北大荒集团黑土地保护耕作技术规范》《北大荒集团黑土地保护利用规划（2021—2025 年）》《北大荒集团黑土耕地保护利用"田长制"工作方案（试行）》等一系列规划和方案，落实了黑土耕地保护"田长制"，设置了"5＋2"七级田长。其中，集团级田长 1 人，分公司级田长 9 人，农场级 135 人，管理区级田长 737 人，作业站级田长 799 人，网格级田长 3850 人，户级田长 215880 人。

（2）坚持分类施策，规划黑土保护技术路径。利用第一次、第二次土壤普查、20 世纪 90 年代的微量元素普查等成果，结合 2005 年以来测土配方施肥积累的海量数据，依据地貌、气象、土壤及植被、土地利用方式、退化强度等因素，立足水土保持和可持续发展，将黑土地划分为四个大区。因地制宜，综合施策，采取工程、生物、农艺等多措并举的"组合拳"，形成能复制、可推广的黑土保护技术路线与模式，使黑土地在保护中利用、在利用中保护。针对平原旱田类型区，主要实行秸秆全量翻埋或碎混还田、施用有机肥、合理轮作和节水控灌等技术模式。针对坡耕地类型区，主要依靠垄向区田固土保水，推广增施有机肥、秸秆免耕覆盖等技术措施，培肥地力。针对风沙干旱类型区，主要采取强化农田林网建设，防风固土；扩大秸秆覆盖免耕等保护性技术措施，防风保水；加大有机肥投入量，提升地力。针对水田类型区，主要实施水稻秸秆翻埋还田，培肥地力；推广侧深施肥技术，提高肥料利用率；加快地表水开发利用，提高水资源利用效率。

（3）强化院校合作，提升科技支撑能力。主动对接科研院所，与中国科学院东北地理与农业生态研究所合作，在友谊农场、二道河农场开展了"黑土粮仓"科技会战项目，落实示范面积 2 万亩，开展等高宽梗种植模式、功能微生物菌剂低温腐解秸秆技术、小流域黑土地系统保护等 25 项技术；与中国农业大学合作，开展"轮胎上的农田生态与粮食安全"试验，研究机械对土壤的碾压破坏问题；与北京师范大学合作，开展小流域综合治理黑土保护模式研究，力争系统性解决水土流失和侵蚀沟问题；与东北农业大学合作，开展玉米秸秆高残茬免耕播种机械研发及推广应用，解决高寒冷凉地区免耕作业积温限制和墒情调控难点，探索区域适应性保护性耕作模式；与国家大豆产业技术体系、黑龙江八一农垦大学合作，开展基于全程机械化生产的大豆智能化管理与精准作业服务平台研究，根据区域特点配套保护性耕作技术。同时，农垦科学院开展了黑土地保护性耕作技术及配套机械研究与应用，实现保护性耕作模式化、规模化。

（4）坚持科学管理，提升耕地地力水平。一是建立合理的耕作制度。推广以机具为载体、以深松为基础、少耕为原则、培肥地力为核心的翻、松、耙、卡相结合的土壤耕作制度，起到疏松土层、蓄水保墒的作用。二是实施合理的轮作制度。积极推行玉豆经"三区"及玉豆"两区"轮作，有效改善土壤的理化性状，有利于均衡利用土壤养分。通过垦区特有的标准化耕作体系，有效减少了土壤侵蚀。三是推广秸秆还田。采取在秋季收获后秸秆粉碎抛撒田间状态下，以机械翻埋、联合整地碎混等模式为主实现作物秸秆还田，秸秆还田面积4300万亩，还田比例达到97.3％以上。据调查分析，长期连续秸秆还田，每三年可提高土壤有机质含量0.05个百分点。

（5）**推行绿色生产方式，防治农业面源污染。**坚持测土配方施肥，科学制定施肥配方，做到施配方肥和按方施肥，2021年测土配方施肥面积达4200万亩以上；落实水稻侧深施肥面积793.7万亩，大豆分层定位定量施肥面积630.5万亩，进一步提高肥料利用率，有效降低化肥使用量；开展农药肥料包装物、农用残膜回收处理，回收率达到90％以上；积极开展水稻旱平免提浆技术示范，落实示范面积117万亩，实现节水环保、提质增效；加快推动绿色种养循环农业发展，落实绿色种养循环农业试点面积40万亩；开展绿色农药替代传统农药、有机肥替代化肥工作，建立了一批绿色农药替代和有机肥替代示范区，2022年绿色农药覆盖面积达到2400万亩，有机肥应用面积达到420万亩。

（6）**完善基础设施条件，提升耕地防灾减灾能力。**积极改造中低产田，加强田间路网建设，实施土地平整工程，累计建成高标准农田2602万亩；实施水田规模化格田改造，累计完成改造面积1340.7万亩，2025年完成全部改造任务；投入6.5亿元更新收获车半履带等减轻土壤碾压设备1725台（套），有效减轻机车对土壤的碾压和结构破坏。充分发挥农田防护林防风固土作用，构筑粮食生产生态屏障，建成农田防护林体系305.5万亩，水土保持林230万亩，覆盖垦区所有耕地；推进退耕还林还草确保水土保持，强化风沙地和盐碱地治理，防止土壤沙化，退耕还林84.5万亩；推进水利工程建设，实施地表水替代地下水工程，三江平原灌区近期工程全面完工，新增地表水灌溉面积500.45万亩，地表水年灌溉面积达到657万亩，减采地下水13.86亿立方米。针对西部丘陵漫岗地区，采取秸秆打捆填满、暗管排水、谷坊治理、沟头防护、植物防护等措施，加大水土流失治理，建立水土流失综合防治体系，累计治理侵蚀沟1703条，水土流失综合治理面积576.6万亩，有效减少了水土流失。

（7）加强宣传引导，营造黑土保护良好氛围。通过多种方式，大力宣传黑土耕地保护的重要性，让基层干部群众了解黑土地保护技术路径，努力营造全社会关心支持黑土地保护的良好氛围。一是在微观北大荒公众号开设"黑土地保护——我们在行动"专栏，专栏为期两个月，共刊登黑土地保护宣传报道9篇，并开办了"黑土地保护——我们在行动"主题简报；二是组织开展了管理人员素质能力全面提升培训班，邀请了中国科学院东北地理与农业生态研究所二级研究员韩晓增讲解黑土保护相关知识；三是在《人民日报》《黑龙江日报》等新闻媒体上宣传报道集团黑土耕地保护工作开展情况；四是组织召开了北大荒黑土地保护与利用研讨会，发布了《黑土地保护与利用倡议书》。

（二）内蒙古农垦

1. 基本情况

内蒙古垦区共有黑土地面积 672.37 万亩，已划入永久基本农田的黑土地面积 590.27 万亩，已完成高标准农田建设土地面积 205.48 万亩（表 3），黑土地休耕 11.72 万亩/年。

表 3　内蒙古农垦黑土地保护利用情况统计表

指标	单位	代码	数值
一、黑土地面积	万亩	1	672.37
其中：1. 黑土旱田面积	万亩	2	657.74
2. 黑土水田面积	万亩	3	14.63
二、已划入永久基本农田的黑土地面积	万亩	4	590.27
三、已完成高标准农田建设的黑土地面积	万亩	5	205.48
四、黑土地联合深松整地面积	万亩	6	137.97
五、黑土地少免耕播种面积	万亩	7	273.06
六、黑土地秸秆还田面积	万亩	8	388
七、黑土地旱田轮作面积	万亩	9	351.55
八、黑土地休耕面积	万亩	10	11.72
九、黑土地有机肥替代化肥率	%	11	5.68
十、黑土地绿色农药替代传统农药率	%	12	53.2

（续）

指标	单位	代码	数值
十一、黑土地表水替代地下水率	％	13	90
十二、黑土地保护性耕作替代传统翻耕率	％	14	67.62
十三、黑土地农膜回收利用率	％	15	100
十四、黑土农田防护林网占耕地率	％	16	7.1
十五、黑土地有机质平均含量	克/千克	17	59.2
十六、黑土地 pH 平均值	—	18	6.2～7.8
十七、黑土地黑土层平均厚度	厘米	19	30～40

注：1. 数据代码6～10为2021年度数，其余数据为截至2021年底时点数；
　　2. 数据代码1＝2＋3。

呼伦贝尔地区是内蒙古自治区黑土区的主体部分。呼伦贝尔农垦现有耕地近600万亩，土壤类型主要有黑土、黑钙土、草甸土、暗棕壤等，呈两条带状分布在大兴安岭东西两侧向平原过渡地带。岭东地区耕地从大兴安岭东麓延伸至松嫩平原北缘，岭西耕地区分布在大兴安岭西侧丘陵山地向呼伦贝尔高平原的过渡地带。

2. 经验与成效

呼伦贝尔农垦按照中央、自治区相关文件精神，积极开展保护性耕作，深入实施东北黑土地保护性耕作行动计划，以小麦、油菜、玉米、大豆、杂粮等作物为主，以提高农机装备水平和推广应用秸秆覆盖、免少耕播种、病虫草害绿色防控、水肥高效利用等技术为路径，以减少水土流失、培肥地力、节本增效为目标，坚持生态优先、用养结合、稳产丰产、节本增效、稳中求进为导向，强化组织领导和政策引导，进一步加大垦区适宜地区保护性耕作推广应用力度，促进黑土地保护和农业可持续发展。

（1）推行合理耕作模式，减缓黑土地侵蚀速度。

一是"大河湾"模式。大河湾示范区由中国科学院计算技术研究所牵头，呼伦贝尔农垦集团、中国科学院东北地理与农业生态研究所等多家单位共同参与，旨在探索构建"数字化智能决策＋无人化精准执行"的黑土地保护"大河湾模式"。自2021年4月正式实施以来，各方积极组织中国科学院内外以及地方力量，为大河湾黑土地保护出谋划策。截至目前，大河湾黑土地保护项目已经初步打通了多源数据采集、融合，分析决策到智能农机装备无人化精准化执行的全环节与全流程。大河湾示范区属于我国五大黑土典型类型之一的大兴安岭东南麓区，主要特点就是漫坡漫岗，耕土层薄，大陆季风气候，降水量不多但集中，很容易造成风蚀水蚀。因此，该示范区有针对性地提出了生物篱网降低风速、秋季收获后机械镇压、留茬秸秆覆盖、免耕播种等综合模式，形成了"休闲期固土降速减蚀，生长季防蚀保墒促肥"的一整套技术方案。

二是秸秆还田模式。呼伦贝尔农垦耕地土壤耕作层平均厚度15厘米左右，犁底层厚度达到12厘米左右。土壤蓄水保墒能力差，遇大雨天气，雨水下渗速度慢，易形成地表径流造成水土流失；遇干旱天气，浅层土壤水分蒸发快，犁底层影响作物根系下扎，不能利用土壤深层水分，易发生旱灾；遇大风天气，易发生作物倒伏。犁底层阻隔了土壤养分的上下交流循环，加上连年大量施用化肥、不施有机肥，破坏了土壤微生物环境，使土壤板结，降低了土壤保肥能力，同时造成土壤污染。通过实施秸秆还田深翻，打破了多年形成的犁底层，项目区旱地耕作层厚度从15厘米增加到30厘米以上，增加耕作层厚度，可以提高土壤蓄水保墒能力，有利于作物根系下扎，吸收利用土壤深层养分和水分，增强作物抗倒伏能力和抗旱能力；同时经过冬季的低温可以将土壤中存留的大部分虫卵和病菌冻死，减少地下害虫的危害和病菌的侵入。

三是黑土地轮作模式。依照土壤条件、种植制度、自然生态等情况，通过优化种植结构，推进标准化生产，强化耕地用养结合，加大政策扶持，开展黑土地轮作试点示范，开展玉米、大豆以及小麦、油料、杂粮杂豆、苜蓿、饲用燕麦等作物轮作，改变重迎茬，减轻土传病虫害，均衡养分利用，改善土壤物理性状，优化农产品供给结构，促进生态环境改善和耕地资源永续利用，实现"藏粮于地、藏粮于技"。

四是保护性耕作模式。聚焦黑土地保护区及周边干旱风蚀沙化区，以玉米、小麦、油菜、大豆、杂粮等作物为主，重点推广"秸秆全量还田覆盖＋免（少）耕保护性耕作"技术模式。增加秸秆覆盖还田比例，增强土壤保墒能力；尽量减少土壤扰动，减轻风蚀水蚀。经测验，人为扰动少的耕地，通过保护性耕作能有效抑制土壤变硬。

（2）强化投入管理，打造生态垦区。

一是推进农药减施增效。坚持综合治理、标本兼治，重点在"控、替、精、统"四个字上下功夫，即应用绿色防控技术控制病虫发生危害，用高效低毒低残留农药和生物农药替代高毒高残留农药、大中型高效节药植保机械替代跑冒滴漏的落后低效药械，推行对症适时适量的精准科学施药和病虫害统防统治。

二是加强有机肥科学利用。充分发挥集团养殖业的优势，建设有机肥生产加工基地，发展有机肥堆沤、厌氧发酵，生产高效有机肥，用于黑土地改良，实现有机无机结合，提高耕地质量水平。下一步将加大有机肥质量监管力度，特别是加强有机肥重金属检测，确保有机肥质量，保证土壤不被污染，建设有机绿色农产品生产基地。

（3）积极争取项目，强化基础设施。

一是加强农田水利建设。按照提高水土资源匹配状况的要求，通过农田水利基本建设，增加旱涝保收面积，逐步扭转靠天吃饭的局面，利用当地丰富的地表水和地下水资源，大力发展滴灌、喷灌等新型农业节水灌溉技术。

二是加强高标准农田建设。以提高农业综合生产能力为目标，依托高标准农田建设项目，加强农田土地整理，配套水源、节水灌溉、土壤改良等措施。

三是加强小流域综合治理。积极推进集团区域水土流失综合治理，以水土流失治理为重点，科学配置工程、技术、生物等多种措施，形成小流域综合治理体系，控制水土流失。

（三）吉林农垦

1. 基本情况

吉林农垦共有黑土地面积131.24万亩，其中，黑土旱田面积87.20万亩，黑土水田面积44.04万亩。已划入永久基本农田的黑土地面积69.47万亩，已完成高标准农田建设的黑土地面积17.91万亩（表4），主要种植玉米、水稻等粮食作物。

表 4　吉林农垦黑土地保护利用情况统计表

指标	单位	代码	数值
一、黑土地面积	万亩	1	131.24
其中：1. 黑土旱田面积	万亩	2	87.20
2. 黑土水田面积	万亩	3	44.04
二、已划入永久基本农田的黑土地面积	万亩	4	69.47
三、已完成高标准农田建设的黑土地面积	万亩	5	17.91
四、黑土地联合深松整地面积	万亩	6	31.10
五、黑土地少免耕播种面积	万亩	7	37.07
六、黑土地秸秆还田面积	万亩	8	64.54
七、黑土地旱田轮作面积	万亩	9	4.58
八、黑土地休耕面积	万亩	10	0.00
九、黑土地有机肥替代化肥率	％	11	5.50
十、黑土地绿色农药替代传统农药率	％	12	12.58
十一、黑土地地表水替代地下水率	％	13	35.70
十二、黑土地保护性耕作替代传统翻耕率	％	14	47.15
十三、黑土地农膜回收利用率	％	15	63.05
十四、黑土农田防护林网占耕地率	％	16	56.11
十五、黑土地有机质平均含量	克/千克	17	18.39
十六、黑土地 pH 平均值	—	18	7.33
十七、黑土地黑土层平均厚度	厘米	19	25.40

　注：1. 数据代码 6～10 为 2021 年度数，其余数据为截至 2021 年底时点数；
　　　2. 数据代码 1＝2＋3。

吉林农垦是属地化管理体制，92 个农垦企业分布在全省 8 个市（州）29 个县（市、区）。其中，四平、松原、白城地区是吉林农垦粮食主产区，耕地面积占垦区 88％，分别有黑土地 27.18 万亩、35.46 万亩、13.69 万亩；永久基本农田分别是 23.36 万亩、22.77 万亩、14.17 万亩；新建高标准农田分别是 5.893 万亩、7.683 万亩、1.45 万亩；主要种植玉米、水稻和少量杂粮杂豆。

吉林省政府加大了耕地保护力度，把所有耕地全部纳入黑土地范围加以保护。吉林垦区高度重视黑土地保护工作，全省农垦企业在属地政府相关部门的领导下，按照《吉林省黑土地保护条例》对耕地实行最严格的保护措施。主要采取秸秆还田、施用有机肥、轮作、少免耕播种等保护性耕作技术。四平、松原、白城地区秸秆还田面积分别是 9.98 万亩、8.62 万亩、17.59 万亩，施用有机肥面积分别是 1.2 万亩、3.55 万亩、2.97 万亩，轮作面积分别是 0.945 万亩、1.5 万亩、1.524 万亩，少免耕面积分别是 15.96 万亩、4.5 万亩、9.57 万亩。

吉林垦区最近几年随着对高标准农田的改造和土地整理项目的支持力度不断加强，垦区黑土地的保护有所改善，土壤受侵蚀的影响逐渐降低。农垦企业大力推广黑土地保护性耕作技术，秸秆还田，经过十余年的示范推广，保护性耕作技术也逐渐得到广泛使用。同时加大对农垦农田基础设施基本维护和整治，在耕作层培育方面，旱田主要以秸秆还田为主，水田以增施农家肥、生物有机肥为主。通过推广秸秆还田和保护性耕作技术，垦区的土壤风蚀、水蚀现象得到遏制，土壤有机质含量提高；提高了土壤抗干旱能力和土壤肥力，实现了高产稳产。2021 年吉林黑土地联合深松整地面积达到 30.55 万亩，黑土地免耕播种面积 37.07 万亩，黑土地秸秆还田面积 64.54 万亩，黑土地旱田轮作面积 4.58 万亩。

2. 经验与成效

（1）推广"梨树模式"，提高耕地质量。长期以来，吉林省委、省政府把秸秆还田保护性耕作、深耕深翻等作为黑土地保护的重要措施，开创了"梨树模式"，并且加大推进力度，使得黑土耕地质量稳步提升。"梨树模式"就是一套以保护黑土地为目的、以秸秆覆盖的形式进行全程机械化种植的播种方式。秸秆覆盖在地表，相当于给黑土地加了一层防护网，同时对水分进行保护。并且，不焚烧秸秆不但保护了大气环境、减少了环境污染，更重要的是，地下土壤环境也得到了很大改善，整个土壤内部结构中有益的生物也在增加。最突出的表现是，运用"梨树模式"的土壤中蚯蚓量都明显增多了。

（2）探索技术模式，积极推进黑土地保护利用。2015 年，吉林省启动第一批黑土地保护利用试点工作时，确定了以秸秆还田为核心，配合增施有机肥、养分调控、粮豆轮作等措施的技术路线。五年多的时间，吉林农垦探索并推广应用了多种适合不同区域的秸秆还田技术，总结梳理出多种适合不同区域的黑土地保护利用技术模式，构建起东部固土保肥、中部用养增肥、西部改良培肥等不同的保护路径，探索形成秸秆覆盖还田保护性耕作、秸秆深翻还田、水肥一体化技术等十大黑土地保护模式。以秸秆还田技术为主要抓手，综合应用深耕深松、有机培肥、养分调控等技术措施，使黑土地在利用中得到有效保护。

（3）发展智慧农业，展现黑土地蕴藏的实力。 随着国家"互联网＋"行动计划的出台，吉林省"梨树特色"的现代化信息技术将快速向全国农业领域渗透，吉林农垦科学系统地规划打造了"现代农业"指挥中心，搭建了集生产、培训、推广、研究和创新于一体的智慧农业可复制样板，推动智慧农业的发展进入加速期，让农业更智慧，让农村更美好，让农民更幸福。

（四）辽宁农垦

1. 基本情况

辽宁垦区现有耕地面积 242.45 万亩，粮食种植面积 207.5 万亩，其中水稻种植面积 144.16 万亩，玉米种植面积 59.92 万亩，大豆种植面积 3.36 万亩。已建成高标准农田面积 113.7 万亩、永久基本农田划定面积 24.55 万亩。辽宁垦区现有典型黑土区面积 14.53 万亩（表5），主要分布在沈阳、铁岭垦区，是辽宁重要的优质粮和绿色农产品生产基地。近年来，辽宁垦区以《东北黑土地保护规划纲要（2017—2030年）》为指引，依托已有科研成果，将秸秆还田、施用有机肥等技术组装配套，形成黑土地保护利用综合技术模式。

表5　辽宁农垦黑土地保护利用情况统计表

指标	单位	代码	数值
一、黑土地面积	万亩	1	14.53
其中：1. 黑土旱田面积	万亩	2	3.5
2. 黑土水田面积	万亩	3	11.03
二、已划入永久基本农田的黑土地面积	万亩	4	6
三、已完成高标准农田建设的黑土地面积	万亩	5	2.36
四、黑土地联合深松整地面积	万亩	6	5.84

（续）

指标	单位	代码	数值
五、黑土地少免耕播种面积	万亩	7	0.47
六、黑土地秸秆还田面积	万亩	8	2.5
七、黑土地旱田轮作面积	万亩	9	1.8
八、黑土地休耕面积	万亩	10	10
九、黑土地有机肥替代化肥率	%	11	60
十、黑土地绿色农药替代传统农药率	%	12	70
十一、黑土地地表水替代地下水率	%	13	10
十二、黑土地保护性耕作替代传统翻耕率	%	14	10
十三、黑土地农膜回收利用率	%	15	100
十四、黑土农田防护林网占耕地率	%	16	20
十五、黑土地有机质平均含量	克/千克	17	18
十六、黑土地 pH 平均值	—	18	7.5
十七、黑土地黑土层平均厚度	厘米	19	50

注：1. 数据代码 6～10 为 2021 年度数，其余数据为截至 2021 年底时点数；

2. 数据代码 1＝2＋3。

2. 经验与成效

（1）多元联合、协同攻关。辽宁省农业农村厅、省自然资源厅等 10 个部门联合制定《辽宁省黑土地保护实施方案（2021—2025 年）》，明确了 11 个方面的重点任务和具体措施，提出未来 5 年全省黑土区耕地质量提高 0.5 个等级的奋斗目标。同时联合省内农业院校建立跨部门协作机制，根据区域气候、作物、土壤现状，创新完善适宜不同地区的主导技术模式，开展技术示范和推广工作。

（2）统筹资金、合力推进。统筹使用中央财政、省财政黑土地保护补助资金，与高标准农田、保护性耕作、秸秆综合利用等项目有效衔接，集成推广黑土地保护技术模式，共同推进黑土地保护工作。

3. 强化服务、创新模式

鼓励意愿较高、技术能力较强的农业产业公司、家庭农场、专业合作社等新型农业经营主体实施建设，集中连片开展黑土地治理修复。探索采取政府购买服务等方式，吸引有实力、有技术、有意愿的企业、专业服务组织等，为农户提供统一的秸秆粉碎、有机肥施用等作业服务。2021年底，辽宁垦区实施保护性耕作面积 14.2 万亩，其中秸秆还田面积 11.7 万亩，秸秆综合利用率为 87%。

四、存在的主要问题

（一）政策支持力度与统筹衔接不够

对农垦黑土地保护的政策支持力度还不够，有些政策农垦根本享受不到（比如保护性耕作等惠农政策农垦职工群众没有全覆盖），特别是在黑土地保护上的农业技术方面的政策，农垦职工群众受惠少。另外，职工群众积造农家肥的积极性还不高，培育高质量耕地动力不足。

各地对黑土地的保护仅限于项目实施层面，缺少对黑土地保护利用的长期性、艰巨性和可持续性的整体研究和设计，项目安排和衔接不到位，工作成效参差不齐。相关部门实行的秸秆离田行动对秸秆还田影响较大，秸秆覆盖、还田数量减少将会延长土壤修复时间。

（二）人员和装备配备不够

黑土地保护利用工作业务量大、专业性强，垦区缺少相关专业技术人员。部分基层同志对项目实施存在畏难情绪，缺乏坚决完成任务的主观意愿。广大农户对黑土地宝贵资源永续利用的认识不足，普遍存在"重用轻养"的现象。部分垦区农机具老旧，不适应现代农业发展；部分新型免耕播种机及其配套产品价格昂贵，企业无力承担。

（三）服务支撑能力尚有不足

部分垦区基层农技推广体系力量分散，社会化服务组织建设不够健全，与土壤改良、地力培肥、保护性耕作等技术服务需求还不相适应，工程措施与农技、农机以及生物措施等方面的技术融合不够。

（四）黑土质量退化问题依然存在

由于多年过度施用农药、化肥、农膜，以及土壤遭到侵蚀等原因，黑土层变薄，有机质含量下降，生态功能退化，严重影响到农业可持续发展，威胁粮食安全。尤其是这些年呼伦贝尔地区年年发生风灾，因风蚀而造成的黑土地流失面积每年达上万亩，使沙漠化面积逐年扩大，严重影响了生态系统抵御自然灾害的能力。

因耕种结构不合理，单纯追求高产量，忽视了轮作的问题，导致黑土地越耕越瘦、越耕越硬，加快了土壤被侵蚀的速度。同时，土壤有机质不能得到有效补充，黑土层变薄，含量逐年降低。

五、黑土地保护有利条件

（一）党中央高度重视黑土地保护

党中央高度重视东北黑土地的保护。2016年5月，习近平总书记在黑龙江考察时强调："要采取工程、农艺、生物等多种措施，调动农民积极性，共同把黑土地保护好、利用好。"2018年9月，习近平总书记在北大荒集团七星农场考察时指出："北大荒的土质要不断优化，不能退化；绿色发展要有可持续性，农业生产不能竭泽而渔。"2020年7月，习近平总书记在吉林考察时强调："东北是世界三大黑土区之一，是'黄金玉米带''大豆之乡'，黑土高产丰产，同时也面临着土地肥力透支的问题。一定要采取有效措施，保护好黑土地这一'耕地中的大熊猫'。"党中央为黑土地保护指明了方向，农垦系统坚决贯彻习近平总书记重要指示精神，切实扛起政治责任，把黑土地保护摆在农垦工作更加突出的位置来抓，强化组织领导、工作落实、措施保障，因地制宜、综合施策，保护利用好黑土地，为子孙后代留下沃野良田和生存发展空间。

（二）黑土地保护逐步形成了广泛社会共识

我国的黑土地主要集中在东北地区，属于在寒冷气候条件下形成的寒地黑土，有机质含量高、土壤肥沃、土质疏松且土层深厚、保水性好，适宜农耕。东北地区是我国的粮食主产区和重要的商品粮生产基地，素有"祖国大粮仓"的美誉，粮食总产量和商品粮分别占全国总产量的 1/4 和 1/3，已成为我国粮食安全的"稳压器"和"压舱石"。广大农场职工对黑土地保护工作逐渐转变了观念，已形成了广泛的社会共识。

（三）黑土地保护实践探索积累了丰富经验

黑土地保护工程的实施，培肥了土壤地力，减少了农药化肥的施用量，提高了作物产量，在实施过程中不断摸索、完善，逐步总结出一套科学合理、针对性强的长效机制，在保障国家粮食安全的同时实现了黑土地的可持续利用。黑土地保护实践探索积累了丰富经验，如：推广科学的耕作制度，因地制宜实行轮作等用地养地相结合的种植制度，按照国家有关规定推广适度休耕；因地制宜推广免（少）耕、深松等保护性耕作技术，推广适宜的农业机械；因地制宜推广秸秆覆盖、粉碎深（翻）埋、过腹转化等还田方式；组织实施测土配方施肥，科学减少化肥施用量，鼓励增施有机肥料，推广土壤生物改良等技术；推广生物技术或者生物制剂防治病虫害等绿色防控技术，科学减少化学农药、除草剂使用量，合理使用农用薄膜等农业生产资料。这些都为黑土地保护和提高黑土地质量提供了宝贵的经验。

（四）黑土地保护法使保护黑土地有法可依

《中华人民共和国黑土地保护法》（以下简称《黑土地保护法》）使黑土地保护、利用和相关治理、修复等活动有法可依，这必将促进农垦黑土地保护和利用的开展和发展。

《黑土地保护法》规定了县级以上人民政府应当采取加强农田水利工程建设，完善水田、旱地灌排体系；加强田块整治，修复沟毁耕地，合理划分适宜耕作田块；加强坡耕地、侵蚀沟水土保持工程建设；合理规划修建机耕路、生产路；建设农田防护林网等措施加强黑土地农田基础设施建设。国家鼓励采取综合性措施，预防和治理水土流失，防止黑土地土壤侵蚀、土地沙化和盐渍化，改善和修复农田生态环境。

（五）高标准农田建设工程强化了黑土地保护

2019—2021 年，国家层面支持内蒙古、辽宁、吉林、黑龙江累计建成高标准农田 5686.5 万亩，2022 年安排高标准农田建设任务 2325 万亩；下一步，结合《全国高标准农田建设规划（2021—2030 年）》实施，将持续完善黑土区农田基础设施，改善农业生产条件，增强黑土地防灾抗灾减灾能力，巩固和提升黑土地粮食综合生产能力。

落实法律关于采取综合性措施提高黑土地质量的要求，积极推进实施《国家黑土地保护工程实施方案（2021—2025 年）》。"十四五"期间，计划保护黑土地 1 亿亩。统筹实施畜禽粪污资源化利用、秸秆综合利用还田、深松整地、绿色种养循环农业、保护性耕作等政策措施，实行综合治理，推广多种类型的保护性耕作 5 亿亩次，实施有机肥深翻还田 1 亿亩，推动黑土地保护与利用。

（六）综合技术模式推广和技术指导服务

加强黑土地保护科技支撑能力建设，推广相关科研成果，要以实施国家黑土地保护工程为重点，会同教育、科研和技术推广部门，加强黑土地保护技术服务，推广完善黑土地保护中已有的"梨树模式""龙江模式"等成功经验，综合采取工程、农艺、农机、生物等措施，进行综合技术模式的集成和总结。组建黑土地保护技术指导专家团队，加强对不同类型、不同区域黑土地保护技术指导服务，因地制宜推广多种保护技术模式。

（七）农垦的独特优势利于黑土地保护

农垦是我国农业先进生产力的代表，发展现代化大农业具有得天独厚的优势。土地资源富集，耕地集中连片，适宜大型机械化作业。基础设施完备，基本建成防洪、除涝、灌溉和水土保持四大水利工程体系。农作物耕种收综合机械化水平高，农业科技贡献率和科技成果转化率高，居世界领先水平。农垦以深化改革为动力，以提高发展质量和效益为中心，形成了组织化程度高、规模化特征突出、产业体系健全的独特优势，为农垦黑土地保护工程项目的落实和取得成效提供了根本保障。

六、黑土地保护技术措施

提升土壤有机质含量，培肥黑土耕地地力，加快推进有机肥替代化肥、绿色农药替代传统农药、地表水替代地下水、保护性耕作替代传统翻耕、规模化格田替代一般格田、智能化农机应用等。

（一）秸秆还田和培肥地力

加强秸秆禁烧监管，采取秸秆全量翻埋或碎混还田。在秋季收获后秸秆粉碎抛撒田间状态下，采用机械翻埋模式、覆盖模式、机械灭茬及联合整地碎混模式等实现作物秸秆还田，增加土壤碳储存和腐殖质，恢复土壤团粒结构，改善土壤板结性状。

1. 旱田秸秆还田

在玉米机收秸秆粉碎还田的条件下，利用驱动耙或重耙在秋季或春季对秸秆进行混埋还田，将秸秆直接混埋在土壤之中，并进行镇压整平，达到适播状态。对于土壤板结的地块，可深松后再进行耙混作业，以保证混埋作业质量。

2. 水稻秸秆还田

一是水稻秸秆秋季湿耙还田。水稻秋季机械收获时，用具备秸秆粉碎和抛撒装置的联合收割机将全部秸秆粉碎，均匀抛撒于田间，在耕层土壤冻结前适时上水泡田，用旋耕机将秸秆和根茬翻旋混埋于泥浆中。二是水稻秸秆秋季翻埋还田。水稻机收茎秆切碎后均匀抛撒，秋季深翻整地将秸秆翻埋于土壤中，春季可采用埋茬起浆水整地或泡田水耙地。三是水稻秸秆春季混埋还田。水稻控茬机收茎秆切碎后均匀抛撒，春季深旋整地时将秸秆混埋还田，插秧前灌水泡田埋茬起浆整地。

利用秸秆还田，结合水田深翻整地技术、秸秆促腐熟技术和旱平免搅浆技术，秋翻、秋旋、免搅浆耕作方式，打破犁底层，提高耕作层，促进秸秆快速腐熟，改善土壤团粒结构，提高土壤通透缓冲能力，促进土壤肥力提高，确保黑土地不减少不退化。

3. 推广有机肥施用

探索有机肥（农家肥）施用补贴政策机制，重点实施"有机肥＋深翻秸秆还田"为主的综合技术模式，将有机肥田间贮存和堆沤用地按设施农业用地管理。鼓励新型农业经营主体发展种养循环农业，开展畜禽粪便、作物秸秆等堆沤腐熟和就地就近施用。探索有机肥与微生物肥料配合施用，提高土壤肥力。促进耕地质量平均提高、土壤有机质含量提升，实现耕地保护与利用的良性循环。

（二）高标准农田建设

1. 强化综合配套

突出"田、土、水、路、林、电、技、管"综合配套，重点实施农田土地平整、田间机耕路、灌排渠道、岸坡防护、沟道治理、农田电网等综合设施建设。加快高标准农田示范区建设，打造一批高产稳产、绿色生态、适宜全程机械化作业、集中连片的高标准农田示范样板。

2. 水田规模化格田改造

开展水田规模化格田改造。在沟渠、路、林三网整体布局的前提下，把影响农田耕作栽培的渠埂、高岗、低洼等障碍因素统一纳入规划改良范围。形成一条路贯穿其中、路两侧为格田、四周布水渠的农田规划模式，改造后单格田长度不超 200 米、格田面积 15 亩以上。

3. 盐碱地改良示范

开展盐碱地改良示范，在盐碱地区建设盐碱化土壤改良治理示范区，综合应用物理、化学、生物等改良措施，探索治理修复综合技术模式，改善土壤理化性状，降低耕层含盐量和碱化度。

(三) 农田水土保持

通过采取农田水土保持综合措施，减少水蚀和风蚀对黑土地的影响。

1. 开展小流域和侵蚀沟综合治理

结合地势、水量等因素采取分流、引流、截流等措施减少水蚀，从源头上预防水蚀沟形成。对急性强降雨形成的侵蚀沟，采用秸秆打捆填埋、暗管排水、谷坊治理、沟头防护等措施，建立水土流失综合防治体系。采取修建谷坊，沟头防护，截水沟、沟道滩岸防护，支毛沟治理及相关林草措施，遏制侵蚀沟道发展。开展坡耕地综合治理，重点推行"二改一修"建设，对坡度6度以下漫川漫岗耕地推行保土耕作和等高改垄，种植地埂生物篱带；对坡度6度以上坡地区域，修筑等高"U"形沟，种植灌木防冲带；对沟毁耕地实施"一修"，修筑渗井、秸秆填埋沟道，上层覆土，恢复垦殖。

2. 推广等高种植技术

对坡岗地地势进行高精度地形测量，根据水肥运移规律，参考等高线方向设计垄向，通过改变垄向减缓坡度和水流流速，配套宽梗、窄梗、草水路等综合措施，实现地力与产能双提升。针对坡耕地类型区，推广垄向区田固土保水。垄向区田是指在坡耕地的垄沟中，按一定距离修筑土挡，把垄沟分成许多小区段，形成许多小浅穴，提高蓄水能力、减少水势汇集，达到蓄水、保墒、固土的作用。

3. 完善农田防护林建设

在不违规占用现有耕地前提下，深入实施农田防护林网修复完善工程。对防护功能低下的退化防护林带进行修复改造，逐步提高质量，增强防护效能。对生理成过熟林带进行采伐更新，建设新一代防护林，调整优化防护林网结构，形成完备的农田防护林体系，减少风蚀水蚀对黑土地质量的影响。

(四) 科学合理施肥

1. 测土配方施肥

以作物养分需求为导向，全面实施测土配方施肥，改进施肥方式方法，做到定量、定时、定位分期使用，有机、无机与生物肥相结合，大元素与中、微量元素相结合，实现了按方施肥。

2. 精准定位定量施肥

水稻实行侧深施肥，以测土配方施肥为依据，根据水稻长势进程及养分需求规律，在插秧的同时将专用肥料同步施在秧苗的侧 3 厘米、深 5 厘米的土壤中，实现基蘖肥一次性施入的技术模式。

大豆、玉米按照其需肥规律以及土壤肥力，采取分层、定位、定量施肥、变量施肥技术，减少肥料的浪费，提高肥料的利用率，提高作物的产量，促进农业增产增收。

3. 化肥减量增效替代

综合考虑土壤生态对化肥利用率的影响，制定有机肥施用规划，采用有机肥部分或全部替代化肥，改善土壤结构、生态群落，提高化肥利用率，实现化肥减量增效，减少因化肥大量使用对环境造成的污染和黑土地的退化。

（五）农药增效减施绿色防控

1. 绿色农药替代传统化学农药

坚持"预防为主、统防统治、绿色防控"理念，大力推广生物、物理等绿色防控技术及高效、低毒、低残留、环保型绿色农药，从而减轻农药使用对土壤的污染、对土壤微生态的破坏。

2. 推广病虫害绿色防控技术

病虫害绿色防控技术属于资源节约型和环境友好型技术，通过推广应用生态调控、生物防治、物理防治、科学用药等绿色防控技术，不仅有助于保护生物多样性，降低病虫害暴发概率，实现病虫害的可持续控制，而且有利于减轻病虫危害损失，保障粮食丰收和主要农产品的有效供给。推广应用绿色防控技术，不仅能有效替代高毒、高残留农药的使用，还能降低生产过程中病虫害防控作业风险，避免人畜中毒事故发生。同时，还能显著减少农药及其废弃物造成的面源污染，有助于保护农业生态环境。

3. 推广高效喷雾技术

推广使用防风防飘移、风幕喷雾、省药省水高效喷雾机械，发展对靶变量精准喷雾装备，提高农药的利用率，显著降低化学农药的使用量，避免农产品中的农药残留超标，提升农产品质量安全水平，增加市场竞争力，促进农民增产增收，减少环境污染。

4. 推广物理除草技术

推广使用各种除草机械和表土作业机械除草，通过休耕、轮作、种绿肥抑制杂草生长，覆盖秸秆、地膜抑制杂草生长，利用火焰、蒸汽、高压电弧等物理方式除草，不使用化学除草剂，减少对黑土地的污染。

（六）水资源合理利用

1. 节水控灌技术

水稻在秧苗本田移栽后的各个生育期，田面基本不再长时间建立灌溉水层，在水稻全生育期，结合水稻叶龄指标，以不同生育期不同的根层土壤水分作为下限控制指标，确定灌水时间、灌水次数和灌水定额的一种灌溉新技术。该技术可增产5%～10%；全生育期亩节水80立方米以上。

水稻旱平免提浆技术，即在水稻秋季收获后，对耕地进行深翻、浅旋整地作业，之后采用激光平地、整地机械进行旋耕平地以达到插秧作业标准，次年春季泡田后不再进行搅浆作业，按照农时界限直接进行插秧作业的耕作模式。该技术节约泡田用水，与常规搅浆整地相比晚泡田10～15天，同时采取"花达水"泡田，泡田期亩节水30～45立方米，春季农时旱季最高可亩节水60立方米左右。

2. 地表水替代地下水

为减少对地下水的过度开采，保护地下水资源，应推进水利工程建设，实施地表水替代地下水工程，新增地表水灌溉面积。地表水灌溉是指以地表水体为水源的农田供水方式。利用地表水灌溉，需要修建引水、蓄水或提水等不同取水方式的灌溉系统。地表水灌溉按水源条件与灌区的相对位置，有蓄水灌溉、引水灌溉、提水灌溉及蓄引提结合灌溉等方式。水稻地表水灌溉比地下水灌溉高产、优质、高效。

（七）耕地地力保护

1. 减少耕地压实与破坏

推广高端智能农业机械的应用，农业动力机械使用低压胎和橡胶履带，采用轨道车运输、飞机航化、无人机植保，农机作业机组合理编组，实现高效精准作业，以减少对土壤的压实，减少耕作次数，使土层免受耕作破坏，保持土壤肥力。

2. 构建耕地地力监测体系

通过对土壤理化性状和生产能力进行动态监测，分析农业生产对作物产量、谷物品质、土壤肥力、重金属含量之间的关系，完善黑土地保护监测评价体系，摸清黑土耕地质量现状，形成耕地质量底图，逐步建立耕地质量数据库，为黑土地保护分区施策、综合治理提供依据和支撑。同时，依托农业物联网建立耕地质量监测数据中心，建设耕地质量监测点，建设覆盖耕地主要土壤亚类的耕地质量长期定位监测点，形成耕地的大数据，为科学指导耕地质量管理提供数据支撑。

加快构建成熟、完善的耕地质量监测评价体系。建立健全耕地质量长期定位监测点和调查点，依托科研教学单位，分类型建立黑土地保护利用长期监测研究站。探索利用地理信息系统、空间定位技术和遥感技术等现代化手段，构建多源数据监测体系，针对耕地质量稳定性指标、易变性指标，科学分析耕地质量变化趋势。探索建立黑土地保护工程实施效果第三方评价机制，对项目区开展执行期和任务完成时的数量和质量评价，监测工程实施效果。

（八）协同创新保护黑土地

1. 科技促进智慧保护

推进以"互联网＋农业"为主体的智慧农业技术应用，推广以秸秆还田、免耕播种为核心的机械化保护性耕作技术，加速农业科技集成，科学系统规划打造"智慧农业"指挥中心，建立农垦黑土地保护地理信息系统（GIS），充分发挥传感器信息自动获取、大数据（BD）和人工智能（AI）决策分析，智能农机装备精准实施的优势，组织管理服务由定性向定量发展，让农垦黑土地保护和利用向数字化、智能化方向发展，推动黑土地保护和利用进入加速期，让农业更强，让农村更美，让农民更富。

2. 多元协同多措并举

农业农村部农垦局、东北4省（自治区）农垦相关部门高度聚焦黑土地保护和粮食安全，综合运用工程、农机、农艺、生物等措施，推广资源节约型和环境友好型绿色生产技术，调整农业生产结构、优化合理农耕制度，提升耕地质量。同时联合国内农业院校建立跨部门协作机制，根据区域气候、作物、土壤现状，创新、完善适宜不同地区的主导技术模式，开展技术示范和推广工作。统筹使用中央财政、省财政黑土地保护补助资金，与高标准农田、保护性耕作、秸秆综合利用等项目有效衔接，形成合力共同推进黑土地保护工作。鼓励意愿较高、技术能力较强的农业产业公司、家庭农场、农民专业合作社、土地承包经营户等新型农业经营主体集中连片开展黑土地治理修复。探索采取政府购买服务等方式，吸引有实力、有技术、有意愿的专业企业、服务组织、技术专家等为农户提供作业服务和技术培训。

3. 创新农垦黑土地保护模式

农垦黑土地保护模式是指适应大规模机械化生产黑土地利用保护的集黑土保护技术装备研究与开发、装备国产化生产制造、人才培训建设、装备和技术销售推广、组织规模化应用为"五位一体"，农艺、农机、工程、生物、科技等技术综合配套，具有农垦特色的黑土地保护模式。以有组织、规模化黑土地保护和利用为总驱动，研发、生产、培训、推广、应用五方面相互协调、同步发展，使农垦黑土地能得到可靠保护和可持续利用，农业可以绿色生态发展。

七、黑土地保护工程效益评价

（一）经济效益

黑土地保护通过粮食增产、节本增效可产生较大的经济效益。通过实施秸秆还田和增施有机肥，增加了土壤有机质含量，改良了土壤结构，改变了土壤团粒结构，使土壤疏松，丰富了土壤中营养元素特别是微量元素的含量，增强了土壤养分的有效供给和微生物的活动，培肥了地力，减少了化肥施用量。通过粮豆轮作，实现了固氮肥田作用，提升了耕地质量，减少了化肥农药投入，降低了生产成本。

呼伦贝尔农垦 2021 年通过黑土地保护工程的实施，玉米秸秆还田区平均产量 427 千克/亩，未还田区平均产量为 418 千克/亩，还田区平均增产 4.5 千克/亩；小麦秸秆还田区平均产量 233 千克/亩，未还田区平均产量为 228 千克/亩，还田区平均增产 5 千克/亩。北大荒集团七星农场有限公司实施土地整理和本田改造面积 50 万亩，其中本田标准化改造面积 13 万亩，主推中间修田间路、两侧扩格田、四周筑水渠的改造模式，单格田面积 20 亩以上，增加水田插秧面积 4000 亩，实现了耕地利用率、机械作业效率、田间管理标准和粮食产能"四个提升"；改造后的格田每年亩均增加产量效益 50 元，降低人工、机械作业等生产成本 70 元，合计节本增效 120 元/亩，通过本田标准化改造合计节本增效 1560 万元。

（二）社会效益

随着当今社会农业经济的高速发展，农业人口在非农行业的就业机会增多，劳动力的成本增大，农民倾向于选择劳动密集型和减少人力的农业先进技术用以取代以土地密集型为特征的传统耕作技术。因此，采用并推广先进的保护性耕作农业技术也是农村社会发展的必然趋势，省工省时间，解放劳动力，缩短农田作业时间。据实地调查和咨询当地农民合作社，保护性耕作每公顷可节约就业 15～45 人，缩短田间作业时间 2/3 左右，节约的劳动力可以投入第二和第三产业中，创造更高的价值。由于采取免耕播种，缩短了播期，减少了耕作环节，降低了生产成本，每年利润有明显提高。目前以农机为主体的种植业合作社数量在不断增加，同时也促进了流转土地面积的不断扩大，从而让更多农民能够从事其他劳动以增加收入，改善生活条件。

（三）生态效益

黑土地保护通过保土保水、治理风蚀水蚀、秸秆还田、保护性耕作等农艺、农机、工程、生物、科技综合措施，可产生巨大的经济效益。例如：北大荒集团建成了一批集中连片、旱涝保收、高产稳产、生态友好的高标准农田，极大地提高了耕地抗自然灾害的能力，2017—2020 年土壤有机质平均含量从 44.6 克/千克提高到 45.9 克/千克，提高了 1.3 克/千克；农田基础设施和利用条件普遍提高，农田综合生产能力得到提升。

八、总结

多年来，农垦黑土地保护工作已取得了显著成效，不断探索更加有效的黑土地保护模式，形成适应大规模机械化生产的黑土地利用保护"农垦模式"，走出了一条开发与保护并举的黑土地治本之路，为我国黑土地保护提供宝贵经验。

农垦黑土地保护要做到用养结合，坚持规划先行，减少工作的盲目性，坚持科研与试验监测，坚持加强项目管理。在黑土地保护中着力推动由试验示范向推广转换，推动技术创新与机制创新。通过学习典型的经验做法及因地制宜的寻找适合农垦本区域不同环境的黑土地保护方法，不断加强黑土地保护力度。

同时，我们也必须要认识到当前部分农垦黑土地也存在表土层流失、土层变薄、土壤有机质含量下降，面临变薄、变瘦、变硬等退化问题，要意识到随着黑土地流失而带来的农业生产力降低、生态环境恶化等问题及保护黑土地的重要性。

农垦黑土地保护可采取秸秆还田和培肥地力、高标准农田建设、农田水土保持、科学合理施肥、农药增效减施绿色防控、节水控灌技术、地表水替代地下水、减少耕地压实与破坏、构建耕地地力监测体系、科技促进智慧保护、多元协同多措并举等技术保护黑土地，实现农垦经济效益、社会效益、生态效益三方面的共赢，农垦黑土地保护工程项目具有可行性。

因此，农垦开展黑土地保护工程项目具有重大现实意义和深远历史意义，是保障国家粮食安全、实现农业绿色生态可持续发展的重要举措。推广应用适应大规模机械化生产黑土地利用保护的"农垦模式"，能使农垦黑土地得到可靠保护和可持续利用，使农业得到绿色生态发展，促进乡村振兴和实现农业现代化。

农垦综合统计和专项统计融合优化研究[*]

党的十八大以来，以习近平同志为核心的党中央高度重视统计工作，习近平总书记多次就统计工作作出重要指示批示。党的十九大从健全党和国家监督体系的政治高度，明确提出要完善统计体制。党中央、国务院陆续出台《关于深化统计管理体制改革提高统计数据真实性的意见》《统计违纪违法责任人处分处理建议办法》《防范和惩治统计造假、弄虚作假督察工作规定》等系列文件，对完善统计体制、加强统计调查工作、提高统计数据质量提出了新要求、新任务。农垦是国有农业经济的骨干和代表，统计工作作为一项重要的基础性工作，一直以来在服务农垦改革发展方面发挥着重要作用。在农垦完成既定改革目标，进入高质量发展的新阶段，探索农垦综合统计和专项统计融合优化具有十分重要的意义。

一、农垦统计发展现状

农垦统计作为农业统计的重要组成部分，是反映农垦系统经济活动状况的"晴雨表"，是一项重要的基础性工作。农垦统计数据客观反映农垦改革发展情况，既是提升部门科学决策管理水平的重要依据，也是服务农垦改革发展的有力支撑。近年来，农垦系统认真贯彻落实党中央、国务院决策部署，按照农业农村部有关要求，不断完善统计调查制度，推进统计信息化建设，提升统计数据利用水平，农垦统计产品日益丰富，统计工作水平和统计数据质量不断提升，在服务农垦改革发展中发挥了积极作用。

---

* 课题主持人：王生；参加人员：张若凡 罗菁菁 李晓明 张建光

（一）农垦统计制度逐步完善

为进一步规范农垦统计调查，农业农村部农垦局会同中国农垦经济发展中心分别于 2016 年、2018 年和 2020 年对农垦综合统计调查制度进行了修订。其中 2020 年的制度修订全面梳理了农垦现有统计调查项目，统筹设计了农垦综合统计和各类专项统计，修订完善了指标含义，精简整合了部分冗余指标，形成了《农垦综合统计调查制度（2020 版）》（以下简称《制度》）。《制度》包含农垦综合统计、农垦经济发展质量及影响力监测、全国农垦企业财务决算、重点扶持贫困农场调查、农垦改革质量及农业经营管理体系调查、热作生产情况调查等调查表式，既有对以往指标体系的承接延续，也有根据改革发展要求的改进创新，较为符合目前农垦经济社会发展的实际。

（二）统计信息化建设不断加强

统计信息化是统计发展的必然趋势，也是农垦统计工作的重中之重。近年来，农垦系统不断加强统计信息化建设，推动统计方法手段现代化、智能化。2019 年，农垦国有农场综合管理信息平台数据采集子系统正式投入使用，有效解决了长期存在的数据无法在线填报、数据处理速度较慢、适应性不强、兼容性较差等突出问题，实现了农垦统计数据在线填报审核、快速查询汇总等功能，进一步加强了全过程统计数据审核校验，全面提升了统计工作效率和统计数据质量。经过两年运营，目前数据采集子系统管理数据量近 750 万条，覆盖 36 家垦区的 18000 多户用户，其中 20 多家垦区延伸到下级企业，为垦区各级管理部门做好综合统计工作提供了有力支持。

（三）农垦统计产品日趋丰富

经过长期实践和积淀，农垦系统已经形成了丰富的统计产品，并定期以线上发布和线下出版的形式向社会各界和垦区热区公布各类统计数据，为有关部门提供农垦各项指标数据的权威资料，充分展现统计数据"参谋部、晴雨表、信息窗"作用。目前定期出版的纸质资料有《中国农垦统计年鉴》、《中国农垦财务年鉴》（内部发行）、《农垦统计提要》、《全国农垦企业经营情况预计（上半年、全年）》（内部发行）、《农垦扶贫开发统计年报》和《农垦经济发展质量及影响力监测报告》等，供垦区管理部门参考使用。《全国农垦经济发展统计公报》在农业农村部农垦局网站、中国农垦（热作）网、《中国农垦》杂志上定期发布，农垦综合统计主要指标数据也可在中国农垦（热作）网进行在线查询。

（四）统计数据利用水平不断提升

在农业农村部农垦局的指导下，中国农垦经济发展中心开发建设了"农垦国有农场综合管理信息平台数据分析子系统"。该系统收集存储了 2014 年以来的农垦综合统计、全国农垦财务决算、农垦国有土地确权发证等主要指标数据，并运用大数据可视化技术进行挖掘、分析，提供了 33 项专题分析功能，包括国有农场、土地资源、农垦企业、职工人口、主要产业分析等。2020 年 12 月农业农村部农垦局发文正式面向垦区管理部门投入使用。数据分析子系统的开发建设，将综合统计数据分析由纸质资料查询、表格分析等传统方式提升至数字化、网络化、可视化方式，显著提高了统计数据的应用能力，提升了统计数据的分析利用水平。

二、存在的主要问题

2021 年是"十四五"开局之年，也是"三农"工作重心转向全面推进乡村振兴、加快农业农村现代化的第一年。农垦在基本完成既定改革目标任务后，工作重心将由改革"过坎"阶段，转入推进高质量发展、打造农业航母的"爬坡"新阶段。统计工作的宗旨是围绕中心，服务大局。随着农垦改革的逐步深化和农垦工作重心的历史性转移，现行农垦统计调查制度已无法完全满足工作需要，主要体现在以下几个方面：

（一）农垦组织机构管理缺失

近年来，垦区集团化、农场企业化改革导致农垦企业隶属关系、企业名称等发生较大变化。相比于 2019 年，2020 年农垦系统有 700 多家企业的隶属情况发生变化。完整准确的农垦组织机构目录库对于摸清农垦组织架构、规范统计调查有着重要意义。但目前农垦综合统计与专项统计均缺乏对组织机构的管理，缺少统一、可共享和动态更新的组织机构目录库。国有农场作为农垦的基本单位，现有统计调查项目也未对国有农场信息进行单独采集。2019 年底，农业农村部农垦局发函要求垦区修订完善组织机构目录，上报的组织机构数据质量普遍不高，存在漏报、错报等较多问题。

（二）统计（调查）范围设置不合理

1. 统计（调查）范围不适应农垦改革发展需要

按照《制度》要求，农垦综合统计填报范围为农垦辖区内全部企业及生产单位，不仅限于农垦国有企事业单位。随着改革发展深入推进，区域性统计范围既无法体现农垦实际发展情况，垦区在数据收集时又出现实际统计范围逐渐缩小的问题，导致不同年度之间的数据不可比，难以辅助部门决策。

2. 各项统计业务填报范围不协调

《制度》中综合统计（大部分报表）、农垦经济发展质量及影响力监测、农垦改革质量及农业经营管理体系调查统计范围为区域范围，反映农垦区域发展情况。但全国农垦企业财务决算、重点扶持贫困农场调查填报范围为农垦国有企业，热作生产情况调查反映的是热区和农垦区域两方面情况。统计业务填报范围不一致导致相同指标数据可比性差、数据共享与利用困难。

（三）统计（调查）填报级次不统一

农垦综合统计和各类专项统计存在填报级次不统一的情况。农垦综合统计有 2/3 的垦区填报到农场级，其余 1/3 的垦区仅填报到垦区级。农垦企业财务决算填报级次按照农垦国有及国有控股企业级次填报，最多填报到 5 级企业，其余几项专项统计填报级次则为定点垦区和企业级。综合统计与专项统计填报级次不统一导致数据无法进行精细化分析与利用。例如在分析农垦企业情况时，只能反映企业经营情况，无法体现企业产业发展情况。

（四）统计（调查）指标体系不完善

1. 个别指标与发展现状不符

随着农垦工作重心的转移，统计任务也应随之变化，应逐步从政府统计转变为企业统计、行业统计，为农垦集团化企业经营和行业管理提供有效服务。但目前农垦统计（调查）指标体系中仍包含反映社会发展的社会性、区域性指标，如农垦综合统计中的"年末实有住房面积"指标、农垦经济发展质量及影响力监测调查垦区监测年报中的"能源消费"指标。在垦区集团化农场企业化的发展背景下，统计以上社会指标已无现实意义，且农垦企业普遍缺乏相应授权开展统计分析，导致上报数据质量难以保障，数据利用价值较低等问题。

2. 指标设置重复

农垦综合统计和专项统计共涵盖 7400 多项指标，其中综合统计 1209 项，农垦经济发展质量及影响力监测 426 项、全国农垦企业财务决算和重点扶持贫困农场调查 4972 项、农垦改革质量及农业经营管理体系调查 406 项、热作生产情况调查 444 项。经对指标体系进行全面梳理，发现部分指标在不同统计项目中重复设置，例如，综合统计和专项统计中存在大量相近或相似的指标，如资产总额、营业收入、利润总额、固定资产投资、从业人数、从业人员收入、职工人数、在岗职工、工业总产值、固定资产投资、境外投资表、有关科研经费等指标重复出现，但彼此之间没有关联牵制，且指标解释和调查结果不尽相同，导致无法保证数据的唯一性，且数据间互不认可。

3. 指标设置不规范

农垦综合统计与专项统计存在大量名称相近相似指标，或与国家统计局统计调查制度名称有出入的指标，如职工年末数与年末职工人数、固定资产投资额与固定资产投资完成额、耕种面积与种植面积、管理费与管理费用、科技研发投入与科技研发投入经费等；存在指标名称相同，但指标解释、统计时点不同的情况，如从业人员、职工、在岗职工、土地总面积等。以上情况均导致统计数据综合利用水平不高，无法充分发挥统计的服务作用。

4. 行业标准引用相对滞后

农垦综合统计和专项统计中有关行业标准引用滞后于国家统计局或各行业权威标准。如农垦综合统计按土地利用情况将土地分为耕地面积、牧草地面积等九类，与《土地利用现状分类》（GB/T 21010—2017）、《第三次全国国土调查主要数据公报》中有关分类不一致；对林业的分类与 2019 年修订后的《中华人民共和国森林法》中有关分类不一致；对大中型农用拖拉机发动机划分标准与国家统计局现行的划分标准不一致。

（五）统计报送日期不准确

《制度》虽对综合统计和各类专项统计的报送日期作出了明确规定，但从实际执行情况分析，仍存在一些问题。一是统计业务之间报送日期互不协调。例如同为半年情况预计的综合统计半年预计和财务决算上半年情况预计报送日期相差近两个月。前者要求 6 月 10 日前报送，后者要求 4 月 20 日前报送。二是报送日期执行不到位。例如《制度》中的热作生产情况调查报送日期为次年 2 月 25 日前，但实际执行日期滞后于该日期。报送日期互不协调和实际执行不到位都对数据资源实时利用分析带来不利影响。

（六）统计信息化支撑不足

农垦国有农场综合管理信息平台数据采集子系统作为农垦统计数据报送的主要支撑，目前设有综合统计、农垦经济发展质量及影响力监测、全国农垦企业财务决算、重点扶持贫困农场调查、农垦改革质量及农业经营管理体系调查五个统计调查模块，实现数据联网直报、在线审核汇总等多种功能，能够根据实际需要，动态修订表格、设置逻辑审核关系、确定填报单位。但系统目前仍存在数据合理性、逻辑性校验不足、表间关系审核不完善、未实现数据自动提取等问题，在确保数据质量方面未能充分发挥采集子系统功能，影响了统计数据质量的提高，制约了不同业务间的数据共享和综合利用。

三、发展形势分析

（一）统计现代化改革加快推进

2021 年，国家统计局制定并发布了《"十四五"时期统计现代化改革规划》（以下简称《规划》）。《规划》明确提出，加快推进现代化改革，构建与国家治理体系和治理能力现代化相适应的现代统计调查体系。统计工作顶层部门的改革创新，必然会逐级向下传导，对各部门统计工作提出新要求。这就要求我们要准确把握统计工作发展趋势，充分认识统计工作现代化改革的艰巨性复杂性，围绕农垦统计工作的各个方面进行研究、谋划，与时俱进推进农垦统计现代化改革。

（二）农业农村统计工作加快转型

国家统计局在 2020 年对农业农村部开展了统计督查，《农业农村部关于统计督察整改情况的报告》指出，要完善农业农村统计调查制度和指标体系，充分反映农业农村经济社会发展中的新产业、新业态、新模式。按照决策部署，农业农村工作也已由脱贫攻坚进入乡村全面振兴发展阶段，农业农村统计工作也必然及时服务工作重心的变化，在统计指标设计、统计数据调查、统计数据分析利用、统计监督等方面进行新的调整。近期正在制定的《农业统计工作管理办法》从统计调查管理、数据管理、统计机构和统计人员、监督考核等方面作出部署。

（三）农垦统计工作亟须改革创新

"十三五"时期，农垦综合统计工作取得一些成绩，但在很多方面仍需改进。目前，农垦统计存在组织机构管理缺失、统计范围设置不合理、统计指标体系不完善、统计信息化支撑不足等问题，导致统计数据整体利用率不高，不利于统计效能的发挥。为此，《2021 年农业农村部农垦局工作要点》明确提出要研究探索农垦综合统计和专项统计融合优化路径，统筹优化统计调查项目，推动农垦统计信息工作转型，更好服务高质量发展。农垦作为国有农业经济的骨干和代表，要主动入位、主动作为，适应农业农村统计工作的变化，完善农垦综合统计工作体系，充分体现在促进乡村振兴中的示范带动作用。

四、农垦综合统计和专项统计融合优化思路

（一）总体思路

以习近平新时代中国特色社会主义思想为指导，全面贯彻党的十九大和十九届二中、三中、四中、五中、六中全会精神，认真落实农业农村部关于统计工作有关部署，立足农垦高质量发展新阶段、新任务，以农垦综合统计和专项统计融合优化为主线，以服务农垦改革发展为目标，以农垦综合统计和全国农垦企业财务决算调查为关键，对农垦统计调查项目进行统筹谋划、一体设计、一并推进，构建与时俱进、科学规范的农垦现代化统计调查体系，为农垦高质量发展提供坚实统计保障。

（二）工作思路

以农垦综合统计、全国农垦企业财务决算为基础，构建反映农垦改革发展总体情况的基础性、系统性、规范性统计调查体系。建立可复用的基准指标库，其他专项统计采用基准指标和专用指标相结合的模式，进一步优化统计调查项目，促进综合统计与专项统计互融互通、共建共享。在此基础上，加强农垦统计调查数字化建设，提高数据质量，提升数字价值，为指导农垦改革发展提供有效服务。

五、农垦综合统计和专项统计融合优化原则

（一）唯一性原则

以农垦综合统计、全国农垦企业财务决算调查指标为基准指标，专项统计可直接复用基准指标，不得重复设置与基准指标相同的指标，以确保指标的唯一性。

（二）简捷性原则

农垦统计指标体系应简捷有效，便于基层企业理解填报。复杂的计算型指标不由基层填报，可通过数据采集子系统的基准指标计算得到或通过模型获取。

（三）系统性原则

在农垦统计调查项目中，综合统计、全国农垦企业财务决算调查应突出全面性、系统性、基础性，其他专项统计突出专业性，由此形成综合统计和各类专项统计共用共享、相互补充的局面。

（四）协调性原则

农垦统计调查体系应与统计现代化改革、农业农村统计工作转型相协调，与现有综合统计调查制度相衔接，与乡村振兴发展相衔接。

（五）可持续原则

农垦统计调查体系应易于扩展，既要符合目前农垦经济社会发展的实际，又要适应"十四五"时期农垦高质量发展和下一步指标调整的需要。

六、农垦综合统计和专项统计融合优化对策研究

（一）规范农垦组织机构目录管理

考虑农垦的特殊性和发展现状，结合行业信息与政策支持，研究提出以下建议。一是明确组织机构范围。农垦组织机构应包括国有农场、一二三产业规模企业、专项统计重点企业和农垦国有土地确权发证单位。二是建立农垦组织机构目录库。参照全国农垦企业财务决算封面，对组织机构信息进行收集，主要内容包括统一社会信用代码、机构名称、注册地址、经济类型、行业类型、是否龙头企业、是否国有农场、是否欠发达农场、是否边境农场、是否生态脆

弱区农场等。三是明确组织机构管理办法。以全国农垦企业财务决算封面获取的企业统一社会信用代码、上级单位统一社会信用代码、集团公司统一社会信用代码等基本信息为基础，补充完善未纳入农垦企业财务决算范围的单位基本信息，如事业单位、合并经营的国有农场等，建立全面收集、动态更新的数据共享机制。

（二）精准界定统计范围

针对统计范围不够细化导致同一指标在不同业务中难以对比、难以互认等问题，提出以下建议。一是第一产业指标统计范围为农垦区域内和域外实际经营部分。例如江苏农垦自有耕地 100 多万亩，通过土地流转的方式在域外实际经营了 29 万亩耕地，江苏农垦的耕地面积应为农垦区域内和域外实际经营的耕地面积之和。二是第二、三产业指标统计范围为农垦国有经济部分。农垦区域内的二、三产业数据不代表自身实际发展水平，且往往远高于农垦国有水平，对于决策部门没有实际参考意义。

（三）合理规范统计对象和级次

一是明确统计填报对象和级次。综合统计、全国农垦企业财务决算是全面反映农垦经济发展情况的基础性、权威性统计，应进一步提高统计广度和精度，补齐现有数据短板，从而提高数据精细化分析水平。建议综合统计第一产业相关指标填报对象为农垦区域内全部企业、生产单位以及域外流转，部分第二、三产业填报对象为农垦国有企事业单位，填报应延伸至农场一级。农垦企业财务决算填报对象为农垦国有及国有控股企业，填报级次应延伸至全级次。其他专项统计维持现有填报对象和级次不变。二是将国有农场列为一类重点统计对象。国有农场作为农垦的基本单位，是农垦组织机构中的关键组成部分。完善的国有农场信息对于服务农垦局政务工作、农场争取财政项目支持十分重要。建议在综合统计中增加国有农场基本情况表，填报对象为农垦全部国有农场。国有农场基本情况表中应包含农场基本情况、土地利用情况、第一产业发展情况、二三产业情况和农场经营情况等指标，根据具体需要布置基层填报。

（四）优化农垦统计指标体系

一是建立农垦基准指标库。以综合统计和财务决算指标为基准指标，建立农垦统计基准指标库。综合统计与财务决算中重复的指标，以财务决算指标为准，其余专项统计均以基准指标为准。二是规范指标名称。建议在参考国家统计局统计指标的基础上，进一步规范指标名称和解释，对名称相近、含义相同的指标进行统一。三是删减社会性指标、重复指标。删减综合统计中的"年末实有住房面积"指标、农垦经济发展质量及影响力监测调查中的"能源消费""热力消费"等指标。删减综合统计和专项统计中的重复指标。如综合统计和热作生产情况调查均包含菠萝、香蕉、荔枝等热带作物面积、产量指标，建议综合统计删除上述指标，以热作生产情况调查数据为准。四是扩展统计（调查）指标。增加"从业人员平均人数""从业人员工资总额""职工平均人数""在岗职工平均人数"等指标。增加品牌打造有关指标，如"入选中国农业品牌目录数""入选中国农垦品牌目录数"等。五是更新统计分类标准。参照《土地利用现状分类》（GB/T 21010—2017）、《中华人民共和国森林法》和国家统计局农机分类标准，将土地利用分类、森林分类、农业机械化分类标准进行修订。六是精简优化综合统计定报。目前综合统计报表中有 5 张定报，分别为农垦主要经济指标半年报（全年预计）（垦综定 1）、农作物播种面积和产量季节报（垦农定 1）、备耕生产情况报（垦农定 2）、畜牧业生产情况半年报（垦农定 3）和工业生产情况半年报（全年预计）（垦工定 1）。建议将垦综定 1和垦工定 1 优化精简为一张报表，保留其余三张定报。

（五）调整统计报送日期

一是推迟部分调查项目报送日期。为了便于统计部门提供更准确的热作数据，建议推迟热作生产情况报送日期至综合统计之后，即次年 3 月 10 日后。建议推迟全国农垦企业财务决算上半年经营情况预计报送日期至 7 月。二是细化农垦综合统计年报报送日期。建议对综合统计中涉及财务数据的报表适当推迟报送日期，如营业总收入、利润总额、外贸出口供货商品金额、固定资产投资完成情况等，与财务决算上报日期保持一致。其余不涉及财务数据的报表报送日期仍为次年 3 月 10 日前。

（六）提升统计信息化支撑水平

以农垦国有农场综合管理信息平台为依托，进一步拓展联网直报应用范围，完善数据采集子系统功能，丰富数据分析子系统专题，提升现代信息技术的统计业务应用水平。一是完善数据提取。针对综合统计和专项统计存在指标重复的情况，增加数据采集子系统自动提取关联指标数据功能，既能避免重复填报，又可保证数据的唯一性。二是强化数据审查。完善数据采集子系统必填项与逻辑校验功能。将不同时期的相同指标进行纵向比较，根据增减变动情况及变动幅度进行提示；将相同时期的关联指标进行横向比较，判定变化趋势、填报数据的一致性和合理性，并进行相应提示。细化个别指标的逻辑校验，如衡量牲畜生产能力的出肉率。增加表间勾稽关系审核。三是推进数据共享。健全完善统计数据资源共享机制，推进农垦统计信息有效共享。加快构建农垦信息共享数据库，按照物理分散、逻辑集中、统一管理、普遍共享的原则，建设和完善农垦共享数据库，实现统计调查结果的共建共享，避免重复调查和"数出多门"。

（七）强化统计结果创新应用

一是丰富统计结果应用形式。在保持现有纸质媒介、电子媒介应用范围、应用方式不变的基础上，经农垦局有关部门同意后，可为其他单位提供个性化数据查询服务。二是加快数据分析应用。以农垦统计数据为基础，持续丰富数据分析子系统功能，挖掘统计数据在垦区集团化农场企业化改革发展成效、农垦现代农业发展、土地资源配置等方面的有效信息，为垦区生产经营提供指导，为政府决策管理提供支持，真正实现用数据说话、用数据决策、用数据管理。

农垦国有农场社区管理研究[*]

国有企业是中国特色社会主义的重要物质基础和政治基础，是党执政兴国的重要支柱和依靠力量，肩负着政治责任、经济责任、社会责任。农垦国有农场具有区域性特点，承担或参与社区管理，是目前大部分国有农场面临的普遍性任务。如何看待国有农场承担或参与社区管理，如何界定国有农场在社区管理中的角色定位，如何辨识国有农场社区管理中的负担与责任，国有农场社区改革是采用整体移交还是内部管办分离，尚未形成统一认识。课题组按照中央关于在全党深入开展学习贯彻习近平新时代中国特色社会主义思想主题教育、大兴调查研究的决策部署，农业农村部党组统一部署，以及中国农垦经济发展中心党总支具体部署，深入学习习近平总书记有关社会治理一系列重要论断，研究学习《中共中央　国务院关于进一步推进农垦改革发展的意见》《中共中央　国务院关于加强基层治理体系和治理能力现代化建设的意见》《中华人民共和国城市居民委员会组织法》等政策法规，赴江苏、安徽、新疆三垦区六家国有农场开展实地调研，深入了解国有农场社区管理的实际情况。

一、基本情况

2015年《中共中央　国务院关于进一步推进农垦改革发展的意见》提出要改革国有农场办社会职能。"坚持社企分开改革方向，推进国有农场生产经

　＊　课题主持人：王生；参加人员：蔡基松　李晓明　郭静如　张若凡　罗菁菁　李晨萌　卫晋瑶　王翌翀　王爽

营企业化和社会管理属地化。用 3 年左右时间，将国有农场承担的社会管理和公共服务职能纳入地方政府统一管理，妥善解决其机构编制、人员安置、所需经费等问题，确保工作有序衔接、职能履行到位。""远离中心城镇等不具备社会职能移交条件的国有农场，探索推进办社会职能内部分开、管办分离，地方政府可采取授权委托、购买服务等方式赋予相应管理权限和提供公共服务，同时加强工作指导。"

社区管理机构是国有农场办社会职能的重要载体。2015—2022 年，全国农垦国有农场自办社区管理机构主要指标变化情况如图 1 所示。

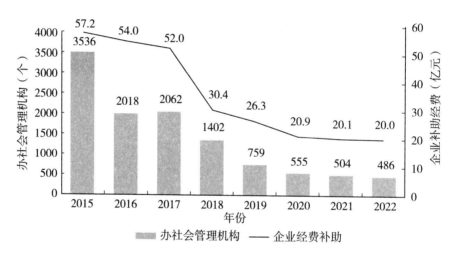

图 1　2015—2022 年农垦国有农场办社会管理机构及企业经费补助分析

总体上分析，2015—2022 年农垦国有农场自办社区管理机构呈现明显的"双减"趋势：一是社区管理机构数量明显减少，由 2015 年 3536 家（不含新疆生产建设兵团）减少到 2022 年的 486 家，减幅 86.26%；二是企业经费补助明显减少，由 2015 年 57.2 亿元减少到 2022 年的 20 亿元，降低64.96%。但是，也必须看到目前仍然有 11 个垦区存在农场自办社区管理机构情况，部分集团化垦区统计数据虽然未体现农场自办社区管理机构数量及企业经费补助，但实际上仍有发生，农场社区管理尚未完全纳入地方政府统一管理。

二、三垦区调研情况

(一) 江苏垦区

按照"内部分开、管办分离、授权委托、购买服务"的策略统一推进 18 家国有农场社区管理改革。农场在省编办申请了社区管理委员会非法人事业单位统一社会信用代码，开设独立账户，为管办分离、内部分开奠定基础。各农场与当地政府协商，推动当地政府出台了国有农场办社会职能改革实施意见，确定了社会职能移交过渡期以及在过渡期财政经费补贴标准。从实际运行情况看，地方政府将部分国有社区管理职能纳入政府统一管理，提供了部分经费补贴，但大部分社区管理职能未获得地方政府授权，地方政府购买服务不到位，国有农场社区管理仍然以农场承办为主。2022 年，江苏省农垦集团公司农场社区工资性支出 3 亿元，运行管理费用 6.7 亿元，社区建设投入 7 亿元。集团公司的大力投入，推动美丽农场建设取得显著成效，场容场貌得到根本性改观，社区管理与服务水平显著提升，现代化小城镇基本建成，职工群众的幸福感、获得感大幅度提升。

1. 东辛农场

位于连云港市，总人口 4 万多人，常住人口 3 万余人，农场区域内形成"一镇九星"布局，即一个中心镇、九个卫星居住区。社区管理由农场党委统一领导，农场主要领导兼任社区管委会主任，取得省编办授予的非法人事业单位资质。农场社区下设 16 个居委会，其中城镇社区居委会 6 个、农业社区居委会 10 个，居民小组 131 个。社区现有工作人员 235 人，其中管理人员 52 人，合同制工人 62 人，临时用工人员 121 人（环卫）。社区管理对接连云港市徐圩新区。

(1) 社区管理。 农场社区承担了民政、社会劳动事务代理等 31 项职能。农场建立社区管委会、居委会、居民小组三级网络，推行社区党工委、居民委员会、居民议事委员会、居民监督委员会"一委三会"工作法，以治理创新为重点、以民生改善为根本、以稳定和谐为保障、以环境提升为基础，全面加强农场社区管理，不断提升职工居民获得感、幸福感、安全感，农场社区荣获全国模范职工小家称号，多年蝉联连云港市文明单位。2022 年社区管理费用支出 3623.72 万元。

（2）社区建设。 在江苏省农垦集团的大力支持下，先后投入 11.14 亿元用于自来水管网建设、污水处理设施建设、场容场貌改造、道路建设、文化公园建设等。

（3）存在问题。 一是当地政府对农场社区管理定位不恰当。地方政府淡化农场企业属性，片面强调农场社区属地管理，要求农场履行主体责任，全力承担社会治理责任。这显然不符合中央关于加强社会治理精神要求，也违背了《中华人民共和国城镇居民委员会组织法》相关规定。二是过渡期内政府授权不到位。东辛农场承担 31 项社区管理职能，其中，民政等 12 项职能获得授权，土地管理等 19 项职能未获得授权。三是地方政府承诺落实不到位。2018 年出台的农场办社会职能改革实施意见中明确社区工作经费、服务设施建设经费，2022 年起五年内徐圩新区财政补贴 50%，以后年度由徐圩新区财政全部承担。2022 年农场社会性支出 13951.26 万元，徐圩新区财政补贴仅 932.12 万元，相差甚远。

2. 新洋农场

位于江苏省盐城市。农场户籍数 3265 户，总人口 8284 人，常住人口 5602 人，职工居民 98%以上在场部城镇居住。在农场党委统一领导下，设立农场社区管理委员会，取得省编办颁发的非法人事业单位资质，场领导担任社区管委会主任。下设 4 个居委会，管理 12 个城镇小区。现有社区工作人员 96 人，其中管理人员 69 人，临时用工人员 27 人。社区社会管理对接江苏省射阳县。

（1）社区管理。 农场社区管委会承担了城镇管理、居民管理、信访等 31 项社会管理职能。新洋农场坚持"以服务为宗旨、以便民为目标、以满意为标准"，用心尽力完善社区管理。统一网格规划、统一资源整合、统一人员配备、统一信息采集、统一服务标准，推动社区管理精细化、社区文化多元化；建设居家养老服务中心，多层次提高居民健康水平、多途径丰富居民文化生活。建立社区管理考核制度，确保各项服务落实到位。社区管理得到农场离退休职工发自内心的认可、参与、支持。在江苏省农垦集团的大力支持下，近三年每年社区管理费用约 4000 万元。

(2) 社区建设。三年累计投资 1.81 亿元，重点推进环境整治和小城镇提升建设、水环境整治、便民服务中心建设、主干道房屋立面出新、道路桥梁改造等民生工程，宜居宜业美丽农场建设取得实质性突破，初步建成绿色花园式农场小城镇。

(3) 存在问题。2018 年出台了《中共射阳县委　射阳县人民政府关于推进淮海、临海、新洋农场改革发展的实施意见》（射发〔2018〕33 号），新洋农场（包括淮海、临海两家农场）与射阳县人民政府签订协议，按照"坚持方向、分类实施、积极稳妥、务实有效"的原则，社区管理职能暂不移交政府，由农场采取内部分开、管办分离、授权委托、购买服务方式进行管理。县政府提供经费补贴，纳入县财政预算。2022 年县政府财政拨款 77.24 万元，新冠疫情防控、幼儿园教师补贴、居家养老补贴等纳入政府支持范畴。但仍然存在不少问题。一是政府授权不到位，新洋农场承担的 31 项社区管理职能未得到政府授权，农场社区实质上相当于政府代办点；二是政府执行"双重标准"，在缴纳医保超比例时把农场作为企业，不予支持，在落实稳岗补贴等企业政策时又把农场作为事业单位，不给予补助；三是政府投入严重不到位，2019—2022 年，农场社区管理、社区建设累计投资 16061.86 万元，地方政府累计投入不足 400 万元，与实际需求相差甚远。

（二）安徽垦区

安徽农垦共有 20 个国有农场。作为集团化垦区，安徽农垦在 2015 年前完成了农场公安、教育、医疗等改革移交工作。《中共中央　国务院关于进一步推进农垦改革发展的意见》出台后，安徽省农垦集团组织农场积极加强与各级政府对接，持续推进农场社会职能、社区管理改革。2018 年底 20 家国有农场全部与地方政府签订了农场办社会职能改革协议，其中 6 家农场采取"内部分开、管办分离、授权委托、购买服务"的方式推进改革，其余 14 家农场采取整体移交的方式进行改革。在后续推进过程中，安徽省农垦集团和有关农场进一步加强与地方政府沟通协商，形成了全部采用整体移交的改革策略。截至 2023 年 6 月，20 家国有农场中已有 17 家农场完成社区管理整体移交，尚有华阳河农场、皖河农场、龙亢农场未实现社区管理整体移交。其中华阳河农场、皖河农场社会职能管理面较广、支出较大，地方政府财政难以支撑；龙亢农场由于享受税收返还，返还资金主要用于履行社会职能、社区管理，整体移交协调工作量加大。针对三家未完成整体移交的国有农场，安徽省农垦集团目前正在制定方案，积极推进。本次调研过程中，位于淮南市的淮南农场、寿西湖农场、方邱湖农场一起参加了座谈交流，龙亢农场提供了汇报材料。淮南农场、寿西湖农场、方邱湖农场社区管理有关情况如下。

1. 社区管理

三家国有农场在当地政府的支持下，按照《中华人民共和国城市居民委员会组织法》的要求，重新选举产生居民委员会，并在工商部门领取特别法人执照。淮南农场和寿西湖农场的社区居委会主任、委员按照选举程序从地方人员中选举产生，方邱湖农场安排原从事社会职能工作的 6 名人员继续在新成立的社区工作，由凤阳县经济开发区进行考核管理。新的社区管理机构成立后，整体接收了农场区域的社区管理职能。在地方政府统筹下，社区管理发挥"专业人干专业事"的优势，减轻了农场社会管理资金负担，让农场居民享受了与城市居民同样的专业化服务，同时也极大减轻了国有农场社会管理工作负担，使国有农场能够轻装上阵，集中精力发展经济。与 2015 年相比，2023 年方邱湖农场社会性支出减少 380 万元，减幅达到 72%。

2. 社区建设

农场居委会根据实际情况，积极争取资金加强社区建设。淮南农场社区为农业第一管理区居民维修了路灯，为老七队 30 户居民接通了自来水，为场部老年居民开办了老年食堂。方邱湖农场社区争取资金 60 多万元，修建了社区大舞台，维修了社区部分楼房外墙。

3. 存在问题

一是移交不彻底，淮南农场 18 项职能移交地方政府，但仍然承担了菜市场管理等任务。二是农业社区未能实现全覆盖，虽然绝大部分职工在农场小城镇居住，但仍有少数职工居住在农业分场，由于资金成本等问题，社区管理未覆盖到农业分场居民点。三是社区建设投入不大。社区管理整体移交后，社区建设主要由当地政府投入，主要依靠社区居委会来申报协调。受地方经济社会发展水平制约，与江苏垦区相比，安徽垦区三家农场社区建设投入较少，农场小城镇现代化水平有待提升。

（三）新疆地方国有农牧场

为深入贯彻落实习近平总书记视察新疆重要讲话重要指示精神，持续推动农垦改革发展，2022 年新疆维吾尔自治区党委办公厅、自治区人民政府办公厅印发《关于进一步深化农垦改革推进国有农牧场高质量发展的实施方案》，围绕着力提升国有农牧场办社会职能改革成色，提出要全面梳理国有农牧场办社会职能改革中存在的突出问题，对已移交职能要跟踪了解政策覆盖、规划纳入和管理衔接情况，妥善解决机构编制、人员安置、经费保障等问题，确保移交职能接得住、管得好、可持续。场乡（镇）合一国有农牧场要重点解决以政代企、政企不分问题，实现与行政彻底脱钩，自主经营、独立核算，由乡镇政府履行社会职能，并按照人口分布、生活环境等情况合理设置社区，做好社会管理和公共服务。个别远离中心城镇等不具备办社会职能移交条件的国有农牧场，要推进办社会职能内部分开、管办分离，地方政府可采取授权委托、购买服务等方式赋予其相应管理权限和提供公共服务。2023 年底前，具备条件的国有农牧场办社会职能彻底剥离移交，并建立健全有效运行衔接工作机制。目前新疆地方国有农牧场社会职能改革、社区管理改革不平衡不充分，近两年组建的区域性集团公司如天苗集团、鑫塔集团、红旗坡农业发展集团公司等，基本完成社会职能、社区管理整体移交，其他国有农场社区管理主要还是由农场自我管理。本次专题调研吐鲁番市红柳河园艺场，有关情况如下。

吐鲁番市红柳河园艺场建于 1959 年，区域内 1001 户居民，其中少数民族 272 户，总人口 2538 人。2018 年根据吐鲁番市委批复，园艺场加挂"红柳河街道办事处"牌子，涉及柳园、红柳两个社区，市政府核批了 48 名编制，要求"所需编制从示范区管委会人员编制总量中调剂"。由于示范区管委会未列入政府编制，无法为红柳河街道办事处提供人员编制、人员经费、工作经费，社区工作全部由红柳河园艺场承担。在这种情况下，红柳河园艺场将社区管理与企业管理融合在一起，未实行内部分开、管办分离。

1. 社区管理

参与社区管理 82 人，其中场部 25 人，基层生产队、水电物业及临时聘用人员 57 人。承担市政、消防、社区、供水、物业、离退休人员管理六大项职能，具体包括公共卫生、信访等 17 个分类事项。2022 年，园艺场勇于承担政治责任、社会责任，全面加强社区管理，社区党组织建设不断巩固，发展新党员 23 名，社会事业保障到位，到期职工顺利办理退休手续，民族团结深入推动，及时关心慰问少数民族群众，安全生产常态推进，有力维护社会稳定，顺利通过平安复检。2022 年园艺场社区管理经费支出 417 万元以上，争取政府支持 147.87 万元。

2. 社区建设

红柳河园艺场多方沟通、积极协调，争取项目资金，加快社区建设，职工生活条件明显改善。争取 90 万元，建设文化设施、体育设施，推进社区公共文化体系建设；争取民生项目 20 万元，解决部分葡萄园灌溉跑冒滴漏问题；争取生态建设项目 242 万元，用于取暖设备煤转电改造，彻底解决煤锅炉取暖环境污染、噪声扰民等突出问题，社区生态环境明显改善。

3. 存在问题

红柳河园艺场社区管理得到当地政府的有力支持，社区管理水平不断提升。但总体上分析，社区管理主体责任仍然由园艺场承担，政府委托缺乏法律依据，街道办事处虽挂牌但法律地位不清晰，园艺场社区没有实行内部管办分离，社会负担较重、主体责任较大。

（四）三垦区调研情况综合分析

《中共中央　国务院关于进一步推进农垦改革发展的意见》出台后，各垦区积极推进农场办社会职能改革，采取多种途径推进农场社区管理改革，归纳起来分为三种情况。一是坚决推进整体移交。安徽垦区农场社区管理经历了从"内部分开、管办分离"转向整体移交的改革过程，从调研情况看，整体移交免除了农场社区管理主体责任，社区管理有序纳入地方政府统一管理，国有农场达到减轻负担、减少压力、轻装上阵的改革目标，得以集中精力发展现代农业和优势特色产业。二是内部分开、管办分离。江苏垦区一直按照"内部分开、管办分离、授权委托、购买服务"方式推进农场社区管理改革，集团公司依据雄厚经济实力支持国有农场大力加强社区管理、社区建设，职工居民生活条件大幅度改善，社区管理细致贴心周全，职工幸福感、获得感显著增强。但同时也存在地方政府授权不到位、购买服务不到位（"两不到位"）问题，农场承担了本应由政府承担的社会管理责任。三是自我管理。吐鲁番市红柳河园艺场获得批复，代行街道办事处职能，社区管理部分工作得到政府支持，总体上由园艺场自我管理，园艺场肩负着企业、街道办事处两种角色、两种责任，实行经济社会一体化管理。

总体上，不论采取哪种途径推进社区管理改革，经过持续努力，农垦国有农场社区管理越来越得到地方政府的重视。一方面，各级政府通过委托授权、购买服务、项目支持等方式支持国有农场加强社区建设，国有农场资金上的负担、工作上的压力明显减轻，社区管理纳入地方政府统一管理的改革趋势日益明显。另一方面，因移交方式不规范、地方政府承诺不到位等，需要我们在国家治理体系和治理能力现代化的总目标下，认真研究分析相关政策法规，推动国有农场社区管理改革走上规范化、法治化轨道。

三、社区管理政策法规

党的十八大以来，习近平总书记着眼在新的历史条件下坚持和发展中国特色社会主义，就加强和创新社会治理作出了一系列重要论断。习近平总书记强调，"完善党委领导、政府负责、民主协商、社会协同、公众参与、法治保障、科技支撑的社会治理体系""要建设人人有责、人人尽责、人人享有的社会治理共同体"，实现政府治理和社会调节、居民自治良性互动。

2013年召开的党的十八届三中全会首次提出"社会治理"的全新概念，要求必须着眼于维护最广大人民的根本利益，最大限度增加和谐因素，增强社会发展活力，提高社会治理水平。要改进社会治理方式，激发社会组织活力，创新有效预防和化解社会矛盾体制，确保国家安全，确保人民安居乐业，社会安定有序。

2017年召开的党的十九大总结五年成就时指出，"社会治理体系更加完善，社会大局保持稳定，国家安全全面加强"。在"十四个坚持"基本方略中提出，坚持在发展中保障和改善民生，加强和创新社会治理，维护社会和谐稳定，确保国家长治久安、人民安居乐业。提出了到二〇三五年"现代社会治理格局基本形成，社会充满活力又和谐有序"的发展目标。对今后几年加强和创新社会治理作出部署：提出要"打造共建共治共享的社会治理格局。加强社会治理制度建设，完善党委领导、政府负责、社会协同、公众参与、法治保障的社会治理体制，提高社会治理社会化、法治化、智能化、专业化水平。""加强社区治理体系建设，推动社会治理重心向基层下移，发挥社会组织作用，实现政府治理和社会调节、居民自治良性互动。"

2017年出台的《中共中央　国务院关于加强和完善城乡社区治理的意见》提出："依法厘清街道办事处（乡镇政府）和基层群众性自治组织权责边界，明确基层群众性自治组织承担的社区工作事项清单以及协助政府的社区工作事项清单。""加快工矿企业所在地、国有农（林）场、城市新建住宅区、流动人口聚居地的社区居民委员会组建工作。"

2017年10月1日起施行的《中华人民共和国民法总则》第九十六条明确："机关法人、农村集体经济组织法人、城镇农村的合作经济组织法人、基层群众性自治组织法人，为特别法人。"按照这一法律要求，承担社区管理的居委会应在工商管理部门取得特别法人执照，从民事角度获得社区居委会法人资质、法人权利并承担相关义务。

2018年修订的《中华人民共和国城市居民委员会组织法》明确规定：居民委员会是居民自我管理、自我教育、自我服务的基层群众性自治组织，居民委员会的工作经费和来源，居民委员会成员的生活补贴费的范围、标准和来源，由不设区的市、市辖区的人民政府或者上级人民政府规定并拨付。居民委员会办理本居住地区公益事业所需的费用，经居民会议讨论决定，可以根据自愿原则向居民筹集，也可以向本居住地区的受益单位筹集，但是必须经受益单位同意。机关、团体、部队、企业事业组织，不参加所在地的居民委员会，但是应当支持所在地的居民委员会的工作。

2019年召开的党的十九届四中全会通过了《中共中央关于坚持和完善中国特色社会主义制度 推进国家治理体系和治理能力现代化若干重大问题的决定》。明确，"社会治理是国家治理的重要方面。必须加强和创新社会治理，完善党委领导、政府负责、民主协商、社会协同、公众参与、法治保障、科技支撑的社会治理体系，建设人人有责、人人尽责、人人享有的社会治理共同体，确保人民安居乐业、社会安定有序，建设更高水平的平安中国。"

2020年召开的党的十九届五中全会指出，社会治理还有弱项。全会提出的"十四五"经济社会发展目标中要求：社会治理特别是基层治理水平明显提高。改善人民生活品质，提高社会建设水平，完善共建共治共享的社会治理制度。

2021年发布的《中共中央 国务院关于加强基层治理体系和治理能力现代化建设的意见》，从加强村（居）民委员会规范化建设、健全村（居）民自治机制、增强村（社区）组织动员能力、优化村（社区）服务格局四个方面对健全基层群众自治制度作出部署。关于"加强村（居）民委员会规范化建设"，强调"坚持党组织领导基层群众性自治组织的制度，建立基层群众性自治组织法人备案制度"。

2022年召开的党的二十大总结十年成就时指出，共建共治共享的社会治理制度进一步健全。党的二十大作出"坚持全面依法治国，推进法治中国建设"；"推进国家安全体系和能力现代化，坚决维护国家安全和社会稳定。"的部署，提出：推进多层次多领域依法治理，提升社会治理法治化水平；健全共建共治共享的社会治理制度，提升社会治理效能，建设人人有责、人人尽责、人人享有的社会治理共同体。

深入学习习近平总书记有关社会建设、社会治理重要讲话精神，准确把握党的十八大以来有关社会治理、社区管理的一系列重大决策部署，深刻体会到社区管理发生了重大变革，主要体现在三方面。

一是由管理体制转变为治理机制。党的十八届三中全会首次提出社会治理这一重大论断，这是我们党在社会建设、社会管理方面的重大理论创新。管理体制包含着管理方和被管理方，属于简单的二元结构；治理机制意味着多方参与、共同推进，形成人人有责、人人尽责、人人享有的社会治理共同体。

二是由企业体制转变为社会体制。社区管理是基层群众性自治组织，是我国政治体制的重要组成部分。《中华人民共和国城市居民委员会组织法》明确规定，居民委员会是居民自我管理、自我教育、自我服务的基层群众性自治组织。第十九条规定，机关、团体、部队、企业事业组织，不参加所在地的居民委员会。《中共中央　国务院关于加强和完善城乡社区治理的意见》，提出加快工矿企业所在地、国有农（林）场、城市新建住宅区、流动人口聚居地的社区居民委员会组建工作。这清晰表明，国有农场社区管理由传统企业体制转变为社会体制。

三是由部门体制转变为法人体制。国有农场传统的社区管理主要由农场内设部门承担，在农场党委的统一领导下落实社区管理各项任务。《中华人民共和国民法总则》明确，基层群众性自治组织为特殊法人，从根本上强化了社区居委会的法律地位、民事能力，意味着社区居委会由社会性职能代办机构提升到行使社会性职能法人主体，真正成为具有法律效应、承担法律责任的基层群众性自治组织。

四、澄清国有农场社区管理认识上误区

在本次课题调研过程中以及日常与垦区沟通过程中，了解到有关推进国有农场社区改革具有几种不同的看法。深入分析，这些想法或看法是不恰当的。

第一个问题：地方政府没钱。整体移交缓慢、管办分离购买服务不到位的国有农场，通常第一位原因是当地政府（县市、街道、乡镇）缺乏资金，无法履行相关责任或承诺。政府经费实行严格的预算管理，预算编制过程是由基层

政府逐级上报直至汇总到财政部，财政部制定全国预算，经全国人民代表大会审查和批准后拨付预算。当地政府缺乏资金，通常原因是没有列入政府预算。从调研情况分析，当地政府能否把农场社区管理纳入地方政府统一管理，与当地经济发展水平没有必然联系，关键取决于是否把国有农场社区管理纳入地方政府统一管理。广西的县市、乡镇级政府，新疆阿克苏市，安徽淮南市等能够整体接收国有农场社区管理，关键是把国有农场社区管理作为政府职能，纳入政府统一管理。

第二个问题：移交后不便于农场管理。按照法律法规要求，农场社区管理整体移交后，会依据《中华人民共和国城市居民委员会组织法》选举产生新的社区管理法人主体。对于习惯于自己说了算、农场与社区一起管的农场而言，存在着"农场不便于管理"这种问题。从国家治理体系和治理能力现代化总目标角度分析，政府、企业、社会的权责边界越来越清晰，分工越来越明确，企业归企业、社会归社会，更重要的是《中华人民共和国城市居民委员会组织法》解除了企业承担社区管理主体的资质和义务。小逻辑服从大逻辑，国有农场社区管理从企业体制转为社会体制是时代发展的必然要求。

第三个问题：整体移交后农场不再承担社区管理任务。部分农场认为，社区管理整体移交后，农场没有必要投入社区建设，完全由政府来承担。同时《中华人民共和国城市居民委员会组织法》明确要求，企事业组织应当支持所在地的居民委员会的工作。居民委员会办理本居住地区公益事业所需的费用，经居民会议讨论决定，可以根据自愿原则向居民筹集，也可以向本居住地区的受益单位筹集。一方面，国有农场社区建设事关职工群众幸福感、获得感、认同感，农场是社区建设的受益单位。另一方面，很多国有农场所在区域经济社会发展水平不高，政府社区管理投入有限，社区管理整体移交后，国有农场理应履行社会责任，在力所能及的情况下积极支持农场社区建设，构建宜居宜业和美农场，提升农场小城镇现代化生活水平，在全面推进乡村振兴中树立农垦形象、贡献农场力量。

第四个问题：农场承担社区管理只是经济负担。农场承担社区管理，通常认为只是加重国有农场的经济负担。实际上社区管理涉及国家治理体系和治理能力现代化、涉及总体国家安全。农场在承担社区管理职能过程中不仅在经济上要付出，同时在缺乏授权、渠道不畅的情况下，国有农场经营管理人员需要付出极大的精力就社区管理事项与基层政府沟通协调，肩负着维护社会稳定、保护生态环境等重大社会责任、政治责任。

五、加快推进国有农场社区管理改革发展建议

党的十八大以来，以习近平同志为核心的党中央就全面深化改革、推进国家治理体系和治理能力现代化作出重大部署，出台了一系列重大政策，完善了法律法规，为推进农垦国有农场社区管理改革指明了方向，明确了路径，提供了根本遵循。

国有农场社区管理改革发展思路：全面贯彻落实《中共中央　国务院关于进一步推进农垦改革发展的意见》《中共中央　国务院关于加强基层治理体系和治理能力现代化建设的意见》《中共中央　国务院关于加强和完善城乡社区治理的意见》，以推动农垦社会治理体系治理能力现代化为主题，以推动国有农场社区管理纳入地方政府统一管理为主线，以《中华人民共和国城市居民委员会组织法》为依据，理清国有农场社区管理改革发展路径，形成改革发展共识，加快推进农场社区管理整体移交工作，剥离国有农场社区管理主体责任，强化国有农场企业属性，履行国有农场社会责任，构建国有农场社区管理共同体，为全面推进乡村振兴、加快建设农业强国提供农垦方案、贡献农垦力量。

（一）组织研讨，形成共识

在调研过程中发现国有农场、垦区管理部门对党的十八大以来中央有关社会治理、社区管理的政策法规不甚了解。建议由农业农村部农垦局牵头，组织垦区有关人员开展一次专题研讨，请民政部等有关部门权威专家解读相关政策法规，从而全面系统准确掌握国家治理体系治理能力现代化的重大决策、法律法规，顺应社会治理改革发展趋势，理清国有农场社区管理改革思路，明确国有农场在社区建设中的社会责任，形成推动农垦国有农场社区管理整体移交的共识。

（二）出台文件，加强指导

鉴于党的十八大以来党和国家有关社会治理社区管理政策法规的重大变化，建议农业农村部农垦局在组织专家开展专题研讨基础上，加强与民政部等有关部门沟通协调，制定加快推进国有农场社区管理整体移交指导意见或实施办法，明确全国国有农场社区改革的思路、方向、目标、措施，明确政府主管部门、垦区管理部门（集团公司）、国有农场在推进国有农场社区管理整体移交的职责分工，为各垦区国有农场社区管理改革提供明确、清晰、有力的指导。

（三）加强培训，提升能力

推动国有农场社区管理整体移交，政策性强，专业性高，涉及面宽。建议及时加强培训，组织专家全面系统解读有关文件法规，使垦区领导、管理部门、国有农场统一思想，提高认识，提升专业水平，增强协调沟通能力，使地方政府尽快把国有农场社区管理纳入地方政府统一管理，加快推进整体移交改革进程。

（四）完善指标，加强监测

目前反映国有农场社区改革情况主要是从自办机构数量、企业补助资金的角度反映国有农场社会负担，没有界定社会负担与社会责任的区别。建议要系统地理解认识国有农场作为国有企业的三大责任，把责任履行与社会负担分类监测。原则上，国有农场社区管理因政府公共服务不到位而被迫支出的，视为"社会负担"，国有农场自愿在社区管理中的投入，视为"社会责任"。优化完善全国农垦企业财务指标体系，从"社会负担""社会责任"不同角度分类反映国有农场社区管理实际情况，树立农垦国有农场勇担"社会责任"的良好形象。

国有农场企业化改革模式与路径研究[*]

一、农场企业化改革的背景和要求

（一）新一轮农垦改革的大背景

农垦是中国特色社会主义理论在农业经济领域的实践表现，是中国农业的"国家队"。党的十八大以来，以习近平同志为核心的党中央针对"三农"问题出台一系列重大方针政策，推出一系列重大举措，推进一系列重大工作，不断推进理论创新、开展实践创造，新时期的农垦改革就是在这样的背景下应运而生的。2015年11月，为发展壮大农垦事业，充分发挥农垦在农业现代化建设和经济社会发展全局中的重要作用，中共中央、国务院出台了《关于进一步推进农垦改革发展的意见》，对新时期垦区集团化农场企业化改革吹响了新的号角。中央农垦改革文件是时隔24年后中央再次对农垦改革发展做出全面部署，成为新的历史条件下明确农垦战略地位作用、改革发展方向和扶持政策措施的纲领性文件，充分体现了党中央、国务院对农垦事业特别是对新时期农垦改革发展的高度重视，充分表明了新形势下全面深化农垦改革对推进我国农业现代化建设和经济社会发展的重大意义，推动农垦事业发生了历史性变革。

（二）农场企业化改革的本质要求

作为国有农业经济的骨干和代表，农垦土地资源丰富、生产潜力巨大，农产品商品率高，具备了承担更加重要历史使命的基础和条件。但是，农垦长期以来也面临着经营机制不够灵活、企业办社会负担沉重、政策体系尚未健全，

---

　　* 课题主持人：李红梅；参加人员：徐成德　李升鹏　周超　张若凡　王爽　丛洋

发展活力、内生动力和市场竞争力不足等问题，服务国家战略需要的能力有待进一步加强，需要从中央层面对农垦改革发展进行顶层设计。

农场企业化改革要覆盖 34 个垦区的 1800 余个国有农场，分为深化管理体制及经营机制改革、加快推进现代农业发展和加强对农垦改革发展的领导三大部分，涉及办社会职能改革、农业经营管理体制创新、新型劳动用工制度建立、社会保障机制完善、国资监管体制健全、管理职能转变等 16 项举措。

改革的主要目的是更好地保障国家粮食安全和重要农产品的有效供给，更好地示范带动周边农民就业创业增收致富，更好地带动周边农村发展新型城镇化，为我国实现"四化同步"发展发挥重要的示范带动作用。进一步发展为统筹发展和安全，落实加快构建新发展格局要求、深入推进农业供给侧结构性改革、全面推进乡村振兴的国家战略部署。因此，改革根本上是为保障国家安全需要，进一步丰富中国特色社会主义理论在农业领域的实践内涵，进一步发挥并体现我国在农业领域形成的系统性和制度性优势，不断增强公有制经济主体对全国农业农村基本面的掌控力和影响力。

(三) 农场企业化改革的分步走策略

从改革实践的发展走向来看，国有农场企业化包含了"企业化"和"市场化"两个层面的含义和重点步骤。

"企业化"的过程分为两步走：首先是移交办社会职能，褪去行政色彩。要求地方政府切实履行职责，对国有农场区域内的社会管理和公共服务事业，由政府直接设立机构提供服务或采取授权委托、购买服务等方式解决，改变农场行政化的旧面貌，令其轻装上阵，构建一套党委集中领导，行政管理、生产经营、社区服务有效统筹的新型治理结构。其次是适时成建制转为企业，强化市场基因。完善以职工家庭经营为基础、大农场统筹小农场的农业双层经营体制，强化国有农场统一经营管理和服务职能，积极培育规模化农业经营主体，做大做强生产经营职能，建立健全国有资产监管职能，建立一套统一管理、权责清晰、分工明确、行为规范、运转协调的工作机制。需要特别说明的是，这里的"企业化"仅指具备了市场经营主体（外壳）而非实质拥有了市场竞争能力。

因此，"市场化"中的资源要素重组是这次改革的关键，它直接关联改革的目的归宿和政策绩效，当然，其过程也最为艰难。农垦在完成"企业化"改革后，必须要持续向深推进市场化改革，促进劳动力、资产、土地等资源要素的合理配置和高效利用，具体而言，涵盖了三方面内容。一是弥补人才短板。各农场企业采取新型劳动用工制度，健全职工招录、培训和考核体系，逐步建立起以劳动合同制为核心的市场化用工制度，同时注重加强人才队伍建设，持续吸引农业专家、优秀企业家、高端专技人才、职业经理人到垦区农场就业创业。二是搭建现代企业制度。各地结合实际情况探索创设符合农垦特点、以管资本为主的国有资产监管体制，以资本为纽带打造农业全产业链，积极引入社会资本推进企业股权结构优化，探索多种形式的管理层和企业员工持股，推动优秀农垦企业成功上市。三是赋予造血功能。在农场土地确权基础上，严格管理、有效保护和充分利用农垦国有土地，推进土地资产化和资本化改革进程，密切与金融支持机构和地方政府的沟通联系，因地制宜、因时制宜地探索盘活农垦土地资源的有效途径，让新转型后的农场公司从"失血"到"造血"，改变依赖财政支持或土地承包租赁费用局面，脱胎换骨，解决影响企业发展最关键的资本问题。

二、国有农场企业化改革历程回顾

推进国有农场企业化改革是当前农垦改革的一项重点内容，旨在推动农垦经济转型升级，不断发展壮大农垦事业。新中国农垦事业已走过 70 余载，对于农垦人来说，是一段既艰难又辉煌的历程。农垦坚定不移地贯彻落实党中央、国务院决策部署，不断深化改革，加快发展步伐，为保障粮食安全、支援国家建设、发展现代农业、示范带动农村、促进国际合作、维护边疆稳定作出了重要贡献。国有农场作为农垦系统的基本组成单元，在不同的发展阶段，都被赋予了新的改革目标和历史使命，农场企业化改革顺应形势发展的需要，有所延续。

（一）改革开放前的开拓创业期（1949—1977 年）

农垦是在特定历史条件下为承担国家使命而建立和发展起来的。新中国成立之初，为巩固新生政权和恢复国民经济，党中央及时作出了解放军转业屯垦戍边和大规模移民戍边的决策。农垦以成建制的人民解放军转业官兵为骨干，吸收大批知识分子、支边青年开始了大规模兴办国有农场的创业历程。改革开放前，农垦系统主要实行"高度集中、以行政管理为主"的计划经济体制，管理制度和管理体制经历了种种变化，相当一段时期，农场（企业）平均主义盛行，使农垦系统劳动生产率大幅下降，企业生产经营状况恶化，尤其是 1967—1977 年，全系统连续 11 年亏损，农垦经济陷入十分困难的境地。1977 年底，国务院在北京召开全国国营农场工作会议，会后印发了《国务院关于批发全国国营农场工作会议纪要的通知》，强调办好国营农场对实现我国社会主义农业现代化具有重大意义。

（二）改革开放后的试验探索期（1978—1991 年）

这一时期的主要特点是农垦系统在党中央、国务院统一部署下，对国有农场进行治理整顿，针对传统的经营模式和经济管理体制进行改革试验和探索，以农业为基础，因地制宜，不断调整优化结构，将改革进一步扩大到工业和其他领域，同时稳步发展外向型经济，农场企业化管理模式初见雏形。

1. 开展农工商综合经营，改变单一经营农业的格局

1978 年，国务院决定在农垦系统国营农场试办农工商联合企业，并确定了试办单位、研究了试点办法。1979 年 9 月，中共十一届四中全会通过的《中共中央关于加快农业发展若干问题的决定》，要求国营农场"搞好多种经营，兴办农畜产品加工业，发展推销自己产品的商业，尽快建成农工商联合企业，在农业现代化中发挥示范带头作用"。截至 1984 年底，全国农垦系统基本实现了农工商综合经营，完成了农工商联合企业由试办到推广的历史任务。到 1991 年，二三产业在农垦生产总值中的比重已从改革开放初期的 42% 提升到 54%。在经营管理制度上，农工商联合企业突破了从中央到地方各种旧条条框

框的限制和束缚，改变了农垦系统单一经营农业的格局，并对全国农村推行农工商综合经营起到了重要的带头和示范作用。实践证明，农工商综合经营的道路，不仅促进了农垦资源的充分开发利用，优化了农垦产业结构，也拓宽了农垦职工的就业门路，更重要的是提高了农垦企业的经济效益，为今后农垦经济的发展打下了良好的基础。

2. 实行"财务包干"，规范国家与企业的分配关系

1979 年 2 月，国务院批转财政部、国家农垦总局《关于农垦企业实行财务包干的暂行规定》，明确"从 1979 年起到 1985 年，对农垦企业实行独立核算，自负盈亏，亏损不补，有利润自己发展生产、资金不足可以贷款的财务包干办法"。该办法在财务管理上冲破了多年来实行的统收统支制度，较好地解决了长期存在的企业吃国家"大锅饭"的问题，改变了企业"经营好坏一个样，盈利亏损一个样"的状况。企业通过努力经营获得更多的包干结余资金，用于扩大再生产，进一步调动了企业改善管理、发展生产、提高效益的积极性，也增强了企业自我积累、自我发展的能力，大幅提高了农垦企业的经济效益。实行财务包干的当年，全国农垦系统就由上年的亏损 9000 多万元转为盈利 3.9 亿元，扭转了农垦企业长期亏损的局面，并在之后较长时间实现连续盈利。

3. 兴办职工家庭农场，建立统分结合的农业双层经营体制

1980 年以后，部分国营农场借鉴农村改革的成功经验，开始实行以包干到户为主要形式的家庭联产承包责任制，即在农场统一管理下，将各项主要生产、经营指标包干到户，实行定额上交，费用自理，交够国家的，留足企业的，剩下都是职工自己的。1983 年 8 月，在新疆石河子市召开的全国农垦工作汇报会上，中央领导同志在听取了会议情况汇报后明确指示：国营农场要办职工家庭农场，即实行大农场套小农场的双层经营体制，会议着重讨论研究了如何打破办场的老模式，推广联产责任制，从包干到户发展到试办家庭农场的问题。截至 20 世纪 80 年代末期，全国农垦系统已有职工家庭农场 100 多万个，其余的也都根据自己的实际情况，办起了联户农场、机组承包、生产队承包等多种形式的小农场。在兴办以家庭农场为主的小农场的同时，国有农场（大农场）注意强化统一经营的功能，通过多种形式，为分散的家庭农场和各

种承包主体提供社会化服务，实行监督、管理和指导，基本上形成了国有农场统一经营和家庭农场分散经营相结合的大农场套小农场双层经营体制。职工家庭农场这种形式使农垦系统的经营管理体制发生了重大转变，进一步有效解决了职工吃企业"大锅饭"问题，极大调动了农垦职工的生产积极性。

4. 加快场（厂）长负责制，推行承包经营责任制

从1984年下半年开始进行场（厂）长负责制的试点工作，当时确定了11个垦区100多个企业作为试点企业。1986年，在北京召开的全国农垦工作会议上，明确提出了农垦企业要加快场（厂）长负责制试点步伐，到1988年，实行场（厂）长负责制的企业占企业总数的60%以上。从20世纪80年代后期到90年代初期，农业部决定借鉴城市企业改革的经验，在全国农垦企业中全面推行多种形式的承包经营责任制，实行所有权和经营权的分离，落实企业经营管理者的具体责任。企业承包经营责任制的实行，进一步明确了主管部门与企业的权责利关系，较好地调动了企业生产经营者的积极性。

5. 发展横向联合，调整场办工业企业管理体制

1986年3月，《中共中央 国务院批转农牧渔业部〈关于农垦经济体制改革问题的报告〉的通知》提出农垦工业要打破地区、行业、所有制的界限，积极发展横向联合。1987年，全国农垦工业汇报交流会上进一步提出了在发展横向联合基础上组建农垦企业集团的要求，有力地促进了农垦工业的发展。1988年农业部出台《关于国营农场场办工厂若干问题的规定》，赋予场办工业企业8项经营自主权，并提出了通过竞争确立企业经营者，以及继续参照"工业企业三个条例"推行厂长负责制的要求，同时还对场办工业企业实行承包经营责任制、股份制经营以及对小企业实行租赁、拍卖、转让等办法作出了相应的规定。通过几年的调整，农垦系统在一定程度上改变了农场单纯依靠行政手段管理场办工业的局面，多数场办工业企业开始向相对独立、单独核算、有一定自主权的生产经营单位转变。

（三）农垦改革进入全面深化时期（1992—2001年）

以邓小平南方谈话和中共十四大明确提出建立社会主义市场经济体制为标

志，我国经济体制改革进入一个新阶段，农垦系统的改革也进入全面深化时期。农垦改革重点从企业层面深入到管理体制，从放权让利转入体制机制创新，从单项改革为主转向多项改革配套，各项改革全面推进，初步形成了适应社会主义市场经济要求的体制框架和运行机制。

1. 大力推进"三项制度"改革，转换企业经营机制

1992 年，农业部在过去"破三铁"的基础上，按照市场经济体制要求进一步转换企业经营机制，着重在两方面进行改革。一是农垦主管部门精简机构，转变职能，下放权力。二是推进劳动、人事、分配"三项制度"改革，逐步建立"干部能上能下、职工能进能出、收入有高有低"的竞争机制，推行干部聘任制，打破职工和干部的界限；实行全员劳动合同制和优化劳动组合；坚持按劳分配原则，真正把劳动报酬与贡献大小挂起钩来。同时，推行全员风险抵押承包，建立风险机制，使干部和职工形成利益共同体。这一重要举措促进了企业加快建立用人、用工和收入分配上的竞争机制，在深化企业经营体制机制改革上实现了重大创新。

2. 调整所有制结构，促进非国有经济的发展

1993 年，全国农垦经济体制改革座谈会强调指出：所有制改革，重点是调整所有制结构，大力发展集体经济、个体经济、私营经济和股份合作制经济等。1994 年 1 月，全国农业工作会议明确提出，要打破农垦系统国有经济一统天下的局面，制定优惠政策，采取有力措施，鼓励支持非国有经济成分的发展，培育新的经济增长点。1997 年召开的中共十五大在所有制理论上的新突破，掀起了农垦系统所有制结构调整的新高潮。各垦区和农场按照党的十五大精神和"三个有利于"标准，进一步解放思想、更新观念，冲破"姓公姓私"思想的束缚，采取了力度更大的改革措施，有力地促进了非国有经济的发展。

3. 实施"三百工程"，探索建立现代企业制度

随着市场经济的发展，客观上要求农垦企业在制度创新上有较大的突破。从 1994 年开始，按照"产权清晰、权责明确、政企分开、管理科学"的现代企业制度的基本要求，农业部和各垦区选择百家国有农场进行现代企业制度试点、组建发展百家企业集团、建设和做强百家良种企业，即"三百工程"。通

过几年的努力，试点企业在明确企业投资主体、建立规范法人治理结构、实现政企分开、调整资产负债结构、深化内部改革等重大问题上进行了积极有益的探索。按照中央关于深化国有企业改革的方针政策，农垦系统在企业改革上重点实行抓大放小，并取得了一定成效。对经济效益好、有一定知名度、有名牌产品和有较高市场占有率的大中型骨干企业，以及在农业产业化中起核心作用的龙头企业，进行公司制改造，并以资本为纽带通过市场形成有较强竞争力的企业集团；对中小型企业特别是长期处于亏损或微利状况的企业，以"三个有利于"为根本标准，采取改组、联合、兼并、股份合作、租赁、承包、托管、出售、破产等多种形式，彻底放开搞活。

4. 推进垦区管理体制改革，从行政管理向企业化管理过渡

1995年11月，农业部在武汉召开全国农垦经济体制改革工作会议，明确提出要加快垦区管理体制改革。会议明确提出了"九五"期间农垦改革的目标。即：加快企业经营机制转换，大多数企业基本建立起现代企业制度；改革农垦管理体制，按照社会主义市场经济体制的要求，确立了逐步弱化行政职能，加快实体化进程，积极向集团化、公司化过渡的改革思路，并区别不同情况采取相应的改革办法。有条件的垦区，走集团化、公司化的路子；不具备向集团转制条件的垦区，主管部门要适应市场经济要求，进一步转变其职能，强化宏观管理、指导、协调和服务，为企业深化改革创造一个宽松的环境。到2001年，有条件成建制转为企业集团的17个垦区已全部实行了集团化改革，打破了传统行政管理体制，创造了新的企业管理体制和运行机制，为农垦经济社会全面发展提供了体制保障。在这一阶段体制机制改革中，出于实际需要，大部分垦区农垦管理部门还保留了行政管理职能。

5. 实行开放式经营，更加注重"引进来"

在对外开放方面，全国农垦打破封闭格局，稳步推进对外开放，从利用外资向开展科技交流、实施合作经营等领域纵深发展。早在20世纪80年代中后期，地处沿海和开发区的农垦企业在引进外资、发展"三资"企业和"三来一补"项目方面就取得了新突破。1992年以后，农垦继续扩大对外开放，更加注重"引进来"。一方面积极引进外资，另一方面也更加注重引进技术设备和

管理理念，加快对国有老企业的改造，更加注重与国际大公司、跨国公司的合资合作，以全面提高农垦企业的经营管理水平。到 1994 年，全国农垦已建立"三资"企业 1387 家，投资总规模 34.7 亿美元，其中外商投资 17.7 亿美元。

（四）农垦改革进入继续拓展时期和深入阶段（2002—2011 年）

党的十六大、十七大以来，中央作出一系列解决"三农"问题的重大决策，农村改革进入了新阶段，对农垦改革也提出了新要求。2002 年以来，农垦改革以制度建设为核心，以产业化、集团化、股份化为重点，各项重大改革综合配套、协调推进，农垦改革不断深入，管理体制更加适应市场经济要求，企业经营机制更加灵活高效。

1. 国有农场积极探索企业化、公司化改造，激发农垦发展活力

随着垦区管理体制改革的不断深化，国有农场也在企业化、公司化改造方面进行了积极探索。根据农场的不同情况，选择合适的企业化改革路径，分阶段将国有农场进一步改为公司制企业，即：具备条件将办社会职能交给当地政府的农场，按公司制等企业组织形式进行改革；部分农场剥离社会职能需要过渡期的，则按照社会职能和经营职能内部分开、以企业经营为主的方式进行改革，逐步向公司制企业过渡。这一时期，广东、江苏、上海、宁夏等集团化垦区结合农场管理体制机制改革，打破传统的农场界线，通过组建产业化专业公司，以产业化专业公司为纽带，进一步将垦区内产业关联农场由子公司改为产业公司的生产基地，建立了集团与加工企业、农场生产基地间新的运行体制。

2. 推进集团化垦区建制

垦区集团化改革是垦区改革的主导方向，是在总结农垦体制机制创新和改革发展经验的基础上做出的重要判断。2002 年以来，按照农垦改革发展的需要，成建制转为省级农垦企业集团的垦区，积极推进集团化改革，加快企业经营机制转换，逐步建立起现代企业制度。2005 年，《国务院关于深化经济体制改革的意见》要求全面推进垦区集团化改革，加快垦区集团现代企业制度建设。集团化垦区按照"产业化、集团化、股份化"的要求，不断深化改革，形成一批具有较强竞争力的龙头企业，成为农垦经济的核心竞争力。

3. 部分市县属地管理农场实行场乡（镇）合一体制

在农场管理体制方面，对于一些属地化管理垦区，如果农场不具备企业经营条件，也可以改为基层政权组织或社会管理组织，即：根据人口和区域规模，部分改为乡、镇或行政区；部分通过设立农场管理区，以社区管理职能为主，向政权组织过渡。湖南、湖北、河北等垦区经省委、省政府批准，对农场管理体制进行革新，把农场管理权下放到市县，实行市县属地管理，下放后的一些农场建立农场管理区，赋予必要的政府职能，给予财税优惠政策。值得一提的是，国有农场（兵团除外）实行的这种场乡（镇、区）合一体制，往往是在地方得到认可，并没有纳入国家行政区划建制序列，绝大多数农场行政上按处级管理。

4. 完善以职工家庭农场为基础、统分结合的农业经营制度

在农业经营管理体制改革方面，完善以职工家庭农场为基础、统分结合的农业经营制度。着力对土地承包制度、土地流转制度、农业税费制度和承包合同制度等进行规范，加强农业职工负担监管，积极探索租赁经营、股份合作经营和股份制公司等多种经营形式。同时，强化国有农场统一经营和服务职能，一大批专业化生产大户和按市场规则运行的现代家庭农场逐步形成。

（五）农垦改革全面深化和进一步完善阶段（2012年至今）

党的十八大以来，农垦以推进垦区集团化、农场企业化改革为主线，全面深化农垦管理体制和经营机制改革。2015年，中共中央、国务院印发《关于进一步推进农垦改革发展的意见》。意见指出，要以推进垦区集团化、农场企业化改革为主线，依靠创新驱动，加快转变发展方式，推进资源资产整合、产业优化升级，建设现代农业大基地、大企业、大产业，全面增强农垦内生动力、发展活力、整体实力。2016年5月25日，习近平总书记在黑龙江省考察时指出，要深化国有农垦体制改革，建设现代农业大基地、大企业、大产业，努力形成农业领域的航母。

1. 坚持集团化改革主导方向，凝聚国有农场资源和产业优势

在垦区管理体制和企业经营机制方面，各地坚持集团化改革主导方向，形

成和壮大了一批具有较强竞争力的现代农业企业集团。加快构建以资本为纽带的母子公司管理体制，母公司层面不断完善现代企业制度，健全法人治理结构；子公司层面加快推进直属企业整合重组，推动国有农场公司化改造，建设农业产业公司，不断提高内部管理水平和经济实力。国有农场归属市县管理的垦区，积极探索推进组建区域性现代农业企业集团，推进农场资源整合和产业重组。国有农场企业化、公司化改革快速推进。按照现代企业制度要求，改造成为集团产业公司的基地分公司、集团下属的独立子公司，或者整合重组的专业集团公司，逐步向现代企业转型，有效凝聚了国有农场资源和产业优势。

2. 不断推进农业经营管理体制改革，强化国有农场管理和服务水平

在农业经营管理体制改革方面，继续坚持和完善以职工家庭经营为基础、大农场统筹小农场的农业双层经营体制。注重强化国有农场农业统一经营管理和服务职能，股份制、公司制等新型农业经营方式在垦区逐步推开，适度规模经营水平不断提高。部分垦区积极构建权利义务关系清晰的国有土地经营制度，改革完善职工承包租赁经营管理制度。

3. 坚持政企分开的改革方向，剥离企业办社会职能

在改革国有农场办社会职能方面，坚持政企分开的改革方向，全面推进国有农场生产经营企业化和社会管理属地化。2012年3月，国务院农村综合改革工作小组出台《关于开展国有农场办社会职能改革试点工作的意见》，选择内蒙古、辽宁、河南、湖北、海南、贵州、宁夏和新疆8个省（自治区）开展国有农场办社会职能改革试点，以后年度逐步扩大试点范围。根据不同地区、不同农场所处的地理位置、规模大小、承担任务的不同，同时考虑到当地经济社会发展水平和政府财政承受能力的差异，在推进改革过程中坚持"因地制宜、分类指导、逐步推进、平稳过渡"的原则，不搞"一刀切"。对先行改革地区本着"不让先改革者吃亏"的原则，按照统一政策给予补助。2015年11月，中央农垦改革发展文件确定了"两个三年"任务，明确用3年左右时间，将国有农场承担的社会管理和公共服务职能纳入地方政府统一管理。积极推进国有农场公检法、基础教育、基本医疗和公共卫生等办社会职能一次性移交地

方政府管理，暂不具备条件的要在一定过渡期内分步分项移交。少数远离中心城镇等不具备社会职能移交条件的国有农场，可以采取"内部分开、管办分离，授权委托、购买服务"的方式。

4. 创新土地管理方式，推动完成确权登记发证工作

在创新土地管理方式方面，各地积极推动完成农垦国有土地使用权确权登记发证，为加强农垦土地保护和信息化管理奠定基础。同时，各垦区努力创新农垦土地资产配置方式，通过出让、租赁、作价出资（入股）、授权经营等方式，推进农垦土地资源资产化和资本化，部分垦区积极有序开展国有农用地使用权抵押、担保试点，增强了企业资本实力。

三、国有农场企业化改革发展现状

（一）总体情况

各地坚持集团化企业化改革方向，深入推进管理体制由政企合一、行政管控为主向以资本为纽带的母子公司法人治理体制转换，通过剥离国有农场办社会职能、强化国有农场农业统一经营管理和服务职能等方式，推动全民所有制农场改制为公司制农场，使农场真正成为具有经营活力和竞争优势的市场主体。

国有农场办社会职能改革方面：截至 2021 年末，通过多种方式已基本完成办社会职能改革任务的农场 1354 个，占企业性质农场数的 93.3%；全国农垦企业承担办社会职能支出 45.40 亿元，比 2015 年下降 52.4%，长期困扰农垦企业的沉重社会负担大幅减轻。

农场公司制改革方面：截至 2021 年末，全国农垦（不含新疆生产建设兵团）共有各级农垦集团 93 个，比 2015 年末增加 55 个。其中，中央农垦集团 2 个、省属农垦集团 17 个、市县属农垦集团 74 个（其中区域性集团 39 个、农场集团 35 个），纳入企业集团管理的农场 728 个，占企业性质农场数的 50.2%，以资本为纽带的母子公司管理体制进一步理顺。实现公司制改制的农场 836 家，比 2015 年末增加 683 家，公司制农场数占企业性质农场数的 57.6%，法人财产权和农场经营自主权进一步落实。

国有农场经营方面：各垦区适应集团化企业化改革和现代农业发展需要，创新完善了以职工家庭经营为基础、大农场统筹小农场的农业双层经营体制，推进多种形式的农业适度规模经营。实行职工家庭经营的垦区，建立健全了"龙头企业＋基地＋家庭农场""集团＋农场公司＋家庭农场"等形式的生产经营管理模式，在健全利益联结机制、带动小农户与现代农业有效衔接等方面做出了积极探索。江苏、上海等实行集中统一经营的垦区，完善了纵向一体化的现代农业生产经营模式。2021 年国有农场集中统一经营土地面积 2.96 亿亩，比 2015 年增长 20.3%；农场经营收入 1104.1 亿元，其中主营业务收入 810.3 亿元，分别比 2015 年增长 45.2%、44.1%，国有农场农业统一经营管理和服务能力不断增强。

（二）集团化垦区农场企业化情况

16 家已整建制转换为省级农垦集团的垦区（不含新疆生产建设兵团，下同），不断完善中国特色现代企业制度，党的领导与公司治理更加协调统一。黑龙江、广东、安徽、广西等集团化垦区企业性质的国有农场均改制为公司制企业，并不断深化公司化改革。

集团出资人履职主体逐步规范。省属农垦集团除北大荒农垦集团、广东农垦集团外均由省级国资部门履行出资人职责，北大荒农垦集团由财政部代表国务院履行出资人职责，广东农垦集团积极推动由财政部履行出资人资格。

现代企业制度逐步建立。广东农垦集团、海南农垦集团母子公司管理体制绝大多数建立了"一委三会一层"治理结构，实行市场化薪酬制度；甘肃、上海、重庆、广州和云南等省级农垦集团子公司均实行市场化薪酬制度。法人治理结构进一步优化，实现了董事会应建尽建，推进外部董事占多数，确保了党委会领导核心、董事会决策中心、经理层执行主体不缺位、不越位、不相互替代、不各自为政，不断提高企业管控水平和市场竞争力。

（三）非集团化垦区农场企业化情况

国有农场归属市县管理的 18 个垦区共组建市县级区域性农垦集团近

74 家，集团化改革取得重大进展。河北、西藏垦区企业属性的国有农场均完成公司制改制，青海、山东、内蒙古等垦区国有农场整建制或部分改制为公司制的比例超过 70%。非省级集团中国资部门履行出资人比例为 44.6%，财政部门履行出资人比例为 15.2%，其他或未明确出资人的比例为 40.2%。

非集团化垦区立足垦区特点，打破改革瓶颈，谋求高质量发展。福建垦区从产权关系清晰、历史遗留问题较少的农场入手，率先开展清产核资，推动完成公司化改造。吉林垦区研究解决农场与农场公司因实行"一套人马、两块牌子"而造成的"两张皮"问题，推进有条件的农场改制为区域性集团子公司。河北垦区大中农场成立公司，小农场联合或单独成立公司，32 个农（牧）场共成立 23 个集团（公司），依托产业优势和旅游资源，成立了特色种养、农机服务、休闲观光等近 200 多个专业公司，为组建区域集团奠定了雄厚基础。辽宁垦区改革前实行"场乡合一"体制和管理区体制的农场，重点围绕确立农场的企业独立法人地位，建立现代企业制度框架，完善企业法人治理结构，深化农场企业化改革。

（四）存在的主要问题

1. 农场企业化改革进程较为缓慢

截至 2021 年末，全国农垦仍有 41.1% 的企业性质农场尚未完成公司制改制，其中，国有农场归属市县管理的垦区未完成公司制改制的企业性质农场占比达 52.7%，山西、河南、江西、四川等省未完成公司制改制的国有农场占比超过 70%。

2. 部分改制农场改制和管理不规范

一些已实施公司制改制的农场存在改制和管理不规范问题，有的农场翻牌为农场有限公司，未建立法人治理结构，未按公司制企业运营，公司制改革流于形式；有的农场改制后的公司名称未体现农垦元素，有的农场仅将优质资产剥离成立公司，有的甚至将农场国有资产划转到其他行业企业，存在将国有农场改没了、国有经济改弱了的风险。一些国有农场产业结构单一、经营管理服务能力差，仅依赖土地租赁收入维持基本运转。一些垦区还存在不少长年无经营活动的农场，还有的农场土地被地方收储，农场基本只剩牌子。

3. 国有农场办社会职能改革存在不少遗留问题

有的垦区尚有一半企业属性国有农场未完成办社会职能剥离。有的垦区集团还承担着大量社会性支出，办社会债务普遍没有得到有效化解。2021 年全国农垦办社会机构支出仍达 120 亿元，近 88％ 在黑龙江、广东垦区，国有农场社会性债务 300 亿元，黑龙江垦区占 78％，垦区负担仍然很重。中央农垦改革发展文件明确提出的公检法、基础教育、基本医疗和公共卫生三项办社会职能改革中，黑龙江和广东两垦区医疗机构改革还留有"尾巴"。由于北大荒集团各农牧场医疗机构亏损严重，每年农（牧）场有限公司及分公司共需为所属农场医院补贴近 10 亿元。广东农垦集团则是阳江医疗集团未完成组建任务。其他办社会职能改革也存在不到位的问题。黑龙江、内蒙古、陕西等省（自治区）一些国有农场还承担着"三供一业"（供水、供电、供热和物业管理）工作和经费支出；黑龙江、江苏、内蒙古、湖北、广东等 14 省（自治区）农垦企业仍承担着社会职能支出，其中社区管理和"三供一业"支出占总支出的60％；吉林省部分市县由于地方财政困难，存在拖欠农场社区工作人员工资、福利等问题。

四、国有农场企业化改革的主要模式

2015 年中央农垦改革发展文件提出，要坚持市场导向、政府支持，深化农垦市场化改革，推进政企分开、社企分开，确立国有农场的市场主体地位，解决国有农场实际困难，提升可持续发展能力。文件明确了坚持分类指导、分级负责的改革原则，从各地实际出发，注重不同垦区和国有农场管理体制、资源禀赋、发展水平的差异性，不搞"一刀切"和"齐步走"，把握好改革的节奏和力度，坚持统筹兼顾，稳步推进，鼓励大胆探索、试点先行，不简单照搬农村集体经济或一般国有企业的改革办法。

在改革实践过程中，各地由于情况差异，涌现出了多种农场企业化改革的不同模式和路径。主要有农场公司、区域性农业企业集团、农业产业公司、场乡一体化、划转与注销 5 种农场企业化的具体模式，下文围绕组织结构、管理方式、联系纽带、内部关系、运营功能、经营方式、组建形式等内容，对不同类型垦区农场企业化典型模式——特别是"农场公司模式"开展分析。

（一）农场公司

从中央农垦改革发展文件精神来看，剥离国有农场办社会职能，进行公司化改造，成立"农场公司"，是这轮农垦改革的一项重要内容。"农场公司模式"发展较好的主要是在集团化垦区，将农垦国有农场各类分散化的优势产业资源和全民所有制企业进行整合重组，对具备条件的国有农场实施公司制改造，形成"垦区集团＋农场子公司"的发展格局，从而令国有农场成为体制更加完善、机制更加灵活、更加开放包容的现代市场经营主体，全面增强其内生动力、发展活力和整体实力。下面按照实行政企分开、推进社企分开、开展清产核资、公司化改制、创新经营体制机制、加强国有资产监管、落实支持政策和主体责任 7 项内容，对农场公司这一模式进行分析说明。

一是实行政企社企分开，成立社区管理委员会。在实践中，对农场本身即有农场管理委员会的，通常的做法是更名为农场社区管理委员会，对其他不设置农场管理委员会的，可以成立农场社区管理委员会，使其承担农场辖区内原有的社会管理和公共服务职能，与农场实行职能、机构、人员、资产、财务分开运行。此外，部分远离中心城镇、分离后管理成本更高或社会稳定风险较大等不宜移交社会职能的国有农场，过渡期内一般都在内部设立社会管理机构，并与农场企业经营机构实行机构、人员、资产和财务核算的分开，实现管办分离，部分国有农场社会管理机构通过依法承接当地政府购买服务，承担国有农场区域内的社会管理事务的相应管理权限。

二是完善农场社区管理服务机制。在实践中，多地进一步完善了社区居委会自治组织的设置，对农场社会管理和公共服务实行属地化管理，明确属地县（市、区）政府承担主体责任。部分地区建立起了"农场社区管理委员会—社区居民委员会—居民小组"自治体系，在原分场（生产大队）设社区居委会，并同步设置社区党组织，在以农场现有生产队为单位的居民点上设置了居民小组（可合并生产队设置居民小组），对规模较大的居民小组同步设置居民小组党组织。"农场社区管理委员会—社区居委会—居民小组"实行分级管理，逐级考核。农场社区办公经费、社区居委会和居民小组人员补助及福利待遇，纳入农场所在市县公共财政保障。

三是开展清产核资。在具体实践中进一步明晰农场法人资产。根据实际情况，农场聘请中介机构，委托完成财务清理、资产清查、价值评估、损益认定、资金核实和完善制度等工作，其中对需报损、报废的资产（包括固定资产、应收账款、长期投资）等损失，按照经济鉴证认定等工作程序，依法依规处置，从而确定农场的国有资本。一些农场在对国有土地确权登记和分类认定基础上，开展土地价值评估，积极采取出让、租赁、作价出资（入股）和保留划拨用地等方式依法处置国有农场土地，一定程度上有效盘活了存量资产，规范了农场土地资本运作，增加了农场企业资产和实收资本或资本公积。

四是进行农场公司化改制。在实践中，大部分农场都保留了农场牌子，同时在工商部门注册为有限责任公司，搭建了现代企业制度的雏形框架，由此，农场企业在法律意义上真正成为自主经营、自负盈亏、独立享有法定权利、承担法律责任的法人实体和市场竞争主体。在内部机构层面，新注册成立的农场公司建立了董事会（执行董事）、监事会、经营管理层等治理结构。同时，建立新型劳动用工制度，实现市场化薪酬和社会保障等制度。

五是创新体制机制，实现市场化转型。在实践中，多数农场企业在规划布局、结构调整、资本投入、生产标准、成本控制、加工销售及科技创新、融资等方面，制定了具体经营管理制度。同时，优化管理模式，减少管理层次，建立起符合农业生产特点和市场经济发展规律、以市场为导向的经营管理体系，特别是建立了农场公司与职工之间合理的利益分享和风险共担机制，这也凸显了农场企业的国有属性。完善土地承包租赁制度，以提高劳动生产率、资源配置效率和经济效益为导向，合理确定资源量和承包租赁人员范围、资格。适度开展农业产业转型，推进现代农业发展，集中资源建立现代农业示范基地，培养农垦农业产业技术人才队伍，提高了土地综合收益，市场意识、品牌意识、质量意识、效益意识均得到加强。充分利用现有资源，积极搭建品牌化、市场化运作平台，采取有效的目标责任激励、约束机制和考核管理方式，初步实现从半行政、半市场化农场转型为市场化农场。

六是加强农场企业的国有资产监管。国有资产监管部门代表本级政府作为出资人对农场企业国有资产进行管理、监督、考核工作，依法行使资产受益、重大决策、选择经营管理者等出资者权利，确保农场企业实现国有资产保值增值，防止国有资产流失。特别是针对农垦国有土地管理，各地各级政府均严格管制土地用途，一定程度上避免了擅自将农用地转为建设用地，同时严格执行了农场国有土地使用权收回及资产处置程序。各地政府均要求除农场企业外不允许任何单位和个人随意调拨、划转农场国有资产，不能用农场国有资产对外抵押担保，更不能将农场国有资产任意划转到其他平台公司，较好维护了国有农场企业和职工的权益。

七是落实支持政策和主体责任。在实践中，对农场水、电、路等公益性基础设施建设，一般均统一纳入农场所在县国土空间规划，并同步组织实施，推动各项强农惠农富农和改善民生政策在农场实现全覆盖。在企业化改革过程中，符合现行税收政策规定的，规定可依法享受有关税收优惠，建立了针对农垦国有农用地使用权抵押贷款试点的风险缓释及补偿机制，引导金融机构在风险可控的前提下优化金融服务，积极满足农垦主体多样化的金融需求。依托农场土地进行土地整治所形成的新增耕地纳入当地补充耕地储备库，补充耕地指标发生流转产生的收益和城乡增减挂钩建设用地指标收益，专项用于农场巩固脱贫攻坚成果和支持乡村振兴战略实施。对农场国有土地被依法收回后再出让的，其出让收入实行收支两条线管理，县级分成的相应土地出让收入按照规定积极用于农场农业土地开发、农田水利建设、公益性基础设施建设。在不改变土地用途的前提下，农场企业内部实施产业结构调整的产权、股权、土地、资产进行无偿划转的，有关税费按照国家规定执行。在企业化改革过程中，属地化管理垦区根据相关省级人民政府配套农垦改革文件的精神，明确市或县人民政府是推进农场企业化改革的责任主体，应结合当地实际，研究制定推进农场企业化改革具体方案，着力推进农场企业化改革，明确有关单位和部门要对照实施方案所涉工作任务，认真履职，协调配合，切实加强政策支持和业务指导监督，着力推进农场企业化改革任务落实。

（二）区域性农业企业集团

"区域性农业企业集团模式"是统筹考虑各垦区在管理体制、资源禀赋、发展水平上存在较大差异，从而有针对性地对国有农场归属市、县管理并相对集中的垦区，一般以市、县为单位，在地方政府和有关部门的支持下，打破原有的机制框架，新组建以区域性为特征的现代农业企业集团，实现差异化路径和多元化发展。

在开展公司化改制的同时，在农场产业关联性和互补性强的地区，积极争取以区域优势禀赋和产业基础为特征，对国有农场数量较多、分布相对集中、有经营发展关联性、互补性强的县（市），进行资源和产业整合，形成以资本为纽带的母子公司管理体制的现代农业集团。这批新组建的区域性现代农业企业集团，基本都建立了现代企业制度，明晰了产权关系，健全了法人治理结构，企业的管理水平和发展活力显著提高。

部分农场企业以资本为纽带，以产业发展为重点，以资源整合为抓手，加强国有农场之间、国有农场和垦区内外企业之间的联合、联盟、联营，与其他农垦集团开展多种形式的合资合作，提高经营能力，发挥农场土地规模优势，高标准建设标准化农业产业基地，推动了农业生产由分散的小规模经营走向集约化、规模化企业经营，助推中国农垦公共品牌建设，同时也联动建设垦区现代农业产业园和农业产业小城镇，辐射带动周边乡村产业发展。

（三）农业产业公司

"农业产业公司模式"主要是指在国有农场归属市、县管理的垦区，部分产业特色明显的国有农场立足自身产业特色和优势，采取"联合联盟联营"战略，组建成若干家农业专业公司，以提高产业、资产、资本等经济要素资源的流动和利用效率。在实践中，此模式通过培育区域、行业产业集团，引入现代企业制度，完善法人治理结构，建立起企业组织架构和管理机制。同时，借助当地政府和垦区集团的鼓励和支持，不少农场企业通过招商引资和寻求合作伙伴等方式与其他法人实体进行资产重组，以联合、联盟、联营、混合所有制改制等方式，围绕主粮、肉蛋奶、天然橡胶、种业研发、土地经营和开发、投融资平台等方面开展了集团化、专业化改造，加强产业集团科技创新和人才培养，积极探索引入职业经理人机制，成功组建了一批生产、加工、销售一体化的农场专业性公司，培育了一批在市场中有影响力的品牌和重点特色产业化龙头企业。

（四）场乡合一体制下的农场企业化

该模式对应的是在实行政企分开、调整农场管委会职能的过程中，对部分所辖社区人口基数小、区域交叉的农场社区居委会，不再设置农场社区管委会，其所辖社区居委会归并临近乡（镇）管理。农场管理委员会更名为农场社区管理委员会，承担农场辖区内社会管理和公共服务职能，属地党委、政府统筹制定原农场管理委员会职能部门和人员转隶方案，根据实际情况推进农场社区管理委员会与就近乡镇（街道）合署办公。通常情况下，农场社区管理委员会与乡镇（街道）合署办公的，乡镇（街道）主要行政领导可以兼任农场社区管理委员会主任。

（五）农场划转或注销

部分农场在改革过程中，出于当地实践和具体情况的需要，经过省级农垦管理部门审核同意后，将一部分农场划转，并对那些资不抵债、名存实亡的"僵尸农场"进行了有序解散和撤销。

五、国有农场企业化改革与若干因素之间的联系

国有农场企业化是一个不断完善和进化的过程，其本质是构建市场经济体制下自我发展的主体。农场企业化受到多方面因素的制约，影响着农业企业化的发展进程。

（一）国有农场企业化与办社会职能改革

国有农场办社会职能是指国有农场承担的属于政府职能范围的非企业经营性事务，主要包括公检法、社会综合治理、计划生育管理、司法、民政、人武、基础教育、基本医疗、公共卫生、"三供一业"等各类社会行政性、事业性和服务性职能。由于历史原因国有农场承办了本应由社会化经营主体或公共机构承办的各种社会服务职能，涉及人员多、范围广，给国有农场带来了较为沉重的负担。

加快政企社企分开、分离农场办社会职能、减轻农场办社会负担，是农场企业化、垦区集团化改革的前提。农场企业化意味着农垦回归作为一个企业的本质，必须剥离自身负担的社会服务的附加功能。中央农垦改革发展文件提出，以推进垦区集团化、农场企业化改革为主线，着力深化农垦市场化改革，推进政企分开、社企分开。改革的本意是充分发挥市场在资源配置中的决定性作用，依法落实农垦企业经营自主权，促进国有农场深化改革，真正成为自主经营、自负盈亏的市场主体。如此，农垦企业才能轻装上阵、公平参与竞争，集中资源做强主业，更好履行农垦使命任务，服务国家战略需要。

农场转为公司最本质的特征是去行政化，放大经营职能。受传统体制和计划经济烙印影响，国有农场不仅包含了经济功能，还有社会功能、区域功能等，难以一步跨越成为现代农业企业。因此，国有农场企业化改革要从实际出发，逐渐地分离办社会职能。为促进农场企业化改革，有序开展农场办社会职能改革，2016 年 10 月，农业部联合财政部、教育部、国家卫计委、民政部、中国人民银行印发《农垦国有农场办社会职能改革实施方案》，细化改革任务和工作要求，指导各地结合实际推进改革，妥善解决机构编制、人员安置、所需经费、历史债务等问题。

剥离国有农场办社会职能，是全面深化农场企业化改革的重要内容和任务，解决好国有农场办社会职能问题对于提高农场效率、增强农垦企业活力等意义重大。

（二）国有农场企业化与创新农业经营管理体制

国有农场农业经营管理体制是关系到农业现代化、推进乡村振兴的重要制度安排，是国有农场农业生产经营的组织形式和方法，主要包括国有土地经营制度、职工承包租赁经营制度和市场化劳动用工制度等。农场企业化改革的核心是提高农场的规模经营能力和水平，改行政型农场为经营性农场；关键是转变经营方式，将分散传统的承包责任制转变为集中现代的规模化农场经营模式，提高生产效率，强化市场属性。因此，创新国有农场农业经营管理体制对于深入推进农场企业化改革、完善国有农业经济实现形式具有重要意义。

农场企业化的切入点是改革创新农场的双层经营体制，通过土地适度规模经营，为农场公司放大经营职能奠定基础。中央农垦改革发展文件提出，国有农场经营管理体制机制改革要以现代农业为发展方向，围绕发展国有经济为主导，走规模化发展之路，构建现代农业经营体系。创新农业经营管理体制，要坚持和完善以职工家庭经营为基础、大农场统筹小农场的农业双层经营体制。大农场不仅包括国有农场，还包括背后的企业化、集团化运营；小农场也不仅指国有农场的家庭农场，还包括农村的各类经营主体。"统筹"强调的是大农场应该主要通过经济和服务的方式与各类小农场建立起双层经营的关系，建立健全利益分享风险共担机制。一是要强化国有农场统一经营管理和服务职能；二是要构建权利义务清晰的国有土地经营制度，从根本上明确农垦国有土地承包租赁期限等同经营者身份相适应的衔接机制，防止长期简单固化土地承包租赁经营关系；三是要积极培育规模化农业经营主体；四是要全面加强农场土地承包和租赁经营管理。

（三）国有农场企业化与国有资产保值增值

国有农场拥有并控制各种形态的财产物资，它们是推动农场企业化改革的价值基础，其中土地是农垦最重要的资源性资产，也是农垦最重要的生产资料，是农场存在与发展的基础。通过土地资源化利用，可以得到合理配置和增效增值，实现农垦土地可持续发展。国有农场土地归国家所有，承载着经济功能、社会功能、生态功能以及国家安全保障功能，必须切实维护农垦集团土地使用权益，不断改善土地质量，加强农垦土地资产保护，防止土地分散和流失。中央农垦改革发展文件提出，要创新农垦土地资产的管理方式，推进农垦土地资源的资产化和资本化。在明确土地权属的基础上，通过推进农场土地综合利用开发和土地资产化资本化，能够有效盘活土地资源，做大资产总量，降低资产负债率，实现土地资源高效运作和保值增值，提高农场投融资能力和抗风险能力，促进农场企业化改革和经济发展。

在垦区集团化农场企业化的改革背景下，大多数农场企业的经营方式和经营模式都发生了巨大变化。为实现农场可持续发展，完善财务管理制度至关重要，如果一个企业的财务管理水平低，可能会影响企业的举债水平和资金运营能力。随着我国社会经济的不断发展，所有企业的财务管理都要面临复杂的环境情况，农场企业也不例外，因此准确的财务战略管理对于农场企业的发展具有重要指导作用。为使农场增强市场竞争力，使国有资产在生产经营中实现增值，场部应在年初下达财务管理的明确目标要求，特别是要保证固定资产折旧等核算的真实、准确和完整。年终要对各项指标严格考核，重点是考核国有资产的保值增值情况。最后，农场资产保值增值目标应与农场企业管理层奖金挂钩以增强其责任心，调动其积极性。管理层要逐步完善相关财务管理制度，各级职工要加深对财务管理的认识，从而构建完善的财务管理体系和内部控制体系，使国有农场企业的综合竞争力不断提升。

农垦国有农场办社会和办企业的双重负担制约着农场企业化、垦区集团化的发展，尤其是沉重的办社会负担导致部分农场资金运转困难，资产负债率过高，甚至陷入亏损境地。农场的债务涉及面广、类型复杂，几乎所有的农垦企业都背负着不同程度的历史遗留债务，有些农场的债务还背负高额利息，利滚利的循环进一步加剧了农垦企业的债务负担。如果国有农场债台高筑，必然会成为阻碍农场企业化发展的巨大障碍。为进一步整合国有资产管理职能，不断优化国有资本布局，充分发挥国有资本功能，就要全力防范化解债务风险，严格防范国有资产流失，确保国有资产保值增值，提升企业盈利能力。因此，需要对农场历史遗留债务给予合理化解，有效减轻企业负担，使其轻装上阵。

（四）国有农场企业化与法人治理

从农垦自身改革发展来看，垦区集团化和农场企业化改革是推进农垦管理体制和管理方式创新的重要途径，也是实现垦区经济发展产业化、市场化、股份化，完善垦区企业现代企业制度的保障。只有坚持垦区集团化和农场企业化改革方向，农垦管理体制才能更加稳定、更具活力，农垦独特优势才能得到充分发挥，农业先进生产力才能够更好发展，国有农场统一经营管理和服务职能才能进一步强化，农垦历史遗留的困难和问题才能够得到解决。完善的企业法人治理结构对于国有农场的经营管理起着十分重要的作用，它是公司制度的核心，也是企业所有者和经营者所需要关注的重要内容，是推进国有农场企业化改革的内在要求。科学规范的法人治理体系也会为国有农场实行科学管理和有效监督打下良好基础。

从国企深化改革任务来看，依法完善法人治理结构是法律对国企的明确要求，是国企转变机制、深化改革的重要任务。国企作为国民经济的主体，依法完善法人治理结构，在不同阶段都有相应法律要求。1993 年，党的十四届三中全会第一次提出了国企改革的方向是建立现代企业制度。同年，我国颁布的《中华人民共和国公司法》规定了股份制企业法人治理结构的权利与义务。1999 年，党的十五届四中全会指出，公司制是现代企业制度的一种有效组织形式，法人治理结构是公司制的核心。2008 年，我国颁布的《中国人民共和国企业国有资产法》规定，国家出资企业应当依法建立和完善法人治理结构。2014 年，党的十八届四中全会提出，全面推进依法治国的战略部署，总目标是建设中国特色社会主义法治体系，建设社会主义法治国家。2017 年，国务院办公厅印发的《关于进一步完善国有企业法人治理结构的指导意见》指出，完善国企法人治理结构是全面推进依法治企、推进国家治理体系和治理能力现代化的内在要求，是新一轮国企改革的重要任务。依法完善国企法人治理结构符合法律的要求，既是适应现代企业发展需要的必然选择，也是新时代全面推进依法治国、促进国家法治体系和治理能力现代化的重要方面。

农垦系统不断深化垦区改革，在构建现代企业集团组织架构、建立健全现代企业制度、完善风险防控体系等方面取得了不少成就，积累了丰富的经验，但农垦改革也存在法人治理结构有待完善等一系列问题亟待解决。一是垦区集团的股权结构普遍存在国有股高度集中化，其治理结构总体上是行政型治理结构，导致建立规范的公司管理体制和运营机制存在困难。二是垦区企业股份化改造时，存在较多系统内法人相互持股现象，这样容易造成内部人控制，规范的公司治理结构难以建立。三是垦区绝大多数企业集团已建立由股东会、董事会、监事会经营管理者组成的法人治理结构，但是企业的董事会、监事会成员和高级管理人员主要由上级委派，董事会与经理层人员也较多重合，权力机构、决策机构、监督机构和经营者之间的制衡机制有的还未真正形成，公司治理结构不十分规范，对经营管理者的激励惩罚机制也有待完善。四是大多数集团公司的董事、经理层，是由省国资委、省农垦集团公司任命，或政府部门委派，董事会对公司高级管理人员不具有任免权和监督权。部分农垦集团化企业没有设立独立董事，董事会成员由内部人员组成，相互之间难以制衡，董事会对经理层制约弱化，难以形成有效监督。五是集团公司治理的组织机构应包括股东大会、董事会、监事会、经理层和利益相关者，而垦区集团公司中具备完整机构设置的企业较少，部分监事会功能没有得到有效发挥，缺乏有效的内部监督机制，职工参与企业管理方面存在缺失，没有形成对企业应有的监督。综上，鉴于现阶段农垦改革在法人治理结构方面存在的问题，完善法人治理结构是现阶段深化国有农场企业化改革的迫切需要。

除此之外，国有农场企业化改革还存在组织间关系尚未完全理顺的情况，为进一步整合产业资源、理顺管理体制、打造富有竞争力的农垦企业带来阻碍。一是农垦集团与产业公司的关系未完全理顺。部分农垦集团是产业公司的行政管理机构，与产业公司是上下级行政隶属关系，农垦集团直接干预产业公司的日常生产经营活动，由此造成产业公司对农垦集团产生依赖性，担当作为能力弱化。二是产业公司与国有农场的关系未完全理顺。在传统行政管理体制下，国有农场、加工企业、商贸企业是分散的市场经营主体，在产业链环节之间相互独立，垦区内部经营主体间相互竞争，降低了生产效率，增加了生产成本。三是国有农场与职工的关系未完全理顺。现阶段职工家庭农场是国有农场生产的基础和主体，国有农场和职工家庭建立承包租赁经营关系，国有农场有时以行政命令等方式干涉职工家庭正常的生产经营活动。家庭农场普遍分散、规模小，不利于农垦企业统一经营管理和服务，农业全程机械化和智能化生产难以推广，农业生产缺乏标准化，粮食食品生产安全性难以保障，农产品种植成本居高不下。有鉴于此，现阶段进一步理顺农垦集团和产业公司关系、产业集团和农场公司、农场公司和职工关系对于农场企业化改革来说至关重要，直接关系到垦区集团的市场主体地位能否真正确立，垦区的内生动力和发展活力能否得到全面提高，是推进垦区集团化农场企业化改革必须实施的重要举措。

（五）国有农场企业化与产业化发展

《关于支持农业产业化龙头企业发展的意见》指出，农业产业化是我国农业经营体制机制的创新，是现代农业发展的方向。推进农业产业化，有助于打造农产品品牌、提高产业效益，有助于构建完整的产业链条、促进三产融合，有助于加快实现农业农村现代化、促进乡村振兴。事实上，早在20世纪80年代初，农垦就已开始通过农工商一体化、产加销一条龙的经营方式，解决农业生产与加工流通脱节、农产品供应与需求脱节、农民与市场脱节的问题，被视作我国农业产业化的雏形。

在我国农业产业化模式中居于首位的是龙头企业带动型。农垦改革要求垦区进行企业化再造，以生产经营为核心，建立新的农产品生产企业，通过打造行业龙头，由点及面，形成规模效应和示范效应，从而促进三产融合，为带动地方农业产业化发展贡献农垦力量。对于进行集团改革的垦区，其企业在当地发展的时间长、根基深、规模大，在地方乃至全国重要农产品的生产保供方面有不可替代的地位，比如首农、光明、重庆农垦等。其旗下企业产品不仅满足了当地人米、面、肉、蛋、奶制品的需求，还成为行业龙头。事实上，龙头企业在集团中能发挥很强的带动作用。其一，龙头企业在发展过程中会吸引资金、人力、技术、理念等劳动要素的集聚，集团内其他企业会接受到来自龙头企业的劳动要素溢出。退一步讲，即便没有要素溢出，集团内部不同企业间员工的交流，也能让龙头企业把经营过程中秉持的先进理念传递到其他企业，增强集团发展的内生动力。其二，龙头企业能带动产业链的延伸，在集团内部形成纵向一体化的格局。龙头企业对上下游关联产业产品的需求和供给带来了交易成本，在企业实现规模化经营的过程中，必然会为降低交易成本实现交易内部化，这就带来了产业链的延伸，进而起到由点到线的带动作用。其三，龙头企业的品牌效应能带动消费者对集团其他品牌的关注。龙头企业产品在市场上获得的认可，必然会使消费者追溯到其母集团，进而关注其旗下的其他品牌。这属于一种晕轮效应，对一个品牌的好感，会引起消费者对其兄弟品牌的好感。这会使企业在节省宣传支出的基础上，又赢得了消费者信任品牌的背书，这种宣传起到的效果是其他方式不可比拟的。

如果说建立产业化龙头企业是农垦集团农业产业化的起点，那么通过产业链联结实现三产融合，以线带面，则是农业产业化的必然趋势。农村一二三产业融合发展是以农业为第一产业，加工为第二产业，包括旅游、电商、服务等为第三产业的融合发展。三次产业并不是简单相加，而是通过技术创新、要素渗透、模式再造等，打破产业边界，拓展农村生产、生活、生态功能，实现"1+1+1＞3"的融合效果。从这个角度来看，农村一二三产业融合是农业产业化的升级版。

农垦龙头企业的形成，积攒了资金、技术、高素质劳动力等生产要素基础，加之品牌效应提高了知名度，带动企业生产向加工业延伸。这不仅可以降低龙头企业同下游企业的交易成本，而且因其对行业的了解和优质的原料基础，更有利于其滋生创新，包括新产品、新技术和新的生产组织形式。

六、国有农场企业化改革的路径分析

（一）总体考虑

1. 基本思路

国有农场企业化改革要处理好各方面关系，使农场真正成为自主经营、自负盈亏的市场经营主体。国有农场企业化改革遵循渐进的过程，是从全民所有制的计划生产管理形式向市场化经营实现价值生产的转变。此过程涉及办社会职能改革、土地经营制度的创新完善、国有资产保值增值、现代企业法人治理以及农场产业化发展等一系列过程，是相互协同而又互相掣肘的过程。国有农场企业化以垦区集团化为引导，按照国有企业改革的相关要素，置于宏观大背景下强化自身功能。概而言之，国有农场企业化改革具体路径可以从建立健全管理体制和创新完善经营机制两个方面来思考，推动国有农场从全民所有制企业向公司制转变，完善现代企业管理制度，实行母子公司管理体制，明晰企业产权和法人主体地位，建立运行高效、保障有力、相互联结的运行机制，真正成为适应市场经济要求的独立法人主体。

2. 基于集团化垦区和属地化管理垦区的路径选择

目前的农垦管理体制主要存在集团化管理垦区和国有农场归属市、县管理的属地化管理垦区两种类型。这两种类型的存在有其差异，与一定的历史发展阶段相对应，但是相互间又具有内在的必然联系。在农场企业化改革过程中，集团化管理思路贯穿其中，从法人治理角度来说，具有殊途同归的效果。

正如前面分析中看到的，集团化垦区农场公司化改制按照专业公司、农场公司（子公司）等形式进行，组成"农垦集团＋子公司（专业公司）＋生产基地"的组织形式，跨地域整合产业型集团公司、整合地方资源地域型集团公司；建立集团化管控体制，完善公司治理结构体系，健全董事会、监事会和经理层组成；推进混合所有制改革和员工持股长效激励措施。

属地化管理垦区，公司化改制特征是组建区域性农业企业集团或成立农场公司。考虑到不同农场的规模和体量大小，具有一定区域优势和规模特征的农场可以合并或重组成区域性农垦集团；体量较小的农场可以通过整合纳入上一级管理企业，发挥基础单元作用。属地化管理垦区所在区域组建的区域性企业集团，可以参照省级农垦集团方式，健全完善母子公司管理体系；加强土地资源化利用，盘活企业闲置性资产，培育农场主导产业，激发生产活力和经营效益。从某种程度上说，依靠资本和资源的整合，属地化管理垦区农场资源较好的公司制企业可以重组为省级农垦集团，进一步做大做强，成为实现农垦企业航母式发展的助推力量。

（二）路径优化

1. 管理体制方面

（1）建立现代企业制度、完善法人治理结构。 国有农场企业化改革，第一步是要转变管理体制，建立起现代企业制度。现代企业制度，指的是以市场经济为基础，以完善的企业法人制度为主体，以有限责任制度为核心，以公司企业为主要形式，以产权清晰、责任明确、政企分开、管理科学为条件的新型企业制度，其精髓是制衡、激励和约束。具体而言，其一，要完善法人治理结构。按照法定程序选定并明确股东会、董事会、监事会和经理层的职责，在此基础上形成有效的制衡机制，以提高企业的科学决策能力，避免出现委托—代理问题，降低经营过程操作风险。其二，要建立科学高效的管理机制。公司治理的核心，在于发挥承担不同职能的人的作用，要想将这种作用最大化，就要建立科学高效的管理机制，激发人的潜能，比如建立有效的薪酬分配机制、职级晋升机制、人事管理制度等。而引导形成积极向上的企业文化、打造负责任的企业形象、营造良好的公司氛围，对于建立科学高效的管理机制而言亦是有益补充。其三，要构建母子公司体系。对于农垦农场而言，之所以能在特殊的历史时期出色地完成保供任务，与其高度集约的一体化的管理体制有很大关系。集团化改革较为成功的农垦集团，大都将垦区的管理体制由原来的行政隶属关系转变为投资与被投资的母子公司关系，实行农垦集团—产业集团—子公司（含农场基地公司）三级管理体制和运行架构，即在市场经济体制下对管理机制进行了适应性转变。这种管理机制弥补了农场决策能力不够、资金不足、技术水平不高等问题，母公司能为子公司提供技术、资金、人才、制度、营销等多重支持，将管理职能充分剥离后，农场能由最小的管理单位变成纯粹的生产基地，能充分提高生产效率。因此构建母子公司体系亦是农场企业化的必由之路。

（2）优化集团管控。 对于集团化管理垦区而言，深化国有农场公司化改造，应当首先从企业机制改革着手。针对国有农场企业化改革中存在的组织间关系尚未完全理顺的情况，构建以资本为纽带、省农垦集团母公司和子公司

（含农场子公司）三级运行架构的母子公司体系，健全母子监管体制，凸显公司机制的优势。在此基础上，优化农场企业化改革中管控体系，构建两级管控模式，进一步强化集团管控。

一是理顺农垦集团与产业公司的关系。农垦集团化改革中，农垦集团和产业公司之间的关系是以资本为纽带的母子公司体制。母公司和子公司都是依法设立的公司制企业法人，各自享有独立的法人财产权，独立行使民事权利，承担民事责任。农垦集团与产业公司是出资人和被投资企业之间的关系，不能违反法律和章程的规定，直接干预产业公司的日常生产经营活动。农垦集团公司主要职能是组织制定和实施集团的长远规划和发展战略、开展重大资本营运活动、决定集团内的重大事项、推进集团成员企业的组织结构及产品结构调整等。二是理顺产业公司和国有农场的关系。农垦集团化改革中，要以产业公司为核心，重组企业经营组织框架，解决垦区内部分散化相互竞争的问题。国有农场作为产业公司的生产基地，要按照产业公司的总体布局，组织职工家庭农场落实好生产任务，并提供农资采购、农机作业、良种供应、病虫害防治等集中统一服务。产业公司要通过大力发展仓储物流、营销贸易、科技创新、金融保险等产业链高端，带动产业经营的整体效益，带动国有农场和所在区域乡村振兴，分享更多的产业链增值收益。三是理顺国有农场与农业职工的关系。农垦集团化改革中，要构建起"农垦集团—产业公司—国有农场—家庭农场"之间纵向利益共同体和全产业链体系，国有农场要强化农业统一经营管理和服务职能，发挥统筹家庭农场的作用，发展多种形式的适度规模经营，开展全程机械化和标准化生产，在垦区集团的产业体系总体布局下，实现统与分的有机结合，带动职工家庭提高农业经营综合效益。

在三级组织架构的基础上，构建两级管控模式：集团对下级聚焦战略引领、二级公司对下级聚焦专业运营。集团对下级聚焦战略引领，即集团作为战略的制定者，控制战略和投资决策、监督和督导业务板块运营、强化风险管控、支持业务发展，推进总法律顾问制度建设和财务总监派出制度，增强业务板块运营的灵活性，促进集团公司跨业务协同。集团对下级采取运营管控，即二级公司直接管理核心业务的运营，主导投资标的甄别与筛选和投后管理，介入日常财务及营运审核并决策主要事项；强化党委、董事会对内部审计工作的领导，组建审计中心，加强内部审计集中管理，构建覆盖经营事前、事中、事后全过程的"审计与风险防控"体系。

（3）**推进股权多元化改革**。根据农场自身特点进行股权多元化改造，可在确保国有资本相对控股的前提下，积极引进战略投资者，发展混合所有制经济，确保国有资产的保值增值，激活农场发展新动能。例如广东垦区这种集团化垦区，企业股权改革思路就是"总部＋龙头企业＋基地分公司"的农业发展体系。集团化垦区也可以借助龙头企业，吸收非国有资本。龙头企业作为新型农业经营主体到农场依法回收职工承包土地，发展规模农业，从而推进农场农业供给侧改革，达到快速发展农场农业经济、实现提高土地创值率、职工增收、农场增效的目的。再通过创建专业公司为重点推动股权合作方式的转型升级，规范实施股权化改革，吸引更多民营股份合作伙伴。对于属地化管理农场，可通过多种形式发展管理层持股和职工持股，形成风险共担利益共享的机制。对农场企业关键岗位的经营管理者、核心技术人员和业务骨干以及职工，鼓励按照现金入股、技术入股等多种形式发展管理层和员工持股。

（4）**加强国有资产监管、强化企业内部管控**。党中央、国务院在《关于深化国有企业改革的指导意见》中明确提到，要完善国有资产管理体制，以管资本为主推进国有资产监管机构职能转变，以管资本为主推进经营性国有资产集中统一监管。为顺利推进国有农场企业化改革和公司化改造，应完善国有农场资产管理体制，这对于维护国有资产安全，推动农垦国有农场真正成为独立市场主体，增强国有农场整体功能和效率，具有十分重要的意义。

农场在企业化过程中，要加强对国有资产的监督管理，尤其是对经营性资产的监管，防止国有资产流失。集团公司应当保证对国有资产的保护和监督。在资产管理方面，可以使用信息化管理手段，明确责任主体，规范固定资产配置、报废流程，通过制定清查方案，加强资源性资产管理，从而有效实施监督。要完善国有农场内部控制制度，规范财务管理流程，为财务管理科学化奠定基础。首先应从转变观念入手，从管理层到全体职工，都应从意识形态上对内部控制建设加以重视。其次要通过合理设置内部职能机构，确立各自的职责权限，建立各司其职、各负其责、互相牵制、相互配合的工作机制。最重要的是要加强监督检查工作，加大考评问责力度，切实做到有奖有惩，奖惩分明，强化自我监督、自我约束的自觉性，充分发挥内部监督效力。

2. 经营机制方面

（1）完善土地承包租赁关系、密切利益联结机制。一是构建权利义务关系清晰的国有农用地经营管理制度，创新农垦农业经营方式。全面推行土地经营合同管理，有效规范土地经营行为，严禁长期简单固化国有农用地承包租赁经营关系，积极培育新型农业经营主体，发展股份制、公司制等农业经营形式，通过产业化经营、专业化分工，加快完善农业全产业链。二是构建新型劳动用工制度和完善社会保障机制，提高职工队伍素质。加快建立以劳动合同制为核心的市场化用工制度，建立健全农垦企业各类管理人员公开招聘、竞争上岗制度，加强农垦经营管理人才培养和选拔，形成优胜劣汰的用人机制，完善企业的激励和约束机制，加快建立一支懂市场、善经营、会管理的高级人才队伍。同时，加快完善农垦企业失业人员安置和就业援助政策，探索符合农垦特点的职工参保缴费办法，协调出台解决农垦系统社保收支缺口政策措施。三是建立健全利益分享风险共担机制。发挥国有农场在农业双层经营中的主导功能，鼓励国有农场与职工通过订单生产、股份合作、生产承包、土地托管等多种形式，形成产业链优势互补、分工合作的格局，建立合理的利益联结机制，统筹处理好国家、农场和职工利益关系，让职工更多更公平地分享产业增值收益。加强国有农场全员绩效考核管理，建立农场经营管理人员、职工工资与经营绩效挂钩的薪酬制度。规范国有农场职工代表大会运行，畅通职工子女、外来落户人员利益诉求表达渠道，维护其合法权益。

（2）盘活农场土地资产和技术、品牌等无形资产。国有农场应大力推动资源要素的有效配置，盘活土地资源和各项实物资产，整合技术、品牌等无形资产。一是对闲置的机械、厂房等固定资产进行全面排查和分类，在确保资产不流失的前提下，对部分闲置资产采取拍卖、出售或者对外出租等，增加企业收入。二是打造国有资本市场化运作平台，做大做强国有投资项目，以项目资金带动民间资本，将闲置土地、闲置房进行重新规划，实行再利用，促进国有土地保值增值，大力发展旅游业或现代农业。三是创新经营模式，拓宽融资渠道。农场要全面利用好政府引导产业项目、民生实事项目的相关政策，采用PPP项目模式，盘活存量资产，在公共设施基础项目中积极引入社会资本，提高资金效用，推动项目落地实施。四是整合技术、品牌等无形资产。很多农垦集团在种植、畜牧等各种农业项目上积累了深厚的技术资源和品牌资源，农垦应当发挥组织化、标准化、规模化、集约化优势，盘活这些无形资产，以这些无形资产出资，下设二级企业，与其他企业组建合资公司，创建一批高水平的产业科技创新中心、产品研发中心、工程研究院。

（3）推动三产融合、延伸产业链条，培育现代物流和营销体系。深入推进一二三产业融合发展，进一步延长产业链，提升价值链，融通供应链，打造特色彰显、纵向链接、横向配套、深度融合的现代化产业链条，提升抗市场风险能力和竞争力。不断强化市场营销理念，持续推进现代营销体系，以市场为导向，加强需求侧管理，加快构建大商贸、大品牌、大市场营销格局，打好市场营销"攻坚战"，推动农垦企业由生产型向经营型转变。鼓励国有农场相对集中、产业关联性和互补性强的垦区，以市或县为单位，建立以产业为基础、以资本（资产）为纽带的母子型农垦集团有限公司；因场施策、分类指导、积极推进农场企业化改革，强化农场经营功能，壮大农垦企业。

对农场而言，从事农业生产属其基本职能，顺应三产融合的趋势方能加快实现发展创新。事实上，现代农业产业更为主流的发展模式是和第三产业，尤其是服务业相融合。服务业涵盖的范围很广，包括信息服务业、科技服务业、物流业、观光旅游业等。

农业和服务业相融合，或者说相关产业在农业领域得到应用，不仅能促进服务业本身的发展，更是对农业的一种反哺。农业与信息服务业的融合，意味着在农业生产过程中要融入更多的科技要素，比如无人机植保、作物生长状态的传感器监测、温室大棚的温度湿度实时控制、自动饲养管理系统等，它们将作物、畜禽的生长、管理过程数字化，进而可实现农业生产者的精准管理、精确操控，实现节本增效。

农业与科技服务业的融合，意味着更多生产技术下沉到了生产过程中，摆脱了粗放的"顺其自然"式的生产，取而代之的是精耕细作和科学管护。主要借助各级农业技术推广站和电视、网络、广播中的农业技术宣传科普，集团公司的技术指导，乡村技术能人得以实现；或者借助市场，通过购买农业专业化服务来实现。

农业与物流业的融合，在于构建适合当地农业发展的现代物流体系，而物流体系的构建又是与营销模式密切相关的。一是对于由经销商收购、再分销到各级经销商的销售模式而言，其物流体系就是借助各级经销商在全国搭建的传统销售网络。二是对于借助网络、在电商平台直营的销售模式而言，其物流完全外包给第三方快递企业承担，更为灵活。不论是哪种销售模式，若想提高抵御市场风险的能力，都要加强仓储保管，这主要是通过在当地建设冷鲜仓库来实现。

农业与观光旅游业的融合，是当下的热点。与信息服务业、科技服务业、物流业不同，观光旅游业的服务对象是游客，产出是体验和感受，并非实物。因此更考验农场对文化产品的创造和输出能力，看能否引起游客的共鸣。农垦具有悠久的发展历史、特殊的成立背景、多元的垦区文化，在发展观光旅游业方面具备得天独厚的优势，要统筹规划特色种养业与旅游观光业、产品加工业，做到功能清晰，联动发展，突出特色。充分发掘拓展农业生态功能，创新旅游项目，打造生态名片，丰富旅游体验，寓教于乐。开发特色文创产品，让文化、情怀、美景实物化、便携化，打造让人记得住、带得走、放不下的旅游产品。

七、推进国有农场企业化改革的政策建议

（一）妥善处理国有农场办社会遗留债务

立足于国有农场的企业基本属性，坚定不移推进国有农场办社会职能改革，推动解决办社会职能改革遗留问题。建立办社会职能改革遗留问题台账，指导各地对尚有办社会债务和办社会支出的农场建账督办。对国有农场办社会

职能形成的债务，经清理甄别纳入政府债务的部分，应按照政府债务统一要求规范管理。符合呆坏账核销条件的按照相关规定予以处理。推动办社会债务锁定存量逐步化解、办社会支出控制增量，充分发挥农垦管理部门改革牵头部门的职能作用，探索发挥社会媒体监督作用，压实属地政府责任，重点推动完善政府授权委托、购买服务工作机制。鼓励农场在确保履行使命任务和自身可持续发展的基础上，主动承担社会责任，通过积极参与地方社会治理、完善职工福利制度等方式，不断提高农场社区社会管理和公共服务水平，推动建设宜居宜业和美垦区。

（二）创新和完善国有农场农业经营管理体制

国有农场企业化改革与创新农业经营体系具有十分紧密的联系。从顶层设计的角度，希望能结合不同垦区发展实践和实际，尽快出台相关指导意见，按照完善双层经营、发展多种形式适度规模经营的要求，健全完善符合农场实际、与各类生产经营主体身份相适应的承包租赁制度，既要防止简单固化土地承包租赁关系，又要防止土地承租关系短期化对生产经营主体合理利用土地的影响。强化农业统一经营管理和服务职能，从家庭经营向公司制集中统一经营过渡，把强化国有农场统一经营管理和服务职能与巩固职工家庭经营基础地位结合起来，完善两个经营层次利益共享风险共担机制。

（三）推动土地资本化利用，促进资产保值增值

国有农场要积极盘活农垦土地资源，通过农垦土地确权登记、土地价值评估、入账核算和资本运作，加快推进土地资源资产化和资本化进程。一是推动出台农垦土地使用权资产化和资本化相关的法律政策文件。建议各地方政府充分考虑垦地融合发展的需要，制定一套系统可行的农垦国有划拨土地资产化和资本化实施方案。二是建立土地交易平台，推动农垦市场化改革。地方政府应联合自然资源、农业农村、金融监管等部门，积极打造农垦土地资本化专业交易平台，并鼓励金融机构深入参与。同时，应建立好垦区土地资源资产信息管理系统，便于农垦土地评估、转让、出租、抵押、担保、处置，有效降低交易

成本，规范农垦农用地流转、交易市场，提高农垦土地资产化资本化效率。三是积极探索土地资产证券化，拓宽农垦融资渠道。各垦区要整合垦区优势企业和优质资产，并充分利用好资本市场工具，组建农垦产业投资基金，通过专业化、市场化操作程序，引导社会资本共同参与农垦土地资产化和资本化运作，进一步拓宽农垦企业融资渠道。

（四）做好农场产业规划与项目的衔接

进一步落实《乡村振兴促进法》第 22 条的规定，确保规划衔接和强农惠农政策的落实。加强农垦国土空间规划编制，统筹规划产业发展、用地布局、农房建设等，建设美丽农场。加强项目资金与政策支持，在现代农业建设、产业园区建设、民生保障建设等方面，推动项目落地实施。加大高标准农田建设和耕地保护管理。持续巩固脱贫攻坚成果，与乡村振兴有效衔接，实施农垦"三场"强基赋能专项项目，加大帮扶力度，巩固农垦发展基础，进一步提升农垦广大职工获得感幸福感。

（五）加强人才队伍建设，优化人员配置

做好企业化改革人才储备。结合垦区农场产业发展特点，培养更多的专业技术型人才，多层次多梯队引进企业管理人才，发挥人的要素的关键性作用，农垦人、地、财要素紧密结合，缺一不可。重视对农垦精神和使命的传承教育，将企业组织文化与农垦精神相结合，担负起农垦高质量发展责任。加强对属地农业农村部门落实行业指导职责的绩效考评，促进各级农垦管理部门抓实抓好农垦的改革发展。

国有农用地使用权立法研究[*]

国有农场、林场等对其占有使用的农用地事实上享有使用权，但现行法没有明确规定该权利类型。国有农用地使用权的制度性缺位严重制约国有农场、林场等的土地权益维护和企业化、市场化改革，同时也影响国家粮食和重要农产品安全。完善国有农用地使用权制度，应当抓住不动产登记法、国土空间开发保护法、耕地保护法等法律的制定、修订机遇。

一、国有农用地权属现状及其问题

（一）现行法规定的国有农用地所有权和用益物权

国有农用地包括国有耕地、林地、草地等不同类型。从管理使用情况看，国有农用地又可具体区分为农垦（含新疆生产建设兵团）国有农用地、国有林场农用地、国有草场农用地、华侨农场农用地、劳改农场农用地，以及国家所有交由集体使用的国有农用地等。《2021中国农垦统计年鉴》显示，全国农垦（包括新疆生产建设兵团）土地总面积约4.9亿亩，其中耕地0.98亿亩、牧草地2.01亿亩、林地0.56亿亩。

1. 国有农用地所有权

除《民法典》第249条和第260条分别规定了国家土地所有权和集体土地所有权。但根据《民法典》第250条和第260条，森林、山岭、草原、荒地、滩涂等自然资源又分别成立国家和集体所有权，这些资源所有权表面上与土地所有权不同，但实质为土地所有权或主要为土地所有权。

---

* 课题主持人：彭剑良；参加人员：刘锐　陈晨　刘云菲　崔博

* 课题主持人：彭剑良；参加人员：刘锐　陈晨　刘云菲　崔博

除《民法典》之外，不少单行法涉及土地权利规定。《森林法》在森林资源所有权之下又规定了林地所有权、森林所有权、林木所有权等权利类型。《草原法》规定了草原所有权，没有规定草地所有权。

总之，现行法规定的国有农用地所有权类型包括国有土地所有权、国有林地所有权、国有草原所有权等。

2. 国有农用地用益物权

《民法典》规定的土地用益物权主要包括土地承包经营权、土地经营权[①]、（国有）建设用地使用权、宅基地使用权等。其中，实行承包经营的土地包括农民集体所有和国家所有交由农民集体使用的耕地、林地、草地以及其他用于农业的土地，[②] 承包的方式包括家庭承包和其他方式承包。按照《民法典》和《农村土地承包法》，家庭承包方式产生土地承包经营权，其他方式承包产生土地经营权。

此外，《土地管理法》《森林法》《草原法》等还规定了集体建设用地使用权、集体经营性建设用地使用权、林地使用权、草原使用权。值得注意的是，《森林法》第 62 条和《农民专业合作社法》第 13 条规定了涵盖林地、森林和林木所有权和使用权的林权。由于林权本质上是包括林地所有权、林地使用权等权利的"口袋"权利，因此在林地承包经营的情形，承包方取得的权利既可以称为林地承包经营权，也可以称之为林权。《农村土地承包法》第 24 条也规定：国家对耕地、林地和草地等实行统一登记，登记机构应当向承包方颁发土地承包经营权证或者林权证等证书，并登记造册，确认土地承包经营权。

在以上土地用益物权中，涉及国有农用地的用益物权类型主要有土地承包经营权、土地经营权、林地使用权、草原使用权。

[①] 对土地经营权的性质，理论界还有不小争论。

[②] 根据《土地利用现状分类》（GB 21010—2017），这里的其他土地主要指水库水面、坑塘水面用地。

（二）国有农用地用益物权制度存在的问题及其成因

1. 国有农用地用益物权制度存在的问题

第一，权利设计存在漏洞。国家所有交由集体使用的国有农用地之上可以成立土地承包经营权、土地经营权，但国有农场等国有单位、企业使用的国有耕地之上并无相应的用益物权类型涵盖。《不动产登记暂行条例》列举规定的可登记不动产权利中，并不包含林地使用权、草原使用权。《不动产登记暂行条例实施细则》规定了"国有农用地的使用权登记"，还规定了国有林地使用权登记。由此可见，国有农场等使用的国有耕地没有可以登记的权利类型。不过，不动产登记实践中，上海、甘肃、广东等地规定了国有农用地使用权登记。

第二，权利内容有交叉。主要表现为土地承包经营权与林地使用权、草原使用权有交叉，《不动产登记暂行条例实施细则》规定的"国有农用地的使用权"与林地使用权有交叉。

第三，权利名称及登记发证不规范。典型的是在林地所有权、林地使用权之上又规定了林权，承包经营的国有林地使用权既可以发放土地承包经营权证也可以发放林权证，以及针对农场、草场登记的"国有农用地的使用权"本身不是一个规范的权利名称，而且事实上包含了耕地、林地、草地等不同用途的土地使用权。

2. 造成国有农用地用益物权制度问题的主要原因

第一，立法区分土地和资源分别规定权利，土地权利碎片化。考察新中国土地权利制度史，1954年《宪法》在其第6条和第8条分别规定了矿藏、水流、森林、荒地等自然资源和土地。之后的1979年《森林法（试行）》等自然资源单行法，以及1982年《宪法》，均延续了区分土地和自然资源分别规定权利的立法思路。主要的例外是1991年出台的《土地管理法实施条例》和1998年修订的《土地管理法》，前者将林地、草地等均纳入土地范畴，后者将土地分为农用地、建设用地和未利用地。不过1998年《土地管理法》又规定林地、草原等的确权分别依照相应的单行法。此外，2002年《农村土地承包法》调整的农村土地包括耕地、林地和草地。2007 年《物权法》肯定《农村土地承包法》规定的土地承包经营权为用益物权，但未对土地权利和自然资源权利进行体系化整理。《民法典》基本延续了《物权法》的规定，在不同意义上使用土地概念。一方面，其第 249 条和第 250 条分别规定了土地权利和其他自然资源权利，第 260 条更是将土地和森林、山岭、草原、荒地、滩涂并列；① 另一方面，其第二编第十一章规定的土地承包经营权意义上的土地又涵盖耕地、林地、草地等土地类型。② 从比较法看，各国民法的不动产物权均以土地为基础构建。"一切建筑物从属于土地"是罗马法的原则③。在德国民法中，不动产就是指"土地"，④ 林地之上的林木是林地的组成部分，不能独立成立所有权。我国台湾地区王泽鉴教授认为，房屋为独立之物，可以为物权客体，但树木与土地紧密连为一体，是土地的一部分，不是独立之物，不能成为物权的客体。由此可见，山岭、草原、荒地、滩涂等本为土地，森林所有权的根本在于土地所有权，即使在土地所有权之外承认林木所有权，也不宜以森林所有权掩盖林地所有权。何况，将土地权利切分为土地、林地、草原、荒地、滩涂、山岭、海岛等对应的具体权利类型，与一次划分标准应该同一、不得越级划分、划分结果应当互相排斥等基本逻辑规则不相符合。不仅如此，物权基本原理不承认集合物上可以存在所有权，森林属于集合物，不应成为独立的不动产。⑤ 总的来看，我国土地权利制度问题的根源在于资源立法对土地的切割所造成的土地所有权和自然资源所有权的并行，以及土地所有权客体的不明确，而《物权法》及《民法典》对土地权利整合不够，使得现行土地权利制度出现了违反基本逻辑规则、背离基本物权原理等问题。土地所有权制度的问题，最终影响了土地用益物权制度。

---

① 《民法典》第 260 条规定："集体所有的不动产和动产包括：（一）法律规定属于集体所有的土地和森林、山岭、草原、荒地、滩涂；……。"

② 《民法典》第 330 条第 2 款　农民集体所有和国家所有由农民集体使用的耕地、林地、草地以及其他用于农业的土地，依法实行土地承包经营制度。

③ 程啸：《不动产登记法研究》（第 2 版），法律出版社 2018 年版，第 204 页。

④ 程啸：《不动产登记法研究》（第 2 版），法律出版社 2018 年版，第 136 页。

⑤ 王泽鉴：《民法总则》，中国政法大学出版社 2001 年版。

第二，土地用益物权制度建设随着相关立法的陆续出台不断扩容，但缺乏科学规划和体系化设计。林地使用权、草原使用权因《森林法》《草原法》等单行法立法而建立。土地承包经营权由《农村土地承包法》规定，并经《物权法》规定成为用益物权。土地经营权通过《农村土地承包法》的最新修改和《民法典》的编纂而成为农用地用益物权的新成员。① 总的来看，农用地用益物权得到了快速发展，类型越来越丰富。但早期的《民法通则》及土地、自然资源单行法没有、也不可能对农用地用益物权制度进行体系化设计，本应对土地权利进行体系化构建的《物权法》和《民法典》也存在缺憾。土地承包经营权的成立并未区分耕地、林地、草地等土地用途，林地使用权、草原使用权又以土地的具体用途为区分标准而成立。不同标准划分的结果是权利之间出现了内容交叉、名称对权利内容表现不足等诸多问题。尤其是，由于缺乏科学规划和体系设计，农用地用益物权制度出现了严重的权利漏洞，国家交由国有单位使用的国有耕地使用权地位不明。当然，集体所有的自留地、自留山农用地也出现了类似问题。

二、国有农场农用地权益保护及利益实现存在的问题

（一）确权登记存在的问题

1. 国有农场农用地确权登记概况

从国有农场确权登记看，近年来，各地农垦加大了确权力度，确权率大幅度提高。截至 2018 年底，全国农垦已基本完成土地确权登记发证，共发证土地面积 4.13 亿亩（不含新疆生产建设兵团），其中国有农用地和未利用地 4.05 亿亩，全国农垦国有土地确权登记发证率达到 96.2%。② 从对农垦的调研情况看，各地确权的具体做法不尽相同。广东农垦的国有土地使用证以农场

---

① 程啸：《不动产登记法研究》（第 2 版），法律出版社 2018 年版，第 145 页。

② 需要说明的是，这里的发证土地面积 4.13 亿亩（不含新疆生产建设兵团）与农垦最新统计数据有较大出入。《2021 年中国农垦统计年鉴》载明全国农垦土地总面积为 4.899 亿亩，其中新疆生产建设兵团土地总面积 1.05 亿亩。

为土地使用权人,国有土地使用证未对农用地和建设用地严格区分,如湛国用 (2006) 第 50329 号国有土地使用证的土地使用权人为广东省国营湖光农场,地类(用途)为农用地、建设用地,使用权面积 78197 平方米,记事栏记载该宗地农用地 69400 平方米、建设用地 8797 平方米。甘肃农垦则因农垦改革的推进,将农垦土地使用权人分别确定为甘肃省农垦集团有限责任公司、集团所属企业和控股上市企业甘肃亚盛股份公司。

2. 存在的问题

总的来讲,国有农场农用地确权登记取得了不小的成绩,但存在的问题也比较突出。

第一,国有农场土地确权登记未实现全覆盖,未确权登记或者已确权但未发证的土地面积比例不小。全国农垦(不含新疆生产建设兵团)4.13 亿亩土地中,权属争议地达 1500 万亩,导致无法完成登记发证。

第二,权属交叉、重复确权问题突出,不同类型农用地确权存在比较严重的交叉重叠。有资料反映,西北某县林草重叠面积达 342.59 万亩。据对河北、内蒙古等 16 个省(自治区)不完全统计,既发放草原使用证又发放林权证的草原面积有 1.1 亿亩;林权制度改革后,草原被改发林权证的面积 1.3 亿亩,累计被改发林权证面积 1.6 亿亩。由于多数较好的草场实际确权登记均为林权,导致林草产权边界不清晰。[1] 海南垦区既颁发了林权证给非农垦单位、又颁发了国有土地证给农垦单位的土地面积有 8.45 万亩。[2] 在国有林区内,部分地方部门认定为耕地(有些甚至是基本农田)的土地,林业部门认为是非法开垦的林地。

第三,未根据土地用途分类,以宗地为标准确权发放的权属证书不规范统一,不能满足土地用途管制及开发的需要。国有农场、林场土地确权登记,有的没有和其他类型土地确权登记一样区分建设用地、宅基地、农用地及未利用地分别确权登记,而以农场、林场为单位确权登记,一本登记证书中既包括农

---

[1] 国土资源部信息中心:《自然资源管理与改革国际比较研究》(研究报告),第 442 页。
[2] 参见农业农村部农垦局:《全国农垦土地工作情况汇编》,2019 年 11 月。

用地、建设用地，还可能包括未利用地，更不用说区分国有耕地、林地、草地了。所确的权利有"国有农用地使用权""国有农用地的使用权""林权"等不同类型，发放的权属证书也有"国有土地使用证""林权证""不动产权证"等不同形式。

（二）权益保护存在的问题

第一，国有农用地被恶意侵占、任意划拨、随意确权给其他单位，农场国有农用地流失严重。在广东垦区，全垦区被侵占地共约 35 万亩。在海南农垦，市县政府因农垦无法提供相关使用证明而将土地确权登记至其他经济组织名下的面积共约 60.6 万亩；林业部门未邀请农场指界，将原国家划拨给农场的土地，单方面颁发林地权证给国有林场或农村集体的林地面积约为 29.28 万亩（如万宁市给上溪、茄新等 5 个森林经营所颁证面积就达 17.44 万亩）；目前已发证至海垦集团的土地中，仍有约 66 万亩土地被地方集体所占有。甘肃农垦从最早的 820 万亩土地到现在的 720 万亩，已流失很多，即使现在的 720 万亩土地中还有未确权面积 171 万亩、被侵占面积 51.25 万亩。全国第一、二次土地调查数据也从另一个角度印证了农垦国有农用地大量减少的问题。第一次全国土地调查显示，我国国有土地面积为 505.48 万平方公里，占全国土地调查总面积（950.65 万平方公里）的 53.17％。"二调"结果显示，国有土地面积为 501.8 万平方公里，占土地调查总面积（947.8 万平方公里）的 52.95％。国有土地不增反降，集体土地不降反增，这既不符合我国土地只能从集体所有向国家所有单向流动的制度设计逻辑，也不符合实践中大量集体土地被征收的实践逻辑。之所以实践中出现截然相反的情况，可以说与国有农用地被随意确权给集体组织等不无关系。需要特别强调的是，国有农用地的快速减少，同时也伤害了职工利益。而农场国有农用地使用权不能及时确权到位，事实上也延滞了对职工承包租赁土地权益妥当维护的探索。

第二，国有农用地收回缺乏有效制度约束，一些地方政府收回农场国有土地比较随意，补偿也不到位。2003—2018 年，政府共收回广东垦区土地 5.42 万亩，土地补偿共计 20.36 亿元，平均每亩补偿款为 3.75 万元。湛江农垦反映，2003 年至 2020 年 9 月 30 日，湛江市各县（市、区）累计收回农场国有土地使用权面积共计 1.99 万亩，被收回土地大部分留用地政策未能落实，特别是公益性项目收回土地没有落实留用地、也没有拿到相应的货币补偿，失地职工的安置问题基本上由农场来承担和消化，难度很大。有些地方农垦反映，垦区国有土地使用权收回补偿涉及职工切身利益及垦区稳定，仅仅按"参照农村集体土地""划拨供应"是无法操作和实施的，需要给予更加明确的规定及指引。

第三，一些地方国有农用地权利没有得到平等保护。课题组在广东、甘肃等地的调研过程中，地方农垦反映比较强烈的一个问题就是一些地方政府对农垦土地权利不能平等保护。具体表现在以下几个方面：一是确权时不能平等对待农垦企业，一些农场有充分权属资料的土地，也被地方政府直接确权给了其他单位或农民集体，争议地确权则更是不利于农垦企业。二是不动产统一登记后，农垦国有农用地使用权也不能确权到位。三是农垦土地权利受到侵犯时，不能得到地方政府部门的及时查处。四是一些地方农垦企业和其他组织、个人发生纠纷时，存在即使胜诉的裁决也得不到及时有效执行的现象。

（三）权利实现状况及面临的困难

产权归属清晰是市场化的前提，物权法定是物权法律制度的基本原则。归属不清及确权登记不到位，既不利于国有农用地权利实现，也会严重制约国有农场的企业化、市场化改革，事实上也不利于职工对承包租赁土地的权益维护，因为农场职工对承包租赁土地的权利，只能在农场对国有农用地的权利明晰之后进一步探索妥当方案，而不是绕过农场直接给职工确定国有农用地使用权或承包经营权，否则就会伤害农场职能定位和国家粮食和重要农产品战略安全。

1. 国有草地权利的实现

与耕地承包经营权相比，草原承包经营权的期限更长（30～50 年），流转的限制与耕地承包经营权基本一致。从实践看，除了交集体经济组织使用的外，确定给全民所有制单位使用的，有的也采用了类似农村集体土地承包的方式。如新疆国有牧场主要分布在巴州、伊犁、塔城、阿勒泰等地，有农用地1.04 亿亩，多以山地草地为主，基本按照农村集体土地二轮承包方式承包，有"退休不退地"和"退休退地"不同的处理方式，土地长期承包并收取承包费和管理费用。对于未采取农村集体土地承包方式经营的，由于《草原法》并没有对国有单位享有的草原使用权流转明确禁止，因此，国有单位有进一步流转的权利。

2. 国有林地权利的实现

从 2019 年《森林法》的规定来看，一般意义上的林地使用权流转要经过批准，但交由农民集体使用的林地实行承包经营的，承包方取得的林地承包经营权如要进一步流转则相对自由，不需经过批准。

3. 国有耕地权利的实现

交由农民集体组织使用的国有耕地，其权利的实现和交由农民集体组织使用的国有林地、草地一样。农垦对其耕地在内的农用地权利的实现，本质上即是对其享有的国有农用地使用权的实现。虽然国有农用地使用权这一概念尚未获得法律的正式认可，但农垦对其草原享有的草原使用权、对其林地享有的林地使用权是有明确法律依据的。现行法没有国有耕地使用权或国有农用地使用权的概念，但国有单位依法占有使用国有林地、草地之外的其他国有农用地是不争的事实，农垦对包括林地、草地在内的国有农用地依法行使使用权也是不争的事实。以下分别从经营方式、资产化和资本化改革及使用权的收回三个方面介绍国有农场耕地的权利实现。

第一，关于经营方式。从全国农垦的情况看，主要的经营方式有单位经营、职工家庭承包租赁经营、非职工租赁经营和私自开垦经营等不同类型。[①]

第二，关于资产化、资本化改革。课题组掌握的最新情况表明，全国农垦已有 1400 多万亩土地经作价出资（入股）、授权经营注入农垦企业，金额近1600 亿元；抵押国有土地 920 多万亩，抵押金额 85 亿元；海南、广西农垦以

---

① 邓庆海主编：《国有农用地：权利体系与农垦实践》，中国农业出版社 2021 年版，第 108、109 页。

一定时期的国有农用地承包租赁收益为基础资产发行证券产品,分别募集资金5.5亿元、8.4亿元。关于土地资产的出资人代表,国家直属黑龙江农垦已经明确由财政部代表国务院履行出资人职责;地方农垦中,广西、宁夏均授权自治区国资委作为出资人代表履行出资人职责。

第三,关于收回国有农用地的使用权。虽然农垦国有农用地的登记使用权人在各地并不相同,如广东农垦登记为各农场、宁夏农垦登记为农垦集团公司,但在收回农垦国有土地的最终决定权上,广东和宁夏农垦都由省级农垦部门审批办理。如广东农垦收回土地的程序均是地方县级或县级以上人民政府或者自然资源局来函收回国有土地使用权,收回土地全部上报省农垦总局进行审批办理。

4. 权利实现面临的困难

各地在国有农用地资产化、资本化过程中,提出的需要解决的困难有:一是国有农用地使用权法律地位不明,一些农场在申报土地确权发证工作时受到阻碍。二是一些农垦土地使用权及国有资产授权经营资格尚未明确,制约了资产化、资本化改革。根据现行政策,由省级以上政府批准实行国有资产授权经营的国有独资企业、国有独资公司,方可采用授权经营或作价出资(入股)方式配置土地。比如,广东省农垦集团公司尚未获得国有资产授权经营主体资格,而且,采取作价出资(入股)方式处置时政府委托持股主体存在不确定性。三是作价出资对象企业的范围及可能引发的税费负担问题。从实践看,税费负担是不少农垦企业在推进国有土地资产化、资本化过程中普遍反映的问题。四是国有划拨农用地转为有偿使用土地涉及的出让金核算方式未明确。

关于国有农用地资产化、资本化,有关管理部门也不无疑虑。总体看,主要的疑虑有:一是国有农用地资产化、资本化回报率问题。国有农用地具有经济功能、资源功能、生态功能。我国农业是需要财政补贴的行业,国有农用地资产化、资本化须经得起市场检验,要考虑融资能够带来的利润率,如低于社会平均利润率,将会导致国有资产变少,最终会失去控制权、甚至资不抵债,走得过快容易引发制度性问题。因此,国有农用地作价出资可限定在一些领域或行业去做,坚决不能因为资产化、资本化而出现耕地非粮化、非农化问题。

二是国家粮食安全、重要农产品保障问题。农垦（包括新疆生产建设兵团）使用的耕地接近 1 亿亩，虽然只占全国耕地数量的不到 5%，但却生产了占全国总量约 6% 的粮食、41.6% 的棉花，以及数量不少的油料、糖料。此外，农垦还是天然橡胶等重要农产品的重要生产保障地。农垦耕地资产化、资本化是否影响农垦战略功能的发挥，值得研究。三是国有农场与其职工及职工家属的利益平衡问题。农垦国有农用地中，有相当部分已由农场职工及其家属承包租赁经营，虽然从法律关系上讲，农场对土地享有使用权且事实上已领取国有土地使用证，但已由农场职工及其家属承包的农用地，相当程度上已成为职工及其家属的口粮田、发展田，是其生存发展的基础（有的甚至允许继承）。一些地方农垦为了便于管理和为企业经营留有空间，尽可能地缩短了与职工及其家属承包租赁合同的期限，但如果解决不好职工及其家属的生存和发展问题，要将土地收回来集中统一经营是有难度的。对于已经承包租赁给职工及其家属的土地，如果作价出资给农垦公司，一旦公司经营出现问题，土地的处置将成为突出问题，职工及其家属乃至其他租赁者权益的保障必将成为问题，因为土地承包租赁不适用"买卖不破租赁"规则。

三、完善国有农用地用益物权制度的必要性及基本思路

（一）制度完善的必要性

第一，国有农用地使用权是真实存在但未被法律明确规定的用益物权，即国有农用地使用权还不是法定物权。虽然现行法律法规没有明确规定国有农用地使用权这一用益物权类型，但这一权利已存在多年是不可否认的事实，而且林地确权、草地确权和不动产登记实践已事实上认可了国有农场、林场等国有单位对其土地的权利，只不过，登记权利类型还不统一，不动产登记的权利类型尚有"国有农用地使用权""国有农用地的使用权"和"其他权利"等区别。

第二，完善国有农用地用益物权制度，是维护国有农场及其职工权益的需要。国家土地所有权未确权登记，国有农场占有使用的土地用益物权制度建设存在的问题，是国有农用地使用权确权受阻、流转受限、维权困难的主要原

因。具体讲，国有农用地用益物权制度的问题制约了国有农场不动产登记进程和质量，而确权登记的不到位，继而影响到了国有农场土地权益维护及权利实现。土地是农垦最重要的资产，农垦的健康发展需要土地权利的清晰界定，这不仅是预防和化解纠纷的需要，也是推动农垦企业化、市场化发展的基础。从实践来看，国有农场对其占有使用的国有农用地物权地位的不明确，导致一些国有农场职工误认为其土地承包租赁权与农村土地承包经营权一样，从而提出各种不合理诉求。有的职工在确权登记中，要求政府给自己发放国有农用地使用权证书或承包经营权证书；有的职工在国家收回农场土地使用权时，要求将自己视为国有农用地使用权人，将收回土地的补偿费全部给个人；有的职工在生产经营中，虽享受了农场提供的生产经营服务和养老保险企业缴费，仍拒不缴纳土地承包租赁费；有的职工退休享受企业职工养老保险后，仍不肯退还承租土地等。农场与其承包土地的职工之间的关系认定的确复杂敏感，既要考虑历史、正视当下，也要面向未来。职工的正当利益需要保护，但无论如何，农场的土地使用权应得到确认、维护。至于职工的土地权益，应在农场土地使用权的基础上寻求合理、可行的解决办法（具体下文详细讨论）。如果因为农场和职工关系的问题而拖延解决国有农场的国有农用地权属问题，受伤害的不仅仅是农场，还包括职工。此外，产权清晰是有序流转的前提，农垦的市场化改革必须建立在国有农用地产权明晰的基础上。因此，完善国有农用地用益物权制度，健全国有农场国有农用地用益物权体系，进而加快并规范国有农场国有土地确权登记，是维护国有农场、林场权益的基础性工作。

第三，完善国有农用地用益物权制度，是稳固国有农场战略地位的需要。健康发展的前提是少一些纠纷，用益物权制度的完善及确权登记的到位有利于预防和化解矛盾。国有农场承担国家粮食和重要农产品安全的战略任务，国有林场是国家生态文明建设的战略基础。巩固国有农场、林场战略地位，首先要确保国有农场、林场的"地盘"不缩水。从立法上明确肯定国有农用地使用权的用益物权地位，并通过不动产登记予以公示，无疑是确保国有农场、林场等拥有的国有农用地不被侵占、蚕食或随意确权给其他主体的最有效方式。同时，明确国有农场、林场对国有农用地的使用权为用益物权，有利于理顺国有农场等主体与承包租赁经营主体之间的权利义务关系，有利于国有农场企业发挥规模化经营优势，实施品牌战略，进而做强做优做大国有农垦企业。

第四，完善国有农用地用益物权制度，是贯彻中央精神、规范不动产登记的需要。近年来，中共中央和国务院的有关文件对明晰"国有农用地使用权"提出了明确要求。2015 年出台的《中共中央　国务院关于进一步推进农垦改革发展的意见》和中共中央、国务院印发的《生态文明体制改革总体方案》，2016 年《国务院关于全民所有自然资源资产有偿使用制度改革的指导意见》等，均对明晰国有农用地使用权提出了要求。另外，从完善不动产登记的角度看，由于国有农用地使用权缺乏明确的法律规定，《不动产登记暂行条例》未将国有农用地使用权作为一种不动产权利给予确认，只是在《不动产登记暂行条例实施细则》中用"国有农用地的使用权"替代"国有农用地使用权"。这样虽然解决了登记发证问题，但在实践中，各地不动产登记机构发放的不动产权证书中所标注的土地权利类型不统一，有的是"国有农用地使用权"，有的是"国有农用地的使用权"，还有的是"其他权利"等，不利于对国有农用地进行更好的保护和利用。

第五，完善国有农用地用益物权制度，是健全自然资源权利体系的需要。我国的自然资源法制建设是在相关理论研究薄弱、缺乏系统规划和基本法统领的背景下逐步开展的，自然资源权利一开始没有遵循传统物权法的基本原理、以土地为基础构建，因而出现了比较突出的体系紊乱问题，这一问题突出表现在农用地方面，尤其是国有农用地领域。

（二）制度完善基本思路

第一，厘清土地所有权。所有权是财产权的基础，国有农用地使用权法律地位的明确及国有农用地用益物权体系的构建，需正本清源，以土地为基础构建土地所有权。在土地所有权之外设立林地所有权、草地所有权等本质上属于土地所有权范畴的所有权类型，是我国 1954 年《宪法》以来区别不同自然资源分别立法、分别建立土地和资源权利的产物，这一立法模式不符合逻辑，也不符合物权法基本原理。我国土地所有权制度的完善，应借鉴其他国家和地区的做法，采用广义的土地概念，将山岭、林地、草原、荒地、滩涂等纳入土地范畴，民事权利体系中不规定森林所有权、草原所有权、山岭所有权、滩涂所有权等权利类型，将土地所有权扩及所有类型土地。

第二，科学构建包括国有农用地使用权在内的土地用益物权体系。土地用益物权体系应当根据土地用途基本分类构建，即将土地使用权区分为建设用地使用权、农用地使用权和未利用地使用权。建设用地使用权体系已基本建立，未利用地使用权相对简单。理想的农用地使用权体系应当包括国有农用地使用权和集体农用地使用权，但考虑到横跨国有和集体农用地的土地承包经营权已经深入人心、土地经营权也被《民法典》确立，因此，农用地用益物权体系的构建只能在现有权利的基础上"打补丁"，即在土地承包经营权和土地经营权之外，针对国有农场、林场占有使用的农用地规定国有农用地使用权，针对自留地、自留山和集体企业等直接使用的农用地规定集体农用地使用权。

第三，服从于国有农场、林场发展战略和改革目标。国有农场、林场等管理使用国有农用地的国有单位，既承担生态保护、粮食安全和战略物资保障等战略任务，也负载农场、林场持续健康发展的使命。这就要求国有农用地使用权立法既要考虑权利的稳定性，也要考虑权利的流动性，通过科学分类，建立适应不同流动性要求的国有农用地使用权登记制度。为此，建议根据用途管制及流动性程度的不同，科学划分宗地，在国有农用地使用权登记证书中明确载明土地用途及流转限制。具体言之，就是不仅要彻底改变一个农场、一个林场一宗地、一本证的不当做法，区分农用地、建设用地、未利用地，还要对农用地进一步分宗；既要根据《森林法》及其实施条例对森林的分类及流转限制的不同将林地使用权区分为公益林等不同类型，也要根据国家粮食生产功能区、重要农产品生产保护区的划分情况，对国有耕地区分登记，以便于实施精准管理。

第四，进一步健全国有农用地使用权管理制度。一是规范国有农用地使用权的取得。从历史看，国有农场等单位基于划拨、开垦国有荒地、农村并场转制带入等方式取得国有农用地使用权。然而，这种无偿取得的国有农用地使用权，无法适应农垦企业化、市场化改革需要。在农垦改革推进过程中，首先需要解决国有农用地使用权的取得问题，比如对实践中的授权经营、出让受让、作价出资等方式进行规范。二是规范国有农用地使用权的行使。一方面要处理好农场和职工的权利义务关系。在农场和职工的关系上，职工不可能享有类似集体经济组织成员的土地承包经营权，否则会彻底虚化农场对土地的权利，危及农场的发展和功能发挥。但农场职工的特殊利益需要保护，可以借鉴承包地"三权分置"的做法，由农场给职工设定以职工退休为终期的土地经营权，该权利不可继承。另一方面要解决好农场国有农用地使用权再流转的分类管理问题。国有农用地使用权的再流转，事关国有农场、林场所承担的特殊使命，应当根据不同国有农用地所担负的使命的不同，设计不同的流转规则。三是规范国有农用地使用权的收回。我国对国有土地收回的制度供给是严重不足的，收回的公共利益条件没有明确规定，没有收回程序的规定，收回补偿也只原则规定"适当补偿"，而不是集体土地征收的"应当给予公平、合理的补偿"。理论上讲，国有土地使用权收回与集体土地征收的确不同，前者失去的是使用权（何况有些使用权本身是划拨取得），后者失去的是所有权。但需要注意的是，国有农用地使用权应该属于可登记的用益物权，对该权利的强制收回也应当遵守类似征收的条件和程序。尤其是考虑到耕地和重要农产品基地保护的需要、国有农场林场职工保障的需要，以及我国土地征收补偿标准偏低的现实，可以考虑对国有农用地收回和集体土地征收适用同样的补偿标准，即同样的补偿原则、同样的区片综合地价标准、同样的住宅补偿及同样的社会保障。这对于保障农场及其职工权益，尤其是强化耕地保护具有重要意义。此外，在收回的程序上，既然是国有土地使用权收回，应当由国有农用地所有权代表或代理行使主体作为收回决定主体，具体可由地方政府实施。

四、完善国有农用地使用权立法的可能路径

国有农用地权利制度的完善，理想的途径自然是修改《民法典》，以土地为核心重构自然资源所有权制度，继而建立逻辑清晰的土地权利体系。当下，

现实的路径是利用《不动产登记法》《国土空间开发保护法》《耕地保护法》制定及《土地管理法》的可能修改，填补国有农用地使用权等用益物权漏洞，初步整理土地权利体系。

（一）通过正在制定的《不动产登记法》适度整理土地权利

不动产权利体系的构建是不动产登记的基础性工作。从《不动产登记法》制定来看，可通过对不动产登记能力的规定，对土地和自然资源权利体系进行适度整理。《不动产登记法》不应被定位为纯粹的程序法，而应当是由实体法和程序法共同构成的综合法。既然是可以规定实体权利的实体法，就应明确农用地使用权这一权利类型，将国有农用地使用权和集体农用地使用权都纳入。具体而言，《不动产登记法》需要明确土地所有权（包括国家土地所有权和集体土地所有权）、建筑物所有权等的登记能力。可登记的不动产用益物权明确纳入土地承包经营权、土地经营权和农用地使用权（包括国有农用地使用权和集体农用地使用权）。在条文设计中，在不动产登记能力的条文中，明确规定国有农用地使用权和集体农用地使用权；在不动产权属争议解决的条文中，对国有农用地使用权争议作出相应规定；对国有农用地使用权登记的程序通过专节进行规定，而集体农用地使用权登记可参照国有农用地使用权登记程序。

（二）再次修改《土地管理法》全面整理土地权利

《土地管理法》虽然修改不久，但近期启动该法修改程序的可能性比较大，因为《土地管理法》有关土地利用规划、城乡规划等的内容随着国土空间规划的即将到位而出现一些过时规定，宅基地"三权分置"等改革也即将完成，需要及时入法，而最理想的入法途径就是修改《土地管理法》。

1. 土地所有权的完善

土地所有权的完善，关键是合理界定土地所有权的客体。日本《不动产登记法施行令》第 3 条依土地主要用途，将土地划分为水田、旱田、宅地、盐田、矿泉地、池沼、山林、牧场、原野、墓地、寺院地、运河用地、水道用地、污水沟、贮水池、堤坝、井沟、保安林、公用道路、公园及其他杂地。我国台湾地区"土地法"调整的土地更广，包括水陆及天然富源，具体包括水地（如河流、湖泊、海洋等）、陆地（如平地、丘陵、高山等）及天然富源（如煤矿、石油、温泉等）。其实，1938 年《陕甘宁边区政府颁发土地所有权证条例》也是如此，其第 1 条规定："本条例所称土地，包括农地、林地、牧地、房地、水地，及其他水陆天然富源。"考虑到我国土地法制建设及调查的实践，可以将《土地利用现状分类》（GB/T 21010—2017）规定的所有土地纳入土地所有权的客体范围，也即除海域外的所有水陆空间都纳入土地所有权的客体范围，从而形成土地所有权和海域所有权共同涵盖所有国土面积的基本权利结构。

2. 土地用益物权"漏洞"的填补

第一，补上农用地使用权的立法空白。完善农用地权利制度，需要在立法中明确"农用地使用权"，农用地使用权包括国有农用地使用权和集体农用地使用权。

第二，完善土地经营权。有一种观点主张通过《农村土地承包法》和《民法典》规定的土地经营权制度解决国有农场、林场土地用益物权制度存在的问题。对此，课题组认为，承包地"三权分置"改革思路对于解决国有农场和其承包农场土地的职工之间的关系有借鉴意义，但不可照搬。

从相同点看：一方面，国有农场享有的国有农用地使用权大多基于划拨取得，无期限限制，这点类似土地承包经营权。另一方面，农场职工承包口粮田和两金置换田是解决基本生存和社会保障问题、有稳定经营的需要，因此，应当借鉴土地经营权的制度设计，赋予农场职工稳定可靠的权利。

从不同点看：一方面，农场对其划拨取得的国有农用地的使用权无期限限制；而土地承包经营权有期限限制，由此产生的土地经营权最长也不可能超过土地承包经营权的剩余期限。另一方面，农场职工对承包的口粮田和两金置换田的经营是为了解决生存和保障问题，因此，该权利不应允许继承；而承包地"三权分置"意义上的土地经营权是土地规模流转产生的、可进一步流转的权利，因此可以继承。

基于以上讨论，我们认为可以赋予农场为职工设定土地经营权的权利，设定该权利要具体考虑职工的就业和社会保障状况。对于历史上已经承包的口粮田和两金置换田，应当根据当初的约定认可其享有土地经营权，但土地经营权的期限最长不能超过职工退休之时。最后，需要特别强调的是，除了农场为职工设定土地经营权之外，不应当再认可其他形式的土地经营权，因为农场本为经营性企业，规模经营是其优势，如果再允许农场为他人设定土地经营权，与农场的功能定位不符。

第三，关于国有农用地使用权处置方式。2015年《中共中央　国务院关于进一步推进农垦改革发展的意见》提出可用出让、租赁、作价出资（入股）和保留划拨用地等方式处置国有土地使用权。这里，值得探讨的是租赁作为处置国有土地使用权方式的科学性、合理性。一般而言，法律意义上的权利流转包括物权性流转和债权性流转，转让、入股等为物权性流转，租赁为债权性流转。而所谓权利处置，指的是对权利的物权性流转。

从我国土地制度演变的历史来看，1999年实施的《土地管理法实施条例》第29条，将国有土地租赁与国有土地使用权出让、国有土地使用权作价出资或者入股并列规定为国有土地有偿使用的方式。之后国土资源部出台的《规范国有土地租赁若干意见》（1999）（以下简称《若干意见》）明确使用了承租土地使用权概念，并对承租土地使用权的适用范围、租金支付、期限、流转等作出了具体规定。从《若干意见》对国有土地租赁的定义[①]、适用范围[②]等的界定来看，《若干意见》规定的国有土地租赁和一般租赁似乎并无区别，但《若干意见》对国有土地租赁期限、转让、抵押等的规定明显呈现出了物权的特征。《若干意见》指出，国有土地租赁的期限由租赁合同约定，但最长租赁期限不得超过法律规定的同类用途土地出让最高年期。其实，国土资源部出台

---

① 国有土地租赁是指国家将国有土地出租给使用者使用，由使用者与县级以上人民政府土地行政主管部门签订一定年期的土地租赁合同，并支付租金的行为。

② 作为出让方式的补充，国有土地租赁主要适用于因发生土地转让、场地出租、企业改制和改变土地用途后依法应当有偿使用的情形，而经营性房地产开发用地，无论是利用原有建设用地，还是利用新增建设用地，都必须实行出让，不实行租赁。

《若干意见》的时间是 1999 年 7 月，而《合同法》已于 1999 年 3 月颁布，《合同法》第 214 条明确规定租赁合同的租赁期限不得超过 20 年，超过 20 年的，超过部分无效。因此，可以说 1999 年《土地管理法实施条例》及其《若干意见》所规定的租赁国有土地使用权显然不是租赁合同债权意义上的使用权。此外，《若干意见》还规定："国有土地租赁，承租人取得承租土地使用权。承租人在按规定支付土地租金并完成开发建设后，经土地行政主管部门同意或根据租赁合同约定，可将承租土地使用权转租、转让或抵押。承租土地使用权转租、转让或抵押，必须依法登记。"这里转让、抵押及登记的规定，所体现的也是物权特征。2008 年实施的《土地登记办法》明确将依法以国有土地租赁方式取得的国有建设用地使用权纳入登记范围①，而没有将一般土地租赁使用权也纳入登记范围。2021 年完成修改的《土地管理法实施条例》依然将国有土地租赁规定为从土地一级市场有偿取得国有土地的方式。毫无疑问，《土地管理法实施条例》和国土资源部上述规定意义上的租赁国有土地使用权为物权。由于对租赁国有土地使用权本身能否成为独立的用益物权类型进而赋予登记能力还有不小争论，因此，农垦改革可否将租赁作为国有农用地使用权的处置方式，关键要看正在进行的《不动产登记法》如何对待租赁国有土地使用权。

（三）其他可能的路径

完善国有农用地用益物权制度的可能途径还有不少，比如，通过正在制定的《国土空间开发保护法》对土地权利体系进行梳理规定，明确规定国有农用地使用权。再比如，耕地保护与质量提升等法律也正在制定中，虽然该法不可能对土地权利体系进行系统性整理重构，但可针对国有单位使用的耕地规定国有农用地使用权类型，也可对集体所有的自留地使用权作出规定，以弥补农用地用益物权的缺陷。当然，土地权利的体系化整理成果最终要由《民法

---

① 第 29 条 依法以国有土地租赁方式取得国有建设用地使用权的，当事人应当持租赁合同和土地租金缴纳凭证等相关证明材料，申请租赁国有建设用地使用权初始登记。

典》予以固定、成型。未来《民法典》修改时，建议根据以上土地权利体系化的讨论，构建以土地为中心的权利体系，完善土地所有权，填补用益物权的漏洞，规定农用地使用权利，对土地经营权进一步扩展适用于农场与其职工承包土地产生的权利。

此外，建议自然资源部出台国有农用地管理的部门规章。鉴于国有农用地管理制度的严重匮乏，短期内出台法律行政法规专门规范国有土地或国有农用地的可能性不大，同时考虑到规范性文件效力不足的特点，建议自然资源部出台国有农用地管理的部门规章，对国有农用地出资人代表、确权登记、公共利益收回，以及法律责任等作出规定。

图书在版编目（CIP）数据

农垦改革发展研究报告汇编. 2021—2023 年 / 农业
农村部农垦局编. —北京：中国农业出版社，2023.10
ISBN 978-7-109-31317-0

Ⅰ. ①农⋯　Ⅱ. ①农⋯　Ⅲ. ①农垦－经济体制改革－
研究报告－中国－2021—2023　Ⅳ. ①F324.1

中国国家版本馆 CIP 数据核字（2023）第 209732 号

中国农业出版社出版

地址：北京市朝阳区麦子店街 18 号楼
邮编：100125
策划编辑：张丽四
责任编辑：吴洪钟
版式设计：王　晨　　责任校对：吴丽婷
印刷：中农印务有限公司
版次：2023 年 10 月第 1 版
印次：2023 年 10 月北京第 1 次印刷
发行：新华书店北京发行所
开本：787mm×1092mm　1/16
印张：18.25
字数：275 千字
定价：80.00 元